The Marketing Imagination

[美]
西奥多·莱维特
Theodore Levitt
现代营销学奠基人
"营销短视症"提出者

著
辛弘
译

营销想象力

机械工业出版社
CHINA MACHINE PRESS

Theodore Levitt. The Marketing Imagination. New, Expanded Edition.

Copyright © 1983, 1986 by The Free Press.

Simplified Chinese Translation Copyright © 2025 by China Machine Press.

Simplified Chinese translation rights arranged with the original publisher, Free Press, an lmprint of Simon & Schuster, LLC.through Andrew Nurnberg Associates International Ltd.

This edition is authorized for sale in the Chinese mainland (excluding Hong Kong SAR, Macao SAR and Taiwan).

No part of this book may be reproduced or transmitted in any form or by any means, electronic or mechanical, including photocopying, recording or any information storage and retrieval system, without permission, in writing, from the publisher.

All rights reserved.

本书中文简体字版由 the original publisher, Free Press, an lmprint of Simon & Schuster, LLC 通过 Andrew Nurnberg Associates International Ltd. 授权机械工业出版社在中国大陆地区（不包括香港、澳门特别行政区及台湾地区）独家出版发行。未经出版者书面许可，不得以任何方式抄袭、复制或节录本书中的任何部分。

北京市版权局著作权合同登记　图字：01-2007-0394 号。

图书在版编目（CIP）数据

营销想象力 /（美）西奥多·莱维特（Theodore Levitt）著；辛弘译. -- 北京：机械工业出版社，2025. 4. -- ISBN 978-7-111-77739-7

I. F713.3

中国国家版本馆 CIP 数据核字第 20254G20J1 号

机械工业出版社（北京市百万庄大街 22 号　邮政编码 100037）

策划编辑：刘　静　　　　　　　　责任编辑：刘　静
责任校对：张勤思　张雨霏　景　飞　责任印制：常天培
北京联兴盛业印刷股份有限公司印刷
2025 年 6 月第 1 版第 1 次印刷
170mm×230mm・17 印张・1 插页・215 千字
标准书号：ISBN 978-7-111-77739-7
定价：69.00 元

电话服务　　　　　　　　　　网络服务
客服电话：010-88361066　机　工　官　网：www.cmpbook.com
　　　　　010-88379833　机　工　官　博：weibo.com/cmp1952
　　　　　010-68326294　金　　书　　网：www.golden-book.com
封底无防伪标均为盗版　机工教育服务网：www.cmpedu.com

The Marketing Imagination

赞 誉

莱维特这个名字就是营销的同义词。他的著述思想丰富，生动易读。在《营销想象力》一书中，莱维特将带领读者领略他在这十年里早已踏遍的营销领域中的几片重要的新领地。

——菲利普·科特勒（Philip Kotler），美国西北大学营销学教授

世界各地的 MBA 学员都会在他们的必读书目上看到莱维特的名字。日本式管理、一分钟管理和高产出管理的专家们来来去去，但他的书始终在畅销书榜上岿然不动。抱负远大的管理者很有必要读一读《营销想象力》，它会让你们重新找回那些理想。

——《华尔街日报》

莱维特是世界上最好的营销导师……《营销想象力》必然会引起争议。它一针见血……引发的每一场争论都意义重大。

——《新闻日报》（Newsday）

从商者必读之书。观点激进，引人深思。

——汤姆·布朗（Tom Brown），霍尼韦尔（Honeywell）公司

莱维特的文章文字优美、富有创见。他把最宽泛的理论变成了具体的指导。

——《工业周刊》(Industry Week)

做营销的人最终总得吸取《营销想象力》当中的教训，否则有被迫改行的风险。

——《亚特兰大宪法报》(The Atlanta Journal-Constitution)

The Marketing Imagination

目 录

赞誉
推荐序一　重塑企业的经营
推荐序二　营销的哲学
推荐序三　从产品经营到客户经营
译者序
新版序
原版序

第 1 章　市场营销与企业的目的 …… 1
许多公司简单地认为企业的目的就是赚钱，但事实证明这种说法毫无实质性的意义，就像说生活的目的就是吃饭一样。

第 2 章　市场全球化 …… 19
有一种强大的力量推动着世界逐渐趋同，那就是现代技术。明白这个道理的企业将能够率先把自己的版图扩展到全世界。地球是圆的，但在处理大多数问题的时候，把它当成平的更加明智。

第 3 章　服务的工业化 …… 50

事实上，并不存在所谓的服务行业，只不过是各个行业中服务的成分多少不同而已。企业如果用管理工厂生产线的思维方式来管理服务，将能创造出很多商机。

第 4 章　差异化：万物皆可行 …… 72

所有的产品和服务都是不同的。尽管经纪人买卖的是完全无差异的一般产品，但他们实际上提供的产品（独特的交易执行能力）却是差异化的。

第 5 章　无形产品和产品无形特性的营销 …… 93

通常，顾客只有在得不到产品的时候，才会意识到这个产品的存在。在留住无形产品的顾客时，重要的一点是要经常提醒顾客注意他们得到的是什么。

第 6 章　客户关系管理 …… 110

成交相当于完婚，只不过是求婚成功和婚姻生活的开始；婚姻生活的好坏，则取决于卖方对双方关系的管理。

第 7 章　营销想象力 …… 126

营销想象力是营销取得成功的出发点。人们购买的不是产品，而是用来解决问题的方案，这样的营销想象力帮助人们透过表象，看到营销的内涵。

第 8 章　营销短视症 …… 141

某些行业出现了衰退或停滞的状况，其原因都不是市场已经饱和，而是管理不善。铁路行业停止增长，并不是因为客运和货运的需求萎缩了，而是因为铁路公司的管理者错误地以产品为导向，而没有以客户为导向。

第 9 章　驾驭产品生命周期 …… 173

成功的产品和服务在"一生"中通常会走过开发—成长—成熟—衰退的历程。明白了这一点，就可以制定恰当的策略、采取正确的方法，对产品的一生进行更好的管理。

第 10 章　创新模仿 …… 200

只要稍加留心，我们就不难发现模仿不仅比创新更加多见，而且实际上是一条更加普遍的通往成长和利润的道路。

第 11 章　市场营销及其引发的不满情绪 …… 216

营销部门越来越努力地改变营销组合因素，希望满足那些精心定义的细分市场的特殊需要。另外，选择目标市场的活动也越来越专业。然而，最好的意愿，再加上最大的努力，换来的却是摩擦和敌意。

版权说明 …… 230

推荐序一

The Marketing Imagination

重塑企业的经营

当我拿到机械工业出版社给我的这本书稿时，内心的震动是无法形容的，一是因为作者西奥多·莱维特曾经给予我无法形容的影响，二是因为能够有幸在纪念作者之际得到仔细研读其著作的机会。确切地讲，这不是一本写给营销人员看的书，而是一本给企业最高决策层和经理人看的书，如果不能够深刻理解这本书所提出的观点，在这样一个不确定性成为常态的世界里，企业很快就会陷入泥潭不能够自拔。

在经历了几十年的高速成长之后，中国大部分有着超过20年历史的公司，开始陷入一种可称之为"增长陷阱"的感觉，一方面市场还是在不断进步，另一方面企业却需要面对越来越多的困难——人力资源的发展瓶颈、灵活的战略、不确定的市场营销以及变化神速的技术等，人们开始质疑一切管理的努力，究竟能够给企业带来多少贡献？

就其本质而言，企业应当贴近顾客，作为企业就应该去满足顾客的需求，但是越来越多的企业让我感受到的是脱离了经营的现实，过于热衷于竞争游戏，而不是从事围绕顾客需求所展开的日常工作。在过去几十年间，我们的企业在绝大多数领域经历了巨大的变化：制造活动实施了全面质量管理，成本在大幅下降，供应活动正努力向即时管理方向过渡，信息技术的运用使得企业内部大量的文字工作被替代，管理人员的数量也在减少，等等。但是，我最为惊讶的是在这一切努力的背后，为顾客所做的努力并没有太大的改变，**确切地说就是企业的经营没有什么改变，人们在营销上的努力并不明显。**

但是，正如西奥多·莱维特所言："企业的目的就是吸引并且留住顾客。如果不能吸引一定比例有购买能力的顾客，企业就不可能存续。顾客为了解决自己的问题，总是有许许多多的选择，他们购买的其实不是产品，而是用来解决问题的方案。企业只有不懈努力，帮助顾客更好地解决问题，也就是为他们提供更加出色的功能、更高的价值和更加便利的服务，才有可能生存和繁荣。"

事实上，无论是在幕后默默无闻地工作还是直接面对大众，对企业家来说，迅速树立产品形象和制定适宜的营销战略以确立产品的市场地位非常重要。星巴克公司的首席执行官霍华德·舒尔茨对于如何在一个成熟的行业中创立一个品牌有着独到的见解：不是靠炫目的广告，而是致力于让员工对香浓的咖啡产生一种狂热，从而影响顾客的消费行为。肯德基的创始人桑德斯采取了不同的策略：他树立具有亲和力的个人形象，亲自推广产品。2006年LG的"巧克力"手机，让嗅觉融入通信产品。虽然对于如何销售自己的产品，每一个人都有自己独特的方法，但关键是要找到一种最合适的。

如何寻找最合适的方法，这本书给了我们很好的思考角度，西奥多·莱维特提醒我们："管理者最担心的不确定性往往来自市场，无论他们是在美国、俄罗斯，还是在阿联酋，或者联合劝募会。市场显然是存在的，而且谁都无法逃避它。所有商业机构的命运，最终都是在市场冷酷无情的运转中所决定的。"我们来看看今天的市场到底发生了什么样的改变。

我曾经以自己的角度把企业的经营分为四种形态：第一种是薄利多销型，第二种是品牌型，第三种是服务型，第四种是个性化满足型。这样的分类不见得正确，但是可以表达我的想法。如果经营是有四种形态，那么我们的企业仅仅是停留在第一种形态中，也就是仅仅做到了薄利多销而已。换句话说，中国的企业是成长于"大量营销"的时代，企业的主要任务就是说服消费者接纳公司提供的产品。薄利多销的逻辑是一种大量生产的逻辑——企业的产量越高，单位产品的成本越低，因而盈利能力和竞争力就越强。但是，我们都很清楚，这个逻辑如今遇到了挑战，因为：

（1）产品生命周期缩短。每一年都会涌现出 15 000 种以上的新产品或者产品的新型号，其中超过 90% 的新产品的生存期不会超过 12 个月。

（2）敌对与高傲。企业大多数的活动并没有真正围绕顾客展开，虽然顾客导向是企业今天最常使用的一个说法，但也仅仅是一个时髦的口号而已。很多企业并没有真的看重顾客，而总是试图操纵顾客。这可以从许多广告的语气中感受得到，也可以从购买的现实过程中体会得到。

（3）顾客关心的是实质而不是形式。很多企业的主要兴趣在于为自己的产品或者服务创造某种形象，却没有多少企业真的下功夫确保产品或者服务与顾客期望的形象相符。所以，对顾客而言，他们更关心实质而不是形式，企业产品或服务能够给顾客带来的实际价值才是顾客给予企业的评价，在此基础上才会有企业形象。

以上仅仅是企业所面对的一部分挑战，我们的企业如果不加以改善，企业的发展就会停滞。

尽管我们以薄利多销的形态走过了几十年，也取得了令人瞩目的成就，但是我们还是需要明确地认识到，顾客时代已经开始。我不清楚接下来会有什么样的新概念，但是企业为了应对面临的挑战并在未来的时代扮演好应有的角色，就需要表现出一系列新的特征，包括更好地理解顾客的需求、更好地提供真正的价值。其实早在1960年，西奥多·莱维特就在其影响深远的文章《营销短视症》中提出了顾客导向的观点。西奥多·莱维特认为，许多大量生产的组织错误地采取了"产品导向"而不是"顾客导向"，为此他写了这篇文章。这篇文章传达的关键信息之一是，**如果企业从提供大量制造的产品转向满足顾客的真正需求，那么企业进入市场的方向就应该有重大的改变**。正因如此，随着顾客时代的到来，企业需要做出重大的改变，不能再以以往的成功经验来面对这个全新的时代，也更不能沿用企业原有的定位，很多习惯性的做法需要以顾客为导向做出全面的调整。

首先，企业需要明确营销是全员而非只是营销人员的工作，"事实上，市场营销是公司内所有人的事情，每一个人最好都对它有所了解，不管这个人离营销职能有多么遥远，是一个研发人员，还是一个电话接线员"。其次，企业需要对变化的市场有着足够的认识和准备，"如果仅仅依靠自己的创造，或者完全依赖自己在行业里的领导地位，那么没有哪个企业能够生存下来。这是一个竞争激烈的世界，竞争者们都渴望取胜。这些竞争者当中总有那么一些在创造新事物方面领先于其他所有企业。因此，一家公司在努力成为领导者和创新者的同时，必须付出同样艰辛的努力，系统地向其他竞争者学习"。更为重要的是需要向顾客学习，无论是客户关系管理还是服务的工业化，甚至于差异化以及对产品生命周期的驾驭，西奥多·莱维特都给予了独到的分析以及运用的方法。这些阐述的精辟和深刻是很少见的，我甚至无法再用其他的论述来阐述，读者可以深入书中去感受。

企业真的能与时代同步吗？回答是企业必须与时代同步。进入21世纪，部分企业意识到这个时代的变化，开始调整自己的方向和定位，有些企业开始设立"客户经理"，构建与顾客更紧密的关系，围绕关键顾客群展开顾客关系管理，等等，更有成功的企业运用对于顾客细分需求的创新，开始了超越同行、引领变化的成长。但是，对大多数企业来说，并没有真正做到更深入、更贴近地了解顾客，它们还在沿用过去对于顾客的定义，简单地以地域或者年龄来划分或者以购买规模来划分。这些企业所面临的根本问题是：并不了解顾客到底需要什么。西奥多·莱维特指出："企业首先必须了解顾客心中的'更好'是什么。为了弄清这一点，然后弄清有哪些工作应当完成，并以高超的智慧、满怀热忱去完成那些工作，我们就必须拥有想象力。"

在西奥多·莱维特看来，"如果不能发挥营销想象力，不发挥热情的神奇力量，现代营销科学和深度分析都只会是百无一用。世人总是希望找到一些简便的方法和精细的计划来解决他们碰到的问题，现在管理者也加入了这个行列。他们这样做是可以理解的，但是这个世界到处都是虎视眈眈的竞争对手，这些对手在不停地发明新产品，寻找提供这些新产品的新方法，以此绕过那些根深蒂固的旧事物，远远地跑到前面——那就是拜他们的想象力所赐。所以，即使是那些根基深厚的企业，也必须发挥自己的想象力。要知道，正是他们的想象力，还有他们前辈的事业心，把他们带到了现在这个位置。"我非常认同这个观点，事实上每一个走在同行前面的成功企业，都是在满足顾客需求中充分发挥了想象力，给顾客以全新的感受和帮助，也正是由于这些企业能够做到这一点，让顾客感受到"物超所值"，顾客才不断地与企业互动，从而使得这个企业能够走在行业的前端。经历过市场变化洗礼的企业，会认识到全世界的商业惯例都面临着同一种情况：商业惯例中的很多假设，只要有想象力和胆识，并且坚持不懈地发起攻击，它们就会轰然倒塌。成功的企业总是能够运用想象力，去抓住市场边界不断消融（甚至消失）所带来的大好机会。花旗银行对于金融产品的想象力开启了金融创新的新时代，宜家家居的想象力使得家具和家居的个性化得以实现，阿里巴巴对于互联网的想象力让天下不再有难做的生意，分众传媒对于楼宇的想象力让广告焕发出新的展示力量。西奥多·莱维特对于"营销想象力"的界定和阐述给予我们一个更为宽广的视角，也给我们指明了一个可以努力的方向，如果我们切实地理解并具备营销想象力，对于顾客真实的理解加上可实现的能力，企业就一定能够与时代同步。

"未来几乎肯定是一个新的未来。通信、旅行和运输的平民化，让我们的各种习惯都变得接近，而决定我们的行为和消费的正是我们这些习惯。从主要趋势来看，各地的这些习惯都会越来越相似。抗拒或者抵制这些习惯，相当于重蹈一些傲慢的老公司的覆辙——这些公司躺在商业世界的坟墓中，无人识得或者已被人彻底遗忘。"这是西奥多·莱维特说过的一段话，我借此来作为自己的结束语，也正如西奥多·莱维特本人在这本书的原版序中写的一样："我希望，读者能从本书中发现许多可以立即付诸实践的东西。但是，我更加希望读者的认知系统可以因此得到些许提高，营销想象力能得到极大的激发，从而在实际工作中取得更大的成效。"

陈春花
管理学者

The
Marketing
Imagination

推荐序二

营销的哲学

《营销想象力》是一本很有趣的书，更是一本经得起时间考验、值得珍藏的书。理由很简单，看看这本书的成书时间——1983年（书中的一些论文甚至写于20世纪六七十年代），但我们依然可以把它视为2006年几本超级畅销书的阅读延伸——你可以在书中读到《世界是平的》中的全球化影响、《蓝海战略》中的差异化竞争以及《长尾理论》中的全球化细分市场。

如果不是书中屡屡出现的过时企业（时间久远，很多案例中提到的公司都因为收购、倒闭等不存在了，例如DEC电脑、发动机制造商OMC、美国国家钢铁公司、菲利普斯石油公司等）提醒你，你肯定会在阅读过程中忽略掉论文的发表时间。例如在第10章"创新模仿"中，开篇作者就劈头写道："我们置身其中的这个商业世界越来越崇拜一个主神，并且狂热地称它是企业生存和成长的必要前提，而不是一个锦上添花的条件。这个受人顶礼膜拜的神就是创新。"看到此处，你肯定以为在阅读最新的商业文章，而不是一篇发表在1966年9/10月号《哈佛商业评论》上的"古董级论文"。

莱维特是个学者，他对自己的评价异常谦逊："作为一名受过正规学术训练的教师，虽然薪水微薄，但我的职责是思考、教学，并向那些实际经营企业的人提出一些建议。"但是看到这些时髦话题都是莱维特在五六十年前开始考虑的问题，我们不能不叹服莱维特大师级的眼光和思想。

时至今日，《营销想象力》的内容还能毫不费力地引起我们很多的思考。例如，看到莱维特对1976年IBM推出"Series/1"进入小型机市场时的评论："如果顾客喜欢的产品跟你自己的产品形成了竞争，那么与其让竞争对手来满足这种需求，还不如你自己来做。也就是说，与其完全让别人来摧毁你的市场，还不如你亲自去摧毁它。"令我不由得想起现在互联网对平面媒体的冲击，情景是何其相似。

更有意思的是，这本书中的很多观点似乎与目前中国的市场形势格外合拍，这也使这本书格外值得一读。例如，第2章"市场全球化"提出的全球产品标准化的观点，可以给众多走向海外以及准备走向海外的中国企业提供全新的海外扩张思路。而"服务的工业化"和"无形产品和产品无形特性的营销"两章，就如何提高服务质量和对服务进行营销两个环节进行了精彩的论述。

在"差异化：万物皆可行"一章中，莱维特的观点仿佛专门为"中国制造"量身定做——随着时间的推移，低价被顾客认为是理所当然的事情，必须把这种低价格同另外一些事情结合起来，才能满足市场不断扩大、永不知足的愿望和需求。而在"创新模仿"一章中，莱维特更是一针见血地指出："我们认为的很多创新，实际上只不过是一种模仿。能够大幅缩短产品研发周期的模仿者，就能获得巨大的竞争优势。"他针对企业的模仿战略提出的一整套方法，对现在言必称"创新"的中国企业来说，具有更大的实际意义。

此前，菲利普·科特勒的《营销原理》在中国畅销，如果说《营销原理》是一本翔实的操作手册的话，那么我更愿意把西奥多·莱维特的《营销想象力》视作一本关于营销的哲学书，因为书中的很多观点其实会引起许多针对营销和企业运营本质的深刻思考。我相信每个读者在阅读了他最著名的论文之一《营销短视症》后，都会好好思考一下：自己到底属于哪个行业。这种简单却又直指本质的问题，不愧为大师。

莱维特思维敏捷、视野宽广，有的观点超乎寻常地前卫、尖锐，以至于直到几十年后的今天，也没有被证明是完全正确的。例如，他把全球产品标准化作为跨国公司的制胜之道，又断言"电子行业里风光的新公司面对的最大危险，不是忽视研究和技术，而是过于重视研发"。这些观点引起争议无数，但从另一个角度来看，在众多企业管理者被资金、市场占有率和股东压力等种种约束禁锢了头脑的时候，让这些看起来天马行空、离经叛道的"异端观点"来刺激一下乏力的创新思维，也未尝不是好事。正如作者在书中谈到的那样："市场营销观念面临的问题，跟所有商业概念、物理定律、经济学理论以及哲学思想一样，就是它会变得越来越僵化。"这本书的目的，其实就像它的书名一样，就是要调动一下读者的想象力。

这，才是最重要的。

刘湘明

《IT经理世界》出版人

The
Marketing
Imagination

推荐序三

从产品经营到客户经营

最近一个时期，我们对公司管理软件的经营业务做了一次深入的调研、观察和思考。大家都不约而同地把思维集中到一个共同的问题上——客户满意问题，尽管说法不一，如"客户满意度""客户价值""客户（持续）成功""客户口碑""客户经营""客户全生命周期价值经营""离用户是远了还是近了"等，但本质上是同一个问题。

正在思考之际，有人给我推荐了一本书——《营销想象力》。作者西奥多·莱维特被誉为现代营销学的奠基人，他在本书"营销短视症"一章（也是他的经典之作）中写道："成长受到威胁，增速减缓甚至停滞，原因都不是市场已经饱和，而是管理不善……企业就必须将自己视为一个创造客户和满足客户需要的有机体。管理层不能认为自己只是制造产品，而是要以提供能让客户满足的价值为己任。"莱维特的基本观点就是企业必须从产品导向转向客户导向，为客户创造价值。我向中国企业家俱乐部推荐这本书时说:"我们在经营企业多年后才体会到的东西,西奥多·莱维特在几十年前就有了精辟论述,不得不折服于他作为现代营销学奠基人的思想光芒。"

今天我们面对的局面是客户需求在增长,市场机会很多,当我接待和拜访客户时,客户对用友充满期待,这份期待远高于我们今天所实际做到的。正如一位分公司的销售经理讲道:"客户要这个要那个,但我们只能提供一部分。"当我们在关键应用上能较好地满足客户需求时,一些客户对用友大加赞许和感激;当我们的服务保障较好时,一些客户放弃了其他软件厂商或者已经在合作的国际厂商,给我们二期、三期的合作机会,我们在赢得客户满意的同时,也获得了较好的财务收益。

这本书的第 1 章"市场营销与企业的目的",为全书定下了基调,莱维特说:"企业的目的就是创造和留住顾客。"对此我深有感触。当年创立公司时取名为"用友",就是想开发提供能被称为"用户之友"的软件(用户界面特别友好,用户很容易使用、喜欢使用),并确立了"与用户真诚合作,做用户可靠的朋友"的企业宗旨。公司在开发财务软件时期之所以能够在同业竞争中脱颖而出,就是因为很好地实践了这一宗旨,很好地满足了客户的需求,因此,用友赢得了客户口碑,也赢得了市场地位。即使到了 ERP 时代,用友的企业宗旨也不会改变。我们只有继续遵循这一宗旨才能取得持续发展,倡导"成为客户信赖的长期合作伙伴",正是这一理念的延续和发展——我们需要回归根本。

如今在企业管理软件领域,面对着与国际厂商越来越激烈的竞争,我们靠什么去赢?这当然涉及很多方面,其中最重要的因素之一就是要在经营方式上创新和突破。当年日本汽车工业在比欧美落后很多的情况下,积极学习其成功经验,同时看到其缺陷,并致力于创造不同于欧美的生产方式。经过多年的努力，形成了著名的丰田生产方式（TPS），借此，日本汽车工业迅速崛起，并逐步超越了欧美。实际上，在管理软件行业，大部分欧美厂商的经营模式也越来越受到挑战，它们在很大意义上还是产品或解决方案经营模式，一些客户逐渐离它们而去，有的转向了用友，说明它们的经营模式存在缺陷，这为我们提供了可以超越欧美厂商的机会。我们要在与国际厂商竞争中取得更大的竞争优势，成为世界级的管理软件企业，就必须在经营模式上创新，客户经营就是我们的方向。

客户经营的前提必须是以客户为中心、以客户为导向，并在此基础上发展出一种全新的经营模式。它会改变公司的基本定位，要求我们要从产品经营型企业转变为客户经营型企业，从管理软件产品提供商转变为企业、政府及社团组织经营与管理信息化应用服务提供商。

2005年5月，我和几位同事考察了日本富士通公司的大客户经营模式。其大客户经营模式是在几十年前开始建立并逐步发展起来的，核心模式是以客户为中心，按照客户的要求和时间，与客户共同成长，组织上以大客户业务部（Account Business Unit，ABU）方式开展。谈到客户经营，我们往往会认为只适合大客户，对中、小客户应该走产品经营模式。这其实是一个认识误区，客户经营不仅适合大客户，也适合中客户和小客户——当然，具体的客户经营组织方式是不同的。总部位于英国的SAGE公司是一家主要服务低端客户的公司，它认为让客户全生命周期价值最大化是其战略关键，它的经营模式就是客户全生命周期价值经营。SAGE公司有一句经典的话，令我至今记忆犹新："SAGE是一家卖产品的服务公司，而不是一家卖服务的软件公司。"这也正印证了莱维特关于服务的工业化的观点："事实上，并不存在所谓的服务行业，只不过各个行业中服务的成分多少不同而已。"

另外一个认识误区是认为客户经营就是定制服务，产品和方案不重要了，甚至把客户经营和产品化发展对立起来。曾经考察IBM公司向服务的成功转型时，我们看到它是建立在IBM公司先进的大型机、小型机、中间件和一些重要解决方案基础上的。如果那时IBM公司没有领先的计算机和软件产品，客户不一定会选择IBM公司的服务；如果那时IBM公司有了领先的计算机和软件产品，却不贴近客户，向服务转型也不会有那时的辉煌。曾经，IBM公司致力于推进其服务业务的标准化、产品化。所以，我们说公司向客户经营模式和服务提供商转型，不是说技术、产品、方案就不重要了，相反，是更重要了，要求更高了，同时，要求不一样了。

从产品经营到客户经营，将使我们已有业务发展得更加深厚扎实，并且不会因为受制于现有的产品而错失为客户提供更多更好服务的机会，就像莱维特说的，不会使我们只限于提供"马车"服务，而丢失了汽车等新的"运输方式"带来的发展机会，因为我们从事的是"为客户提供运输服务"，而不是"马车"服务。

最后，我想引用莱维特在《营销短视症》一文的结尾提倡的，要"打碎镜子，推开窗户"——当你"以为自己是在看着窗户外面的客户，实际上看的却是一面镜子——镜子照出的是他们自己的产品导向的偏见，而不是客户的实际状况"。只有真正做到去了解客户的实际需求，企业才能够实现持续发展，永续辉煌！

愿大家都能从这本书中得到更多的思考。

王文京

用友软件股份有限公司董事长

译者序

营销思想家、思想营销家莱维特

菲利普·科特勒是谁？但凡学过市场营销的中国人，大概都知道他是谁。

西奥多·莱维特是谁？就算学过市场营销的中国人，可能也没有多少知道他是谁。

"莱维特这个名字就是营销的同义词。"说这句话的，是菲利普·科特勒。

"地球是平的。"——托马斯·弗里德曼在2005年站出来说。霎时应者如云，好评如潮。

不过，你可曾料到，弗里德曼洋洋洒洒数十万言，只不过是重复莱维特的观点，把它们展开来论述而已。

几十年前，莱维特就断言：技术进步让通信、运输和出行惠及普罗大众；"整个世界正在技术的推动下变得同质化"，人们将无法抗拒低价消费品的诱惑，因此会放弃自己的偏好，选择价格低廉的标准化产品，因此"跨国商业世界已经终结，随之终结的还有跨国公司"，未来属于那些并不迎合当地偏好的"全球公司"。

弗里德曼的《世界是平的》一书，还有他的前作《凌志车与橄榄树》，讨论的正是在技术推动下日趋迅猛的全球化。当然，莱维特提出的"全球化"（globalization）是市场意义上的，探讨的是市场特征和顾客需要，而弗里德曼更多的是从供应链和价值链角度来进行论述。

莱维特在营销学领域的地位，还有他思想当中蕴含的洞察力，从这两个事例中可见一斑。其实，现代营销管理的诸多理念和实践，例如差异化、有形产品与无形产品的异同、服务管理与服务营销、产品生命周期、顾客关系管理、企业的创新与模仿等，他都有过精辟而且富有开创性的论述，其中既有可以立刻付诸实践的具体建议，也有发人深省的前瞻性洞见。他有不少观点非常激进，甚至在当时被视为离经叛道的谬论。上文所说的"市场全球化"引发的激烈论争，迄今余波未消。

他在《哈佛商业评论》上发文26篇，数量仅次于彼得·德鲁克。他还4次获得《哈佛商业评论》"麦肯锡奖"。这个奖项是麦肯锡管理研究基金会与该刊合作于1959年设立的。该刊每年邀请一些著名学者和企业高管，组成一个独立的评审小组，对该刊同年发表的文章进行评审，影响最深远、重印数量最大的两篇文章可获这一荣誉。获此荣誉最多的学者，首数德鲁克（7次），其次是迈克尔·波特（5次）。如果不是因为莱维特晚年长期病魔缠身，无力治学，德鲁克能否执此牛耳只恐难说。

莱维特1959年成为哈佛商学院的教师，并在此任教直至退休。

那个时代的教授，通常认为自己的任务是"思考和教学"，他们在发表或介绍自己的思想和成果时，大多言辞晦涩，术语不离口，甚至有些人刻意为之，生怕别人不知道自己满腹经纶。作为现代管理教育先驱和殿堂的哈佛商学院，以及它的标志性刊物《哈佛商业评论》，在很长时间内也是如此。

然而，莱维特虽是一个严谨的学者，但他认为应该用生动的语言表达自己的思想，因为他认为自己的职责还包括"向那些实际经营企业的人提出一些建议"。他说得没错，思想如果不能得到理解和传播，并对别人的行动产生影响，那么它顶多就是某个人独善其身的工具。用莱维特自己的话说，"你写的东西如果没人读，那么它充其量不过是一件古董"。

给学术圈外的人士提建议，言语自然必须浅显易懂。所以，他非常重视文章的写作。《营销短视症》让他声名鹊起，他在15年后却这样评价该文："我的贡献仅仅在于……向大家介绍了一种本已存在的思想。我用了一种直截了当但又负责任的叙述方式，因为我知道没有几个读者，特别是没有几个管理者和领导者，能够容忍我含糊其词或者犹豫不决。我也清楚，轻松有趣的断言比拐弯抹角的推理更有助于传达思想。"

他在1983年表示："20年来，我没有发表过重写次数少于5次的任何文章……最多的时候我重写了12稿。大改的不是思想，而是节奏、音韵、行文的速度，有时甚至就是让它摆在那里看起来舒服一点儿。为什么要让客户受折磨呢？"对，没错！他说的是"客户"。他认为读者就是他写文章时的客户。

阐述思想，并"向那些实际经营企业的人提出一些建议"，语言直白通俗能出其右者，那个时代的管理学者也许只有德鲁克。不过，德鲁克随笔般的著述以及他开创的经验主义学派，最初并不为主流学术圈所接受，而莱维特因为在《哈佛商业评论》发表两篇文章引起哈佛商学院的注意并被招至麾下，从这个意义上讲莱维特已经登堂入室，可他敢于揭下那张严肃有余的学术面具，以通俗易懂的方式向大众传播自己的思想。事实上，正是在他担任主编期间，《哈佛商业评论》完成转型，从一本佶屈聱牙的学术刊物变为一个向管理者传播管理理念和实践的桥头堡。

从这个意义上说，莱维特不仅仅是一个营销思想家，更是一个深谙如何"营销"自己思想的方家。

最后要提醒读者的是，这毕竟是一个学术论文集，而且文章发表的时间都不迟于20世纪80年代，所以不要期望本书像通俗小说那样生动有趣。当然，只要你有足够的时间、知识和智力准备，本书定能让你获益良多。

辛　弘

The
Marketing
Imagination

新 版 序

一个论点，论证得哪怕再充分，如果听起来明显不真实，就不会有人重视它。本书第 2 章讨论的"市场全球化"就是这样一个论点。此文在全球掀起了一场大辩论，但这恰恰证明了这个主题的重要性，也证明了这个观点的真实性。第 2 章提出，公司无论规模大小，也不管它的顾客群体有多大，都不可能置身于全球竞争之外。就算是一家偏安一隅的鞋店或者扣件经销商，它们受到全球竞争的影响，比起一家全球制造商或者全球经销商所受的影响，一点儿也不少。

那么，为什么还会有辩论，还会有争执？所有的人似乎都赞同，商业竞争确实在普遍朝着全球竞争的方向发展，而且这个势头甚至势不可挡。但有不少人说，这种趋势与"市场全球化"是有差别的，因为全球竞争并不要求市场像某些人所理解的那样变得全球化。

这些批评人士的观点大抵如下：

- 没有证据表明，全世界人们的欲求（wants）和愿望（wishes）在同质化。相反，它们在异质化，其程度不仅在不同国家之间在提高，在同一个国家的内部也在提高。
- 人们对价格低廉、质量尚可的产品的偏好，并不是非常普遍。事实上，没有证据表明人们普遍对价格敏感。另外，标准化的低价在某些国家会高于人们的购买力，而在另外一些国家又会定得过低，因此在全球范围内采取低价定位并不是一个理想的策略。
- 由于生产成本在总成本中所占比例通常不会很大，因此规模经济带来的竞争优势将会很小。所以，把精力放在产品标准化上，希望以此来实现低成本和低价格，那是劲儿使错了地方。事实上，自动化柔性工厂可以降低因为产品多样化而导致的成本。
- 事实上，在全球市场上实施产品标准化面临着一些强大的阻力：

  （1）政府和行业限制政策。

  （2）国家之间在营销基础设施之间的差别，例如促销媒体、分销渠道、运输设施等条件的可用性。

  （3）资源市场之间存在差别和相互依赖性。因此，劳动力和原材料的丰富程度和巨大的成本差别，将会导致企业在决定是自己生产还是从外部采购时产生很大的差别。这些因素产生的影响，哪怕是人们的偏好普遍趋同也是不可能克服的。
- 在全球范围内实行标准化的能力，会因为公司以前的承诺受到严重损害。这些承诺包括已有的工厂、分销设施、合资和合作协议、分销和供应商安排以及银行和汇率协议等。
- 语言和文化方面的障碍。

有关全球化的辩论最初是在广告公司中兴起的（现在争论得最激烈的也是这个行业），进而波及广告密集型的包装消费品行业。"市场全球化"一章指出，人们对于所有产品的偏好和嗜好的同质化程度在全球范围内都在上升，而稀缺性这个经济上的原因又使它们得以强化，因此"市场全球化"就被有些人理解为用一成不变的标准化沟通来支持那些偏好和嗜好。

这种观点显然是站不住脚的，因此无怪乎它会遭到猛烈的攻击，尤其是遭到广告行业的攻击。无论哪个国家都有其稳定不变的偏好和条件，这是广告行业安身立命的前提假设。广告公司的结构完全取决于这个论点，它们的日常业务也严重依赖于这个论点。所以，攻击这个论点，就是攻击它们在全球各地开设分支机构的合理性，也就是攻击众多广告从业人员的生计。

这一章谈论的根本不是全球品牌，虽然批评人士做出这样的推断不无道理。但即便如此，这些批评人士也在某种程度上普遍接受了全球化是无可避免的这一事实。他们接受的程度有所差异，可以用类似"我选我味"（汉堡王的广告语）以及"全球视野，本土触觉"和"全球化思维，本土化行动"这样的主题来对这种认可加以限定。这样，他们在承认全球化的同时，仍然保留了本土化的部分。譬如，有一位评论员虽然承认有必要拥有全球思维，但又举出反例来支持本土化。他说，中欧人非常迷恋食品的新鲜度，因此很难让他们用人造黄油取代天然黄油，因为他们认为在工厂里生产的东西没有（农场生产的）天然黄油那么新鲜。由此看来，在英国或者美国起作用的沟通方式，未必适合于瑞士。所以，全球化的品牌运作是错误的。

可是，即使上述关于新鲜度的分析是正确的，也并不表示不能在所有相关国家对产品及其市场沟通实行区域化。事实上，这个分析仅仅表明，在瑞士的沟通任务与在英国的沟通任务目前有所不同。在瑞士，人造黄油在包装和广告上都必须强调有"农场产品一样的新鲜度"，直到新鲜度不再受关注或者对竞争不再有显著的影响为止。如果生产、分销和沟通的成本和收益情况有利于在多个相邻的国家里实行标准化，而且有充分的理由相信该地区所有国家的消费者的基本需要都相同，他们对稀缺性做出的反应也相同，那么充分发挥想象力，努力用同样高效的方式来打动这些消费者就是一种合情合理的选择。

沟通也不一定必须用各个国家的母语进行。非语言沟通的效力越来越大，在电台和电视的强力推动下尤其如此。莫扎特的交响曲、中国明代的花瓶、伦勃朗的画，这些艺术形式都能得到广泛的理解。甲壳虫乐队（Beatles）在20世纪60年代横空出世，我们开始发现世界各地的人们其实有着相同的理解和情感。

世界各地的人们在观看马克斯兄弟（Marx brothers）○的电影时，哪怕是不看字幕，也能领会影片的含义。KISS乐队演奏的重金属音乐，在世界各地有数以百万计的听众，但是在震耳欲聋的喧闹当中，大部分人是听不清歌词的。坎贝尔教授在第一次观看《芬尼根的守灵夜》○的戏剧时说："我虽然听不懂他们在说什么，但是我完全理解他们的意思。"非语言沟通是没有语言障碍的。

广告是一项特殊业务。它的挑战就是克服冷淡、竞争和时间限制等巨大障碍，实现有效的沟通。广告公司自称这就是它们的特长，那么就让它们去克服另一个障碍来证明这一点好了。而其他的沟通形

○ 一个移民美国的德国家庭。这个家庭有5个男孩，他们自1912年推出首部舞台剧后，一起出演了数十部舞台剧和电影，取得了非凡的成就。——译者注

○ 《芬尼根的守灵夜》（*Finnegans Wake*，又译《芬尼根彻夜祭》）是爱尔兰作家詹姆斯·乔伊斯（James Joyce）晚年在双目几乎失明的状态下，历时16载创作的长篇意识流小说。该书晦涩难懂。约瑟夫·坎贝尔（Joseph Campbell）与人合著的《打开〈芬尼根的守灵夜〉的万能钥匙》（*A Skeleton Key to Finnegans Wake*），被认为是解读该书的成功之作。乔伊斯还是小说《尤利西斯》（*Ulysses*）的作者。——译者注

式，例如莫扎特的交响曲、米克·贾格尔⊖的摇滚乐、安迪·沃霍尔⊜的作品，也同样面临着这个障碍。

要取得真正的成就，就少不了付出认真的努力、承诺和热情。可哪怕是有了它们，西西弗斯（Sisyphus）也不可能把巨石推上山顶。然而，"市场全球化"一章指出，通信、旅行和运输的平民化正在夷平这座大山，因此如果哪些公司不努力把巨石推过这个日益平坦的竞技场，它们就会被其他公司推过来的巨石压扁。

这种愈演愈烈的扁平化，甚至在那些寻求"全球视野，本土触觉"和"全球化思维，本土化行动"的批评人士身上得到了证实。竞技场的扁平化还在人们的一些行为当中得到了证实——天然的贸易壁垒正在消失，他们就大力制造一些人为的障碍，例如关税、外汇管制、配额限制和自愿限制等。这些人为壁垒的意义在于，它们不是全球竞争增强的障碍，而是全球竞争增强的表征。它们表明一些国家的厂商受到了另一些国家的买家的热烈欢迎。吸引这些买家的产品，其品质已得到合理的标准化，价格非常诱人，这样低廉的价格则是得益于全球市场所带来的极大的规模经济。

那么，究竟什么是标准化的产品呢？我们来看日本精工手表株式会社（Seiko）的例子，该公司提供的腕表款式超过100种。它学会了其他手表制造商在大规模生产、提高质量和降低成本等方面的一些创新，以及天美时（Timex）那种时髦而又实用的风格，提供了款式和型号非常丰富的产品。然而，精工手表的机械结构只有区区数种，

⊖ Mick Jagger，滚石乐队（Rolling Stones）的主唱，有人认为他是摇滚乐有史以来最有影响力的主唱之一。——译者注

⊜ Andy Warhol（1928—1987），20世纪波普艺术（Pop Art）最著名的代表人物之一，画家、导演兼商业设计师。20世纪60年代，他开始以日常物品作为表现题材来反映美国的现实生活，经常直接将美钞、罐头盒、废弃物以及名人照片一起贴在画布上。他在肖像画方面有很高的造诣。——译者注

它的许多款式只不过是在外观上做了一些改变而已。这就是标准化。在某些市场上，某些款式的手表就是比其他款式更加畅销。还有什么新东西吗？只有一点——精工的高质低价战略成功地瞄准了一个全球市场，而这个市场的规模大到足以证明：投入资金，建设有助于降低成本的工厂来支持这一战略，这是一个正确的决策。

当然，不同市场之间有不可逾越的差别。适用于美国佐治亚州沙土的花生播种机，到了西非塞内加尔的黏土上就用不起来。碰到这种情况，只有傻瓜才会想实施标准化。"市场全球化"一章在提出论点时，假设它的读者是一个心智健全的人。

各个国家在商业机构、商业惯例以及人们的偏好结构等方面存在重大差别，这一点是显而易见的。对那些被派去负责一些彼此不相邻的多个国家市场的管理者，以及那些负责研究国家市场和顾客有哪些独特特征的市场研究人员来说，这些差别尤其突出。他们看到的那些区别，恰恰就是他们的工作存在的原因，而他们没有看到的东西，例如不同国家和地区有哪些共同点，以及所有国家的人们都在不可阻挠地快速趋同，也不在他们的职责范围之内。他们同样也没有看到，全世界的商业惯例都面临着同一种情况：商业惯例中的很多假设，只要有想象力和胆识，并且坚持不懈地发起攻击，它们就会轰然倒塌。他们没有跨过自身认知与职责的边界，去抓住市场边界不断消融甚至消失所带来的大好机会。

我们不应该想着列出各个市场彼此有别的所有情形，以便证明它们不可能相似，因为那样将会使自己闭目塞听，完全看不到这些市场正日益变得相似的各种情形。这个世界哪怕最终不会大同，但它的趋同已然是一个事实。

世界趋同并不意味着所有地方的所有事物都彻底同质化。它既不会导致个别市场的消失，也不会导致细分市场的终结。就像"市场全球化"一章非常清楚地提出的那样,我们目睹的是全球化,从而也是细分市场一体化的开始,而不是它的完结。哪怕是那些文化底蕴深厚的产品,例如巴赫的音乐、包豪斯建筑学派、自行车、皮塔饼㊀、庞克摇滚乐、顶级信用卡、国际旅行、金融工具、中式食品、汉堡包和啤酒,在几乎所有国家里,无论这些国家在语言、文化和传统方面有哪些差别,也都可以找到完全相同的细分市场。有些细分市场最初的规模很小,涵盖的范围也很小,但慢慢就变成了巨大的全球性市场。这个过程就是趋同:市场在全球各地变成众多互不相连但是同质化的细分市场。

从经济学的意义上讲,趋同导致的结果非常惊人。无论自动化柔性工厂想出什么招数,它们带来的竞争力都不可能超过因为全球规模而产生的规模经济所带来的竞争力。这里有一个重要的问题,也就是有多少人会更加喜欢更低的价格,从而放弃更多的选择。许多人宁愿得到更多的选择,但就在这些喜欢有更多选择的人当中(也就是在一个细分市场当中),仍然会存在对最低价格的偏好。这一点每天都在得到验证,它在一定程度上能够说明为什么无论是针对哪个价格档次的产品,都有人一再高呼设置贸易壁垒和进口限制。这些壁垒和限制措施虽然在短期内会起作用,但它们的成功在商业历史上从来都不能持久。

不管你是更加喜欢一辆豪华汽车,还是一辆实用型汽车,你仍然会对价格保持敏感。不难理解,所有人都希望自己买的东西物超所值。人类行为(因此也是组织行为)的这个特征持久而强大,因此全球市场上有碍于人们实现这种愿望的壁垒,无一例外最终总会失效。

它们失效的形式有以下几种:

㊀ 一种源自中东地区的面包,扁圆形,可以从中间打开一个口子,把其他食品填充进去。——译者注

- 被资本转移绕过去，就像日本的汽车和电子产品公司把工厂开在了英国、巴西、美国以及其他地方，或者与目标市场上的本土企业成立合资公司。
- 目标市场上的公司把投资转移到成本更低的地方，然后把价格更低的产品再"进口"到国内市场。
- 受保护行业的竞争力进一步恶化，直到它们的融资能力（从资本市场上或者从自己的现金流当中）非常低下，最后彻底关门，设置壁垒的理由也就不再存在。
- 受到来自下面这些企业的压力：依赖于受排斥行业的国际盈利能力的本国企业，以及那些与本国或他国受排斥行业做生意的本国企业。
- 受影响的各国设置报复性贸易壁垒。
- 走私、盗版、转运，以及其他一些比较冠冕堂皇的手段。
- 当然，还有使用武力或威胁使用武力。

所有这些情况，都是一个高度依存的世界为了保持世界市场的开放（尤其是对低价卖家开放）这一自然的要求而做出的公开表述。

在全球同质化的空隙内，当然还会诞生一些细小的细分市场和利基（niche）市场——过去如此，将来也是如此。但是，未来几乎肯定是一个新的未来。通信、旅行和运输的平民化，让我们的各种习惯都变得接近，而决定行为和消费的正是我们这些习惯。从主要趋势来看，各地的这些习惯都会越来越相似。抗拒或者抵制这些习惯在商业上的含义，相当于重蹈一些傲慢的老公司的覆辙——这些公司躺在商业世界的坟墓中，无人识得或者已被人彻底遗忘。

本书再版之所以新收录三章内容[一]，是因为我深信：许多企业对于

[一] 即第 8～10 章。——译者注

发挥想象力在商业上能够创造的可能性不够重视，它们对于仅仅用传统的方式把传统的事务做得非常出色这种状况给自身带来的限制也认识不够。

产品光是质量上乘还不够，它们还必须有良好的适用性。如果追求的目标错了，质量再好也是徒劳。某个任务只要一台简单的显微镜就可以完成，硬要用一台气相光谱仪就是"杀鸡用牛刀"。建立一个模拟模型来寻找仓库网络的最优方案，这可能是运用科学工具进行管理的范例。可是，你停下来想一想，就有可能意识到那样做其实很荒唐，因为常识告诉你：你们需要在纽约大都会区建一个仓库，可能还要在华盛顿和费城之间建一个，在亚特兰大附近建一个，在芝加哥附近建一个，在休斯敦和达拉斯之间建一个，在洛杉矶和旧金山之间建一个，在太平洋西北部建一个，另外还在丹佛和明尼阿波利斯之间的某个地方建一个。你还需要把精度提高到什么程度呢？你的想象力在一瞬间能够告诉你的东西，可能比高深的科学在一年里告诉你的东西还要多，而且你不用花费大把的金钱。

企业和人不同，它并不一定会走向成熟、衰退和死亡，就连停滞不前也是可以避免的。但是，管理得好并不能保证受到管理的事务就是正确的。第8章"营销短视症"强调了这一点，着重探讨了产品导向将会带来的灾难性后果，指出企业应该变成以顾客导向。本书为该文配发了一个回顾性评论，这个评论写在该文首次发表的15年之后。营销想象力的力量之强大，在该章中不言自明，这一点是本书其他章节无法企及的。第8章指出，读者应当遵循一条非常简单的思路去思考企业的朴素目的，进而得出一些非常明显的谁都能理解的结论。这些结论是训练有素地运用想象力得出来的。

第9章"驾驭产品生命周期"提出并且比较详细地介绍了一些延长产品生命周期，也就是为那些看似已经成熟并走向衰亡的产品和企业重新注入活力的方法。该章阐述了一些全球最大和最受人钦羡的新老企业是如何卓有成效地运用这些方法的，同时总结出一些实用的模式。在它们的指导下，其他企业也能找到一些富有想象力的方法，为哪怕是再寻常不过的产品延长生命。

第 10 章"创新模仿"在另一个方向上发展了第 9 章的某些观点。它指出，如果仅仅依靠自己的创造，或者完全依赖自己在行业里的领导地位，那么没有哪个企业能够生存下来。这是一个竞争激烈的世界，竞争者们都渴望得胜。这些竞争者当中总有那么一些，在创造新事物的某些方面领先于所有其他企业。因此，一家公司在努力成为领导者和创新者的同时，必须付出同样艰辛的努力，系统地向其他竞争者学习。

The
Marketing
Imagination

原 版 序

有什么新情况吗？从事管理的人提出这个问题，其实就是在问：有哪些我还没有注意到的东西，将会促进或者阻碍我的生意和前程，能够创造机会或者带来危险？他们也是在问：有哪些新的技术和方法，可以帮助我们更好地完成工作？

在这个充满不确定性和模糊性，而竞争又非常激烈的世界里，谁能借助巧妙设计的公式、精美的战略范式和经过精雕细琢的分析方法，对他们的问题做出非常专业的回答，谁就一定能吸引一大批听众。因此，身着商务装的"巫师"在这个世界上大行其道。

无论哪个管理者，只要稍有头脑，就不会不经常思考"有什么新情况吗"这个问题，并且希望找到快捷有效的办法，用来解决那些棘手的问题，以及迅速消除日常工作中的焦虑和不确定性所带来的风险。如果有人向他们兜售解决办法，而且信誓旦旦，他们很容易就会被那些似是而非的东西打动。

管理者最担心的不确定性往往来自市场，无论他们是在美国、苏联,还是在阿联酋,或者联合劝募会。市场显然是存在的,而且谁都无法逃避它。所有商业机构的命运,最终都是在市场冷酷无情的运转中所决定的。

然而,市场并不是自发形成的,它只不过是反映了参与主体的行为结果。市场的参与者包括"买主"和"卖主",他们想按自己的意图配置各种资源,例如材料、技术、人员、情感、智慧和资金等,在这个不近人情的大熔炉里直接交锋。

我深信,应对"新情况"和那些长期不变的旧事物的方法,主要是掌握全面的信息并且清醒地思考。本书所体现的正是这个观点。从教科书上或者其他人的头脑里得来一些简单的方案或者奇特的模型,虽然不仅不费什么力气,有时甚至还能取得一定的成效,但是那样做无助于你锻炼自己的思维和提高自己的能力,从而更好地去应对不断涌现的新情况。在这个世界上,能够清醒思考的聪明人很多,我们要真正做到"清醒地思考",就必须富有想象力,并且拥有超出常人的思考质量,从而超越最显而易见的思考结果或者纯粹的逻辑推理。未来属于那些能够赶在事态明朗之前就做出准确判断,并且高效地投入资源和精力,从而抓住机会或者规避风险的人。另外,如果没有高涨的热情,谁也不可能取得伟大的成就。

企业的目的就是吸引并且留住顾客,如果不能吸引一定比例有购买能力的顾客,企业就不可能存续。顾客为了解决自己的问题,总是有许许多多的选择,他们购买的其实不是产品,而是用来解决问题的方案。企业只有不懈努力,帮助顾客更好地解决问题,也就是为他们提供更加出色的功能、更高的价值和更加便利的服务,才有可能生存和繁荣。为此,企业首先必须了解顾客心中的"更好"是什么。为了弄清这一点,然后弄清有哪些工作应当完成,并以高超的智慧、满怀热忱去完成那些工作,我们就必须拥有想象力。

本书与我的前一本书《促进业务增长的营销》(*Marketing for Business Growth*)是一脉相承的。在这里我并没有不揣冒昧，想要告诉人们怎样去清醒地思考或者富有想象力地思考，而只是就一些重要的话题谈一谈自己的看法。这些观点你在各种教科书和入门手册里是找不到的，它们也不同于大部分教授和咨询顾问的论调，它们普遍适用于各种企业和机构。

第1章"市场营销与企业的目的"为本书定下了基调，它提出了我在上面谈到的观点：把获取"利润"当成企业的目的纯属无稽之谈，因为如果企业没有足够多和足够稳定的顾客，利润就只是无源之水，企业也就无法生存。企业如果对于怎样吸引顾客、自己的潜在顾客有哪些欲求和需要，以及竞争对手给顾客提供了什么样的选择等问题没有清楚的认识，并且没有制定明确的战略和计划，用来关注市场上的事态，而是把注意力放在工厂的生产或者公司总部的设想之上，那么它根本不可能有效地运转。企业的最高管理者如果不了解自己的企业必须具备哪些营销条件，或者没有真正了解这一点的副手们来辅佐他，那么他必将把企业引向深渊。事实上，市场营销是公司内所有人的事情，每一个人最好都对它有所了解，不管这个人离营销职能有多遥远，是一个研发人员，还是一个电话接线员。

第2章"市场全球化"指出，传统意义上的跨国公司已经过时了，因为它们只是在多个国家里开展业务，而不是在全球范围内统一经营。未来只属于那些全球导向的公司，而不属于那些多国导向的公司，因为整个世界正在技术的推动下变得同质化。无论是对于可口可乐、计算机微处理器、牛仔裤、电影、比萨饼、化妆品还是铣床，世界各地的人们的欲求和行为都在变得越来越相似。这意味着整个世界变成了一个巨大的市场，而不再是像以前那样被分割成许多的细分市场或者独特的民族国家市场。这时，哪怕是在某个很小的集镇上的一个很小的公司，也不可能置身于激烈的全球竞争，而且是非常倚重价格的竞争之外。这就是新的现实。

第 3 章"服务的工业化"提出，关于服务的传统观念确实已经老朽，并已被工业体系所取代。在工业体系下，服务不仅更有效率，而且企业能以更大的规模提供服务，并且像大型制造企业那样对服务进行专业合理的管理。夫妻店那样的服务体系（在食品、法律、银行、修理、维护等领域）还将继续存在，但是只能勉强度日。得到合理管理的大型服务企业，已经影响到我们每一个人，让我们得到了更好的服务。这种企业的管理者和管理流程都跟以前的不一样。

第 4 章是"差异化：万物皆可行"。该章指出，差异化是竞争的本质，而一切事物都是能够差异化的，哪怕它们是钢铁、水泥、货币、化学品和谷物那样的"大众化商品"。谁能找到合适的方法实现差异化，从而吸引的顾客比竞争对手多得多，谁就能取得成功。事实上，要实现差异化并不困难，关键是要掌握方法。该章的内容就是用一些成功的案例阐述如何实现差异化。

第 5 章"无形产品和产品无形特性的营销"继续阐述了第 4 章的部分概念，但针对的主要是我们平时所说的"服务"。事实上，哪怕是非常耐用的有形产品，例如挖土机械和钢材，"服务"也是它的核心组成部分之一。无论什么样的产品，都有各自的有形特性和无形特性。谁能理解产品的这些特性，并且知道怎样去提升这些特性，谁就能获得差异化的竞争优势。

第 6 章探讨的是"客户关系管理"。你拥有一名客户，就是拥有一份资产。你必须妥善管理这份资产，才能防止账户被挥霍一空，以及避免客户嘀咕："最近你都为我做了些什么呢？"如今，越来越多的工作采用长期合同的形式，或者通过供应商—客户关系（这种关系必然会持续多年）来完成，所以关系管理尤其重要。在管理各种必然存在的关系时，我们必须特别小心谨慎，这样才能避免这个账户里的资产遭到损害，才能避免关系恶化到客户被一个声称"我们可以做得更好"的竞争对手挖去。

第7章"营销想象力"详细地阐述了前面各章提出的观点。如果不能发挥营销想象力，不发挥热情的神奇力量，现代营销科学和深度分析都只会是百无一用。世人总是希望找到一些简便的方法和精细的计划，来解决他们碰到的问题。现在管理者也加入了这个行列，他们这样做是可以理解的。但是，这个世界上到处是虎视眈眈的竞争对手，这些对手在不停地发明新产品，寻找提供这些新产品的新方法，以此绕过那些根深蒂固的旧事物，远远地跑到了前面——那就是拜他们的想象力所赐。所以，即使是那些根基深厚的企业，也必须发挥自己的想象力。要知道，正是他们的想象力，还有他们前辈的事业心，把他们带到了现在这个位置。

我希望，读者能从本书中发现许多可以立即付诸实践的东西。但是，我更加希望读者的认知系统可以因此得到些许提高，营销想象力能得到极大的激发，从而在实际工作中取得更大的成效。

我的同事亚伯拉罕·索兹尼克（Abraham Zaleznik）教授是一个知识面很广，但坦承自己对市场营销知之甚少的人。有一天，他很随意地说道："你们这个领域的真正的动力，就是营销想象力。"本书因此而得名。

西奥多·莱维特
于哈佛商学院

第 1 章

市场营销与企业的目的

  不久以前,许多公司持有截然不同的看法,简单地认为企业的目的就是赚钱,但事实证明这种说法毫无实质性的意义,就像说生活的目的就是吃饭一样。关于企业目的的这种新思维,促使那些比较开明的企业慢慢开始区分营销和销售,就像它们现在区分预算和规划、长期规划和战略规划、人事管理和人力资源规划、会计和财务管理、利润和现金流、预期投资回报率和投资回报的现值一样。

  没有哪一项有效的公司战略不是营销导向的,不是最终要遵循下面这条永恒的规则——企业的目的就是创造和留住顾客。

——莱维特

企业要怎样经营才能取得成功？无数管理者和教授提出了他们自己的法则。然而，这些法则之间的差别实在大得不同寻常。就管理者而言，他们认为就算自己提出的不是真正的"法则"，那也是对"我们的成功之道"的解释，言下之意就是"你也应该那样做"——丝毫没有谦虚的意思。这些得意扬扬、腰缠万贯的管理者，满口大话，把自己看成能够预知未来的哲人。

与此相对，教授们不只是做一些解释，而是搬出一些更加高深的法宝，例如"分析""概念"和"理论"等。简而言之，就是"真理"。我们自视甚高，满脑子杂乱的知识，希望把自己变成大受欢迎的参谋和咨询顾问。

我并不想贬低这两类人，只是想提出一点忠告：这两个职业虽然本质不同，但是同样受人尊敬，可如果贸然闯进或者过分深入对方的领地，通常只会损害而不会提高各自的声誉。

难道我们不是经常听到，那些德高望重的企业高管，或者那些创业新富，斩钉截铁、言之凿凿地介绍他们的成功经验？可是，他们事后总结和讲述的，只不过是他们自己的成功故事。听10个人讲，你通常会听到10条不同的建议。

不过，如果你听取10名教授的建议，那么你通常会得到好几十条。之所以造成这种差别，倒不是因为教授们更加笃信"越多越好"，而是因为他们除了教学之外，本来就应该勤于思考。因此，没有直接参与经营的他们，每个人都会构想若干种取得成功的方法。实践者只是负责经营，因此几乎可以肯定地说，他们认为成功的方法只有一种，那就是他们一路走来所采取的那一种。哪怕身边的人已经另辟蹊径，他们也会视而不见。

在这一点上，经营管理者并不是绝无仅有的一类人。想一想，那些成功的小说家介绍创作的"秘诀"，你听到过多少个不同的版本呢？坐下来，动笔写，不要等待灵感；准备好了再写，不要按照时间安排去写。从黎明到正午，不停地写；从黄昏到凌晨，不停地写。总是待在同一个地方写；永远不要在同一个地方待得太久。只写你知道的东西，不要无中生有；只能虚构，写实就只会添乱。显然，他们只是实践的专家，并不是对自己的工作及其成功的理由有充分了解的专家，自然也不是能够永远提出好建议的专家。

身为一名受过正规学术训练的教师，虽然薪水微薄，但我的职责是思考、教学，并向那些实际经营企业的人提出一些建议。我对下面这一点坚信不疑：资本主义民主国家里的商业活动是健康的。这种健康体现了管理者良好的思想水平，以及他们把心思真正用在了企业的目的之上。

现代管理者，特别是那些大企业（因而也常常是跨国公司）的管理者，他们的头脑着实好使。事实上，任何一个聪明的分析师，只要不带偏见，那么他在研究当代的大公司时，景仰之情都会油然而生。他会发现：这些公司的效率、灵活性、敏感程度和内部多样性都很高；虽然有很多类型的员工，但他们都满怀献身精神、热情高涨；他们非常注重产品质量和经营行为；在着手一些重大任务时，他们勤勉而认真。虽然这些公司也表现出一些完全相反的行为，但其他各种机构，无论规模和类型，无论是政府的还是私营的，也无论它们身上集合了多少优良的特性，都根本比不上现代资本主义民主国家里的这些大企业。这并不仅仅因为它们在历史上有先发的优势。事实上，不仅《财富》杂志发布的美国制造业500强排行榜的上榜企业一直在变，金融机构的榜单也是如此。美国联邦商务委员会对"行业集中度"的研究也一再揭示，很多行业中的领先模式都在发生变化。

有些地方很久以前就已开始模仿，在专利、设计、设备、控制系统、工程师、现金和整体工厂等方面得到过资本主义企业的帮助。可是，受援方即使得到了最新的方法和技术，很快又重新堕入低效率和懒惰之中，最后仍免不了落伍。

那么，资本主义民主国家的大企业经营得这么好，它们拥有什么诀窍呢？仅仅因为它们是资本主义企业，或者身处民主政治环境当中，或者是两者兼而有之？还是有其他什么原因？

毫无疑义，同时具备这两个条件是至关重要的。它们是资本主义企业，这意味着它们摆脱了封建思想和封建传统的束缚，不再依附于封建主，而是可以自主选择经营目的。它们身处民主政治环境，这意味着政府如果持续扩大社会管理职能，或者国家不断表现出官僚化的趋势，就将遭到民众的反对。（我认为，下面这个事实是很有启发作用的：没有哪个独裁者或者专制者是由人们推选出来的，而无论独裁统治的包装和宣传多么巧妙，这个国家的人们，无论地位是多么卑微，所受教育是多么有限，他们都会非常自然和聪明地加以抵制。）

有人认为，最有效的安排是某种特定政治环境下的私营企业和自由市场体系。

不幸的是，这个解释还不够全面。虽然就像我们看到的那样，现代资本主义民主国家的企业在某些方面具有优越性，但是我们也看到这种优越性并不是整齐划一的——它们的业绩有好有坏，有一些落后了，有一些衰败了，有一些甚至消失了。我在前面讲到，我们通常是从那些最成功的资本主义企业身上解读怎样获得出色的业绩，这样得出的解释本身也许是正确的，但它们无非是对某一些经验进行了描述而已，并没有用其他企业的经验进行对照，也缺少严谨的分析。另外，这种解释经常会用浮夸来弥补它们所缺乏的普遍性。

教授们对浮夸这一套也颇有心得，特别是精通于玩弄文字。当然，他们确实展露过一些真正的智慧，特别是在分析以下两个问题时：同样是比较自由的资本主义企业，同样是在比较开放的市场上经营，为什么不同企业的业绩会有所不同；成败程度不同的企业各有哪些特征。可事实上，这些智慧也是最近才表露出来的，实质上就是对企业赢得成功必须具备哪些条件做了几条简单的总结：

（1）企业的目的是创造和留住顾客。

（2）要达到这个目的，你必须生产出人们想要并且重视的产品和服务，并以相对于竞争对手有一定优势的价格和条件把它们提供给顾客，而且这个顾客群体要相当大，大到足以支持这样的价格和条件。

（3）为了继续这样做下去，企业取得的收入必须大于付出的成本，而且超过的部分要足够大、足够稳定，从而吸引和留住企业的投资者；企业还必须使其产品和服务至少可以和竞争对手的产品和服务相媲美，有时还要领先一步。

（4）没有哪个企业，无论它的规模有多小，能够凭直觉或者运气做到这一点。它必须阐明自己的目的、战略和计划，而且企业的规模越大，就越有必要把它们明确地写下来，清晰地传达给员工，并且经常让企业的高层对其进行评审。

（5）在所有情况下，企业都需要有一个适合的奖励、审计和控制体系，以保证计划中的事情得到有效执行，或者在发生差错时迅速得到纠正。

不久以前，许多公司持有截然不同的看法，它们简单地认为企业的目的就是赚钱，但事实证明这种说法毫无实质性的意义，就像是说生活的目的就是吃饭一样。事实上，吃饭不是生活的目的，它只不过是生活中不可缺少的活动，因为人不吃饭就会饿死。利润之于企业，有如食品之于人体，它只是企业的必需品。没有了利润，企业就要关门。企业的利润就是收入超过支出的那一部分，企业称之为正现金流。企业的现金流必须是正的，因为维持生命的过程同时也是一个损耗生命的过程。企业要存续，就必须提供这样的产品和服务：能够吸引足够多的顾客以合适的价格购买；生产过程会造成设备损耗和人员劳累，所以必须有足够多的盈余来更换已被损耗的东西。这个"足够多的盈余"就是利润，无论你的企业适用的是哪个国家的会计体系。这就是说赚钱只是企业生存的必要条件，而不是目的的原因。

除此之外，把赚钱当成企业的目的在道德上是非常浅薄的。只要良知尚未完全泯灭，谁会去捍卫一个人唯利是图的权利？如果企业找不到一个比赚钱要崇高一些的目的，那么它们在道德上就没有存在的理由。认为企业的目的就是赚钱，这种想法是过时的，是不得人心的。

最后，这是一种空洞的想法。谋利的方式千千万万，而对经营企业的人来说，关于企业目的的阐述要能给其经营活动提供指导，比如说其应该吸引和留住顾客，就会迫使其去弄清人们真正想要的和重视的是什么，进而满足这些欲求和观念。这样，这种阐述就能提供具体的指导，并在道德上具有意义。

20多年前，关于企业目的的这种新思维促使那些比较开明的企业慢慢开始区分营销和销售，就像它们现在区分预算和规划、长期规划和战略规划、人事管理和人力资源规划、会计和财务管理、利润和现金流、预期投资回报率和投资回报的现值一样。

所有这些思想都非常新，大多数是在我们这一代形成的。那些最成功的企业通常都认真地实践这些思想，从而与其他企业区别开来。

在所有这些思想中，影响最大的是市场营销这种思想以及企业经营过程的市场营销观，也就是认为企业的目的是创造并留住顾客。按照这种思想，没有哪一项公司战略从根本上说不是一项营销战略，没有哪个公司不需要对人们愿意花钱购买的东西做出响应。企业资产是由它获得收益的能力构成的，无论获得收益的方式是直接销售产品，还是在产品的制造过程中做出贡献。就算是华尔街炒家，他们也会遵循一条营销原理：股票尚未显露出来的实际价值大于其他人现在已经看到的价值。这是因为，价值就是资产，是由获得收益的能力构成的。

有些人常常对销售和营销不以为然，并且认为自己跟它们离得非常遥远，可事实上他们通常是销售和营销的坚定实践者。只要看看华尔街上的银行围绕着承销权而进行的明争暗斗，你就会明白这一点。如果不是冲着企业未来的盈利能力而去，那些非常在意自己行为是否得当的银行家，为什么会把那么多时间花在私人交往上呢？更能说明问题的是，华尔街金融家认为必须阿谀逢迎他们的大企业客户。他们留出了很多边门，专用于欢迎那些手中掌控着令人垂涎的投资银行账户的大亨。边门通向坐落在高楼上的私家餐厅，餐厅装饰得富丽堂皇，亚麻桌布浆洗得一丝不苟，桌上摆放着璀璨的爱尔兰 Waterford 水晶。金融家邀请自己的客户或者潜在客户来这里，品尝来自异国的顶级厨师烹制的美食，俯瞰这座繁华的城市，欣赏窗外的美景。可以说，投资银行为了向客户展示自己而在包装上花费的苦心，丝毫不亚于高级化妆品公司在产品包装上投入的心思。

这两种方法历久弥新，因为它们都行之有效。这两类客户购买的都是希冀，而不是实际的事物。用包装来传达满足这些希冀的能力，比通过简单地描述包装里面的内容这种传达方式要有效得多，因为主观的感受比客观的感知更加重要。例如，我们对一辆汽车的主观感受，就比它的实际触感更加重要。事情也应该是这样的，就我们人生当中一些最重要的决策而言，尤其如此。以婚姻为例，我们选择伴侣的依据，大多不会是对方的钱财这个冷冰冰的数目，而是自己对对方的炽热情感。

但是，这里也存在一个问题。我在 1960 年撰写的《营销短视症》⊖这篇宣言式的文章当中，把市场营销提升到公司觉悟的高度来讨论，宣

⊖ 见本书第 8 章。

称企业如果把所有的精力用于满足顾客的需求上去，那么其他的问题就会迎刃而解。时隔 9 年，这份宣言已经完成了它的使命，于是我提出了一个更加调和、让人更易理解的观点："营销矩阵"㊀。就企业的目的而言，这个矩阵所包括的内容比本文中的观点更加宽泛。具体而言，我在营销矩阵中提出：在可以接受的风险水平下，企业必须平衡外部环境（顾客、竞争、政府和社会）的状况与内部环境（资源、能力、方案和愿望）的状况。

我在"营销矩阵"中提出，只图自己方便而完全不考虑客户利益（benefit）的企业，必定会很快衰落并走向灭亡。我一共列举了 25 条标准来描述这样的企业，其中的最后一条是："在设定公司的目标时，总是使用产量、营业收入、利润和股东权益增长等指标；从来不用市场因素、客户需求的满足程度、客户服务的目标或者目标市场等指标。"我用这个矩阵来评价企业的政策，它的两个维度分别是"考虑自己方便"和"考虑客户利益"，每个维度最高得 9 分，最低得 1 分。上文引述的标准的前半部分得的是 9 分，表示企业完全只图自己方便；后半部分得的是 1 分，表示完全不考虑客户利益。简而言之，这句话描述的是一个"9,1"型企业。当时还列举了"1,9""5,5"和"9,9"等类型的企业。（"9,9"企业很难找到，甚至很难想象。哪怕在顶级教授的指导下，也没有哪个企业做到这一点。）

对于营销观念中存在的问题，我在"营销观念的局限性"，也就是紧随"营销矩阵"之后的那一章已经阐述了一半，下面我将阐述这个问题的另一半……

1976 年 11 月，国际商用机器公司（IBM）推出小型机"Series/1"，

㊀ Theodore Levitt, *The Marketing Mode* (New York: McGraw-Hill, 1969), Chap.11, pp. 203-17.

终于揭开了进军这一领域的序幕。这一行动恰恰就是《营销短视症》一文所建议的举措：如果顾客喜欢的产品跟你自己的产品形成了竞争，那么与其让竞争对手来满足这种需求，还不如你自己来做。也就是说，与其完全让别人来摧毁你的市场，还不如你亲自去摧毁它。我把这种行为称为"创造性破坏"（creative destruction）。这个响亮的词，是我从已故经济学家约瑟夫·熊彼特（Joseph Schumpeter）那里借来的。

IBM并非第一家涉及商用计算机的企业，而是一个姗姗来迟的后来者。可是，它旋即就占据了大型机市场（这个市场在1976年达到了200亿美元的规模）至少80%的份额，成为现代科学技术的主要标志。它之所以非常成功，主要因为它是一个非常重视营销，而且营销工作非常高效的公司。从创立起直到1976年，在该公司的高级管理层中，非营销部门出身的高管从来不超过两人，成为高管的技术专家总共只有一人。虽然拥有福雷斯特（Forrester）存储磁鼓带来的非凡优势，但IBM成功地成为20世纪科学技术的主要标志，主要还是得益于它的营销能力。该公司设置了行业管理者一职，这些人的职责就是针对明确的目标行业以及这些行业里的企业，制订营销计划、销售计划，并给销售人员提供相应的培训。它的销售人员只负责在专门的行业里销售专门的硬件。它把软件与产品捆绑销售，以一个固定的价格提供给客户，从而让客户相信那些设备带有合适的软件，可以切实完成目标工作。它为客户提供安装服务，并为客户重新设计整个数据的采集和报告系统、培训数据处理人员、承担系统试运行调试，随后还为客户开发新的电子数据处理应用软件，给他们提供更大的帮助。在这个过程中，客户购买的产品越来越多，而且越来越依赖IBM。IBM的客户在支付方式上有两种选择，即每买一件产品就付一件产品的钱，或者支付租金且几乎没有针对中止租用的违约条款。当然，这些价格都是固定的，没有讨价还价的余地。如果说这个世界上还有一家彻底的营销导向型专业组织，那么它就是IBM，它的营销策略非常有效。

但是，在1976年Series/1小型机面市之后，这一切都被弃用了。它的销售队伍是产品导向的，而不像以前那样以客户和应用软件为导向。换句话说，这是一支专门销售的队伍，专注于销售Series/1小型机。他们不需要为客户提供什么特殊的帮助，工作职责除了销售还是销售，把产品卖给市场上的每一个客户。公司也不提供租用方案，只卖产品——虽然IBM凭借自己强大的竞争优势，完全有财力轻松地提供产品出租。

Series/1小型机显然是一个创造性破坏的案例——为了自救而跟自己竞争。这里并没有什么真正的新东西。不过，放弃行之有效的营销、销售和定价策略，转而采用几乎完全相反的做法，这种思想却是全新的。

1976年11月，就在IBM发布Series/1小型机的同一周，《商业周刊》杂志以"化妆品魅力世界里的现实主义管理者：天赋和浮华向控制、预算和规划低头"为题，在主题文章中报道了露华浓公司（Revlon, Inc.）。这个标题传达的信息足以让我们猜到文章里面的内容。我们也应该了解到，这家打破神秘感，引入正规管理模式的化妆品企业，在采用一种全新的运营方式之后的第一年，它的销售收入和利润分别增长了18%和16%。第二年的前9个月，这两个数字分别上升了23%和25%。

一些管理者和创业者取得成功之后，就敢于根据自己有限的经验指点其他的所有人，因此这些建议可能既不切题，也不适用。工商管理教授的理论如果变得像别人的经验那样僵化，他们也会落入这样的境地。因为形势发生了变化，所以Series/1采用了产品导向，可是等Series/2出来的时候（它们肯定会出来的），顾客导向和应用导向可能又是有竞争力的模式。类似地，有谁敢断言，无论露华浓的规模到了多大，它仍然能够在这个新管理体制下高效地经营并兴旺发达。出于某些目的，它可能会采取一种混合模式。用 Faberge 公司新任总裁理查德·巴里（Richard Barrie）的话说："产业发展到某个阶段，必须摒弃依靠神秘来进行管理的旧思想，但同时又要保持市场营销的神秘性。"谁说不是呢？

<u>一个能让企业在自由市场上公开对决的世界，显然是一个不断变化的世界</u>。市场营销观念提醒我们必须注意这样一个事实——要跟上形势的变化，我们必须研究人们的欲求和价值观并做出响应，必须针对竞争对手提供的选择快速做出调整。它还特别提醒我们注意另一个事实——<u>竞争经常来自行业外部</u>。在这些思想的深处有这样一个概念，那就是没有什么比顾客更重要。这再一次说明，顾客是最重要的。

1976 年，IBM 突然宣称事态发生了变化："要产品导向，不要顾客导向。"露华浓似乎也在说："经营公司，不要跟在顾客后面跑。"而且，它们显然都是正确的。做一家"1,9"型（低企业导向，高顾客导向）公司并不能真正成功，做一家"9,1"型公司也是如此，想做一家"9,9"型公司则不太可能办到，而想成为一家"5,5"型公司无异于自找麻烦，让自己四面受敌。

市场营销观念面临的问题，跟所有商业概念、物理"定律"、经济学理论以及哲学思想一样，就是它会变得越来越僵化。它们都会被教条化，被诠释成一些日益狭窄和刚性的规则。就营销观念而言，这种趋势尤其有害，因为营销在整个组织构建其目的、战略和战术的过程中占有中心地位。

在解释营销观念的内涵时，不能把它僵化地理解为企业在某个时间的具体经营方式。我们还是来看 IBM、露华浓以及其他一些实例。

IBM

　　IBM 在推出 Series/1 小型机时，跟它最初进入计算机业务一样属于模仿者，先行的企业已经推出同类产品多年。不过，那时的计算机还是一个比较新鲜的事物，制造商对其用途和适用性的了解远比潜在用户要多。因此，计算机制造商必须付出精力，把潜在用户的需要（needs）转化成欲求（wants）。要把他们的欲求转化成实际的购买行动，制造商必须向潜在用户精心传授知识，让他们了解产品的用途，而 IBM 也必须给自己的销售人员进行销售业务方面的培训。IBM 所做的这一切，跟 10 年前眼影膏和眼线笔制造商为了创造一个规模市场所做的努力没有多大差别。那时，那些大的化妆品公司不得不在店铺里开设展示柜台，教女顾客如何使用这些产品。

　　但是，只要掌握了相关知识，无论这些知识是来自卖主，还是来自市场扩大后雨后春笋般涌现的独立的培训学校及其课程，客户就能自主做出决策，决定自己需要什么以及如何使用它们。因此，卖主在向潜在客户传授知识时做得越成功，用户对其依赖程度就越低。在第一笔生意中所销售的"产品"，是一个包括知识传授、培训、手把手服务、不断提供建议，以及紧急情况下快速支援在内的价值组合。后来，随着客户越来越成熟，"产品"就会变得简单得多，即使不变成一种大众化的商品，也自然不再是一个复杂的组合。例如，它变成了一台简单的计算机、一小盒精致的眼影膏。

　　但是，事情变得复杂起来。随着在企业内的应用范围越来越广（最初是在计算机制造商的帮助下，后来越来越多地依靠用户内部的专家），计算机变成了一个难以驾驭的庞然大物。组织内的不同用户对它提出了不同要求，而且这些要求常常彼此矛盾。为了满足不同部门和个人的使用要求，并为其配备相应的软件，所需的成本越来越高，如何收费就成了一场永无休止的较量。最终，小型机应运而生。企业的一个部门、一个分公司，甚至一个个人，现在都可以拥有自己的小型机，并且可以按照自己的要求配置或者编写软件。集成电路的发明，以及后来出现的微处理器，把计算机行业从涓涓细流变成了浩浩江河。

随着客户对计算机的熟悉程度越来越堪比制造商，计算机的成本下降，以及市场上出现强大的竞争对手，IBM采取了恰如其分的营销导向行动：努力销售硬件，不再像过去那样附带经过精心挑选的复杂内容。这种策略奏效了，而且成效简直不可思议——若干年后，在个人电脑市场上也发生了同样的事情。

露华浓

看过安德鲁·托拜厄斯（Andrew Tobias）为查尔斯·朗佛迅（Charles Revson）所写的传记《冰火两重天：露华浓帝国缔造者查尔斯·朗佛迅的故事》⊖的人都知道，朗佛迅本人在晚年开始反省自己在掌管这家公司时表现出来的坏脾气。他本人对竞争对手不断升级的憎恨，只不过反映了他的管理方法的不确定性。在尝试过聘用几位不同类型的管理者，并且惨遭失败之后，他终于找来了举止文雅的米歇尔·贝杰拉克（Michel C. Bergerac），当时他是国际电话电报公司（ITT）欧洲分公司的负责人。朗佛迅还在露华浓发起了和IBM在推出Series/1小型机时一模一样的变革，他觉得自己是那么迫切地需要贝杰拉克，于是不惜给后者支付150万美元的签约费，并且签订了年薪32.5万美元的5年合同，另加3年期股票期权7万股。

当时露华浓面临的困难是，在一些大化妆品公司被药品和包装商品

⊖ New York: Morrow, 1976.

公司收购之后，市场竞争已经变得更加专业化；政府监管变得更加严格；分销成本突然大幅上涨，而竞争又使企业难以通过提价来予以冲抵；商品的重量突然变得跟商品的颜色一样重要。贝杰拉克用欧洲人的温文尔雅抚慰了满肚子怒火的露华浓经销商，并且用他在 ITT 的管理方法赢得了他们的尊重。露华浓的管理层重新掌握了决策权——事情恢复了本来应该有的状态。这种策略同样不可思议地奏效了，尽管该公司近来遭受了一些挫折。

阿勒格尼 – 路德卢姆钢铁公司

就在不久以前，不锈钢还是一种特殊钢。就像计算机一样，钢铁生产企业必须努力创造自己的客户：向他们传授知识，并且告诉他们怎样做才能更加广泛地使用不锈钢，从而在自己的市场上获得竞争优势。在不锈钢问世不久的那段时间里，"产品"的最重要部分不是钢铁本身，而是阿勒格尼这个大生产商所提供的设计和应用服务。过去，购买常规碳钢的客户经常从当地的独立钢材市场购买，这非常便利，购买批量小，交货也比较及时。现在，他们非常乐意从工厂那里购买不锈钢，虽然批量更大，交货时间更长，也没有什么价格可谈。这是因为，相比从市场购买钢材所获得的便利，他们更需要工厂在其他方面所提供的帮助。

然而，独立钢材市场销售出去的不锈钢，在市场上所占的份额最终还是增加了。阿勒格尼的市场份额，也被更加注重通过钢材市场进行销售的竞争对手夺走了一些。跟上文 IBM 那个案例中的情况如出一辙，客户在掌握了充分的知识之后，不再需要供应商提供那么复杂的价值组合，或者至少需要得少了一些。这时的销售，就应该淡化传统意义上的营销导向，更加强调产品导向和销售导向。企业应该增加钢材市场的数目，或者提高工厂的成品库存，以便缩短交货时间。在具体的销售业务中,"你认识谁"也就变得比"你知道什么"更加重要一些。

因此,阿勒格尼采用了一种新模式。我们不能说它抛弃了市场营销观念。事实上,它采用了一个新的版本,一种新的营销模式,来应对已然改变的需要和压力。它并没有忽略客户,没有试图把客户不想要的东西强加给他们,而只是按照他们的要求对"产品"进行了简化和精简。营销观念仍然在起指导作用,只不过它没有像在其他一些地方那样变得非常教条化。这种策略也奏效了,而且成效惊人。

雪佛兰

我们再来看通用汽车公司的雪佛兰事业部。阿尔弗雷德·斯隆（Alfred Sloan Jr.）在他的自传《我在通用汽车的岁月》中,就如何成功地经营一家企业给读者提过一些建议,其中之一就是公司产品线中的每一款产品都应该有清楚而独特的身份,哪怕所有的产品总体上都是相同的。"汽车不过就是汽车",但事情也不完全是这样。雪佛兰其实是一款低价的入门级轿车,主要是给年轻人设计的,但是内部空间也足以满足新家庭的各种需求。庞蒂克比雪佛兰高一个档次,车主显然在年龄和成功程度上都上了一个台阶。更大、更结实、更抢眼的别克是给那些事业有成的中层管理者设计的,这些车主正在坚定地走向更大的成功。奥兹莫比尔宣示车主已经取得了那些更大的成功,而凯迪拉克表示车主已经功成名就。每个人都知道某个品牌是给谁设计的,而拥有某个品牌又意味着什么。

可是,雪佛兰事业部近20年来的实践成功地打破了斯隆那神圣的格言。它的产品线比斯隆时代的整个通用汽车公司的产品线还要宽,尽管斯隆在担任该公司CEO期间取得了非凡的成就。雪佛兰事业部不仅在尺寸、价格以及给客户提供的可选配置上,甚至在品牌数量上,也超过了斯隆时代的整个通用汽车公司。与此同时，通用汽车公司的各个事业部都扩充了自己的产品线（向上和向下），业务范围开始相互重叠，但雪佛兰事业部还是经营得非常成功，通用汽车公司也是如此。没有任何迹象表明，这是一个临时建立在浮沙上的城堡。

只有傻瓜才会说雪佛兰不是市场导向的，通用汽车公司已经头脑不清或者精神错乱。当然，就算是阿尔弗雷德·斯隆本人，也会赞成通用汽车公司这样做，虽然他的书不是这样写的。斯隆在书中所写的，适用于这样一个时代：汽车还是一件比较贵重的商品，是成就的标志或者抱负的载体。顾客发生了变化，通用汽车公司自然必须变化。这种策略奏效了，而且成效简直不可思议。现在，通用汽车公司甚至在和丰田汽车商谈合作生产微型汽车。好戏还在后头。

埃克森 vs 海湾石油公司

最后，我们来看埃克森（Exxon）和海湾（Gulf）这两家石油公司在20世纪50年代末期的经历。你会看到，就算是在阿拉伯国家的沙滩下面挖到宝藏，也无法改变一家公司必须把事情做正确这个事实。海湾石油公司是海湾地区石油资源的最大受益者。它当时急于把石油转变成现金，于是在美国各地大肆拓展自己的网络，不仅租下地皮新建加油站，在一些经济不景气的地方也是以很快的速度租下一些旧加油站，虽然它们的生意不怎么样。它甚至还创建了一个低端品牌 Gulftane，并将这种汽油与常规汽油和高品质汽油一起销售，每升售价比常规汽油低 1 美分。

埃克森不像海湾那样急切，而是坚持谨慎地选择新建加油站的地址，并且有计划地剔除那些业务不断下滑的老加油站。它开始买下一些加油站的地皮和建筑，从而在阿拉伯地区的固定资产投资不断加大的同时，增加了在地皮价格长期缓慢上涨的"国内"的投资。另外，拥有而不是租用那些零售终端，让埃克森更加容易在必要的时候对它们加以改造，以便提高各个终端吸引的客户数量。它还在加油站工作人员的挑选和培训等方面下了很大的功夫。虽然它也像海湾那样收购了大量的加油站，但它购买的不是单个的加油站，而是对一些专营汽油零售的公司进行整体收购。埃克森对这些加油站进行了升级改造，并且慢慢地让它们改售自己的品牌汽油。

在1973年10月石油价格飙升近3倍的很久以前，甚至还在阿拉伯国家提高参股比例和采取没收措施，从而减少了公司的石油储量之前，海湾显然就意识到自己犯了一个重大错误。事实证明，在日渐衰微的小加油站里出售用廉价原油炼成的汽油，比在效率较高的大加油站里出售用高价原油炼成的汽油更难一些。这个惨痛的发现其实早就有人预言过。但事实上，顾客流失带来的损失，甚至远远超过了这些成本。跟通用汽车双向扩充产品线的策略不同，海湾单纯向下扩充（埃克森是向上扩充，并且大幅提高汽油售价），并且增加了加油站的类型和营业地点，无论是在公司内部还是顾客心中，都造成了不小的混乱。一些车主只信赖几个大的品牌，他们原本还对海湾多少有些偏爱，现在这种偏爱已经荡然无存。在过去10年里，海湾投入了大量的资金和热情，想把不久前所做的事情推倒重来。在20世纪50年代，海湾确实变成了产品导向，甚至有些着迷。这种策略成效显著，只不过这种"成效"是反面的。

这些事例所揭示的道理，我们都耳熟能详，但是并没有时刻体现在我们的思想和行动当中。这些道理就是：谈论一个公司的主要营销政策和战略，其实就是谈论这家公司的最主要的总体政策和总体战略；不从营销的角度经过严肃认真的思考，这家公司就不可能制定它最主要的总体政策和总体战略；市场发展过程中的某些阶段，似乎要求公司采取产品导向（但其实是假象）；在所有这些变化、调整和振荡过程中，无论事态的变化有多大或者将会怎样改变，公司的政策和战略都要坚持不懈、不屈不挠、毫不妥协、压倒一切地遵从规则和逻辑。这种压倒一切的规则，就是市场营销观念的内在逻辑——市场决定曲调，乐手必须按乐谱演奏。

……管理者在他们的垂暮之年讲起自己当年的行为，却自以为那是在告诉别人"怎么做"。他们说的也许是正确的，但是这种做法也许只适用于一年当中的那一天，并不必然适用于剩下的364天。如果想让我们这些人理解背后的规律，也就是我们迫于日常压力并未当成真理的真理，我们也许要把哥白尼或者开普勒找来，让他们把全年365天研究透彻。置身于斗牛场内的人，很少能够像安坐在高处看台上的人那样全面洞察事态。

但是，斗牛场内的人不能把事情完全看清楚，并不意味着他们所说的话的真实性就要打折扣。事实上，只有他们才有更加切身的体会。再没有什么比亲身体验过的事情更加确凿无疑、更加让人精神振奋了……那些管理者，在斗牛场内亲自斗牛的人，是有大智慧的，我们必须尊重他们在领导和管理企业的过程中所获得的经验和感受。只有他们才知道真正的感受，但是他们也只知道在那种具体情境下，在斗牛场上那个角度下的感受。坐在看台上的我们，虽然对场上的感受知之甚少，但对整个场面可能了解更多，尤其是把他们跟斗牛场内的其他人做了对比之后。从这种对比中，我们是可以了解到这个场面的含义的，虽然这通常也不是那么容易。

我看到了一个无可辩驳的真理，那就是没有哪一项有效的公司战略不是营销导向的，不是最终要遵循下面这条永恒的规则——企业的目的就是创造和留住顾客。为了达到自己的目的，你必须做好那些让人们想和你做生意的事情，至于跟这个话题相关的所有其他真理，它们都是派生出来的。

第 2 章

市场全球化

有一种强大的力量推动着世界逐渐趋同，那就是现代技术。它使偏僻的地方的人和穷困的人渴望享受现代生活的魅力。在任何地方，几乎所有人都希望得到他们通过新技术听到、看到或体验到的所有东西。明白这个道理的企业将能够率先把自己的版图扩展到全世界。地球是圆的，但在处理大多数问题的时候，把它当成平的更加明智。

在商业中，真正重要的不是普遍发生的事情，而是发生在最边缘的事情；不是各个国家在嗜好、偏好和惯例等方面持久存在的主要差别，而是从外沿对它们日益造成影响的事情背后的相似性，也就是把世界合而为一，让共同性不可抗拒地占主导的各种力量。

——莱维特

在一股强大力量的驱使下，整个世界正在逐渐变得大同。这股力量就是技术。技术让通信、运输和旅行变得平民化，让普罗大众都能又便利又便宜地享受它们，哪怕他们再穷困，所处的位置再偏远。突然之间，没有哪一个地区，也没有哪一个人，会真正与世隔绝，感受不到现代化的魅力。几乎每一个地方的每一个人，都借助这些新的技术手段听过、看过或者体验过许多东西，从而希望拥有全部这些东西。技术又使得这些东西在全球范围内日益趋同，从而让各地的市场同质化。

于是，商业面临着一个新的现实——全球标准化产品的全球性市场迅速形成，而且这个全球性市场的规模大得超乎人们的想象。

顺应这个新现实的那些企业，在生产、分销、营销和管理等方面获得了巨大的规模经济。当这些企业把规模经济在全球范围内转化成低价时，它们就会击败那些抱残守缺，认为这个世界仍然在按老规则运转的竞争对手。

世界上越来越多的人在不断地接触并且渴望实现现代化，因此全世界人们的愿望既在不断接近，又在不断提高。这在一定程度上可以解释，为什么有那么多的国家现在背着那么多的外债——不仅有比较发达的国家，例如墨西哥、巴西和罗马尼亚，而且有好几十个第三世界国家，例如多哥和马拉维等。在过去10年里，它们无一不是争先恐后、毫无顾忌地购买反映现代化生活的东西，却丝毫不顾自己是否真正买得起；它们无一不是受本国人民对物质享受的迫切需求的驱动，因为它们知道那是发达国家的人民正在享受的东西。

全世界的每一个国家想要的，都是最先进的行业里的最先进的东西。仅有档次和类型相同的产品和服务，人们是不会满足的，他们还希望这些东西的功能要最好、质量要最优、可靠性要最高、服务要最周到、价格要最低。你过去可以在欠发达国家销售去年的款型，或者销售在本国市场置换回来的旧设备，这样的日子如今已经一去不复返；你过去可以在发达国家销售先进的产品，而在较小的国家销售上一代产品，这样的日子如今已经一去不复返；你过去可以在国外市场上获得更好的价格、更高的毛利和纯利，这样的日子如今也已经一去不复返。

不同国家和地区在产品或服务的特性上表现出来的偏好差别，你过去已经适应了它们，但如今它们也已经（或者很快就会）一去不复返。全世界的各个地方在各个方面的要求，如今都已经提高到了世界共同的标准之上。

这意味着跨国商业世界的终结，随之终结的还有跨国公司（multinational corporation）。新的现实是市场的全球化，以及随之而成为现实的全球公司（global corporation）。

虽然不是每一个把业务开设在不止一个国家的公司都自称是跨国公司，但有一些自称是或者看起来是跨国公司的企业，其实根本就不是跨国公司。如果一家公司在另一个国家开设公司仅仅是为了满足国内市场的需求而开采或者加工原材料，那么它就不是真正的跨国公司。要真正成为跨国公司，它必须在其他国家也开展运营。如果仅仅是去开采、加工或者购买别国的原材料，然后在国内市场使用或者销售，那么无论这家公司在国外的业务规模是多么庞大，或者在地域上是多么宽广，它也只能算是一个跨国买家，而不是一家跨国公司。要成为一家跨国公司，就必须在多个国家的市场上开展吸引顾客的运营活动，而且这种活动要达到相当的规模。这两种公司之间的差别之大，有如一个国际游客和一个坚定的世界公民之间的差别。

跨国公司和全球公司是有区别的。跨国公司在多个国家开展业务，而在每一个国家它都会针对该国家的具体情况做出精心调整，因此会导致成本较高。相反，全球公司坚定不移地在全球范围内统一经营，就好像整个世界（或者它的主要地区）就是一个单一的、大致完全相同的市场，因而成本相对较低；它在世界上的每一个地方都用同样一种方式生产和销售同样的产品。

哪种策略更具优势，这不仅是一个观念上的问题，而且是一个必须做出的选择。无所不在的通信和旅行不停地擂响现代化的鼓点，让世界各地的人们都深入了解现代化带来的种种可能性，特别是现代化可以减轻工作量和提高工作质量、提高生活水平，以及让人们能够腾出时间去娱乐。现代化不再是一种美好的愿望，而是已经成为一种广泛的实践，哪怕是在那些充满欲望的俗人，或者对古老的传统有着宗教般虔诚的人当中，也是如此。

在巴西，每天有数千人从尚未工业化的巴伊亚州涌入飞速发展的沿海城市，很快就在用瓦楞铁搭建的拥挤棚户里装上了电视，但就在这些棚户前面，紧挨着破烂的大众汽车，他们点起了祭祀的蜡烛，用水果和现杀的鸡供奉他们的神灵。

全世界的人们都通过电视看到，一些偏远地区的士兵，身边带着血迹斑斑的刀剑，却在听着晶体管收音机，喝着可口可乐。

西伯利亚的克拉斯诺亚尔斯克城，街道泥泞，消息封闭，但是偶尔会有西方游客光顾，偷偷向当地居民出售香烟、数字式电子表，有的甚至把穿在身上的衣服卖掉。

现代武器和军火的地下交易更是猖獗，遍布世界上的许多不发达国家。只有那些有组织的走私活动，例如电子设备、汽车、西方的服装、化妆品和盗版电影等，规模能够超过这些地下交易。

我们可以找到 1 000 个这样的场景来证明，在人们常去的那些地方相当常见的东西，在世界各地也随处可见。这说明，对于世界上生产和销售的最先进的产品，以及生产和销售这些产品的方式，全世界人们的欲求和愿望都在迅速变得同质化。曾经担任国会图书馆馆长、《美国人》

三部曲㊀的作者丹尼尔·布尔斯廷（Daniel J. Boorstin）认为，我们这个时代的特征是受"工业共和国"的驱使，而"工业共和国"的"最高法则……就是趋同，就是每个事物都越来越像其他任何事物的趋势"。

在商业领域它显然就是全球市场。在这个市场上，全球公司销售的是单一的标准化产品，例如汽车、钢铁、化学品、汽油、水泥、农产品、银行服务、保险业务、计算机、半导体产品、运输服务、电子设备、药品、电信服务等，而且在各地基本上都是采用同一种销售方式。

全球竞争的狂澜席卷的并不仅限于所谓的大众化商品（commodity）或者高科技产品——在这两个领域，顾客和使用者都使用通用的科学和工程语言，从而推动了商品的标准化。事实上，由通信和旅行的平民化而掀起的风暴无孔不入，扫过了整个世界的每一条细小缝隙。布尔斯廷写道："人们每天都能体会到的（'技术共和国所带来的'）趋同力量，它既会影响说同一种语言的人，也会影响说不同语言的人。你可能永远无法说服一些人去读歌德的诗，但是他们会渴望驾驶一辆大众汽车……技术冲淡和消融了意识形态。"

在商业上，没有什么比下面这些事实更能证实这一点：麦当劳风靡全球，从香榭丽舍大街到东京银座都能见到它的身影；可口可乐在巴西的巴伊亚州受大众欢迎，百事可乐在莫斯科广受欢迎；摇滚乐、希腊沙拉、好莱坞电影、露华浓化妆品、索尼电视机、李维斯牛仔裤在全球范围内大获成功。这些"高接触"㊁的产品也和高科技产品一样全球化。

㊀ 这三部曲指的是 1958 年的《殖民经验》（*The Americans: The Colonial Experience*）、1965 年的《建国经验》（*The Americans: The National Experience*），以及 1973 年的《民主经验》（*The Americans: The Democratic Experience*）。——译者注

㊁ "高接触"（high touch）和"高科技"（high tech）这两个概念是美国作家约翰·奈斯比特（John Naisbitt）1999 年在他的著作 *High Tech/High Touch: Technology and Our Search for Meaning* 中提出来的。大意是指人们需要交流和投入感情，而许多高科技产品会减少人与人之间的沟通，作者因此主张科技的发展应当切合人类的情感需求。奈斯比特还是《大趋势》（*Megatrends*）一书的作者。——译者注

事实上，全球化走得比这还要远。普林斯顿大学的社会学家苏珊·凯勒（Suzanne Keller）指出，但凡工业化和城市化所经之处，都有一些共同的特点——离婚率和双薪家庭比例升高、人口出生率下降，以及在性观念上出现代沟。

高科技和高接触这两个端点都变得世界大同，并把它们之间的产品也慢慢融进这个大同世界。没有什么例外，也没有什么能够阻止它。在全世界人们的偏好同质化之后，所有地方的所有事物都会变得越来越相像。

在新技术因素的推动下，人们体验了让一切变得同质化的现代化，各个国家在嗜好和偏好、做生意的方式和商业规则等方面自古以来存在的差别，因此土崩瓦解。人们的偏好变得世界大同，这必然导致产品、制造以及贸易和商业机构的全球标准化。于是，规模较小的民族国家市场演变和扩大成大型的全球化市场。这带来了生产、分销、营销和管理上的规模经济，进而导致竞争在世界范围内都非常强调价格。所以，<u>价格再次成为世界竞争的最重要的基础，而成为最有力的价格竞争者的方式，就是在保持低价的同时保障出色的质量和可靠性</u>。最终的结果是产品线在全球范围内保持标准化，以适当的价值为基础展开竞争。所谓适当的价值就是，产品价格、质量、可靠性以及交付的最佳组合，而这些产品在设计、功能，甚至在流行特色上，都在全球范围内保持一致。

大批日本企业提供的大批产品在全球范围内大获成功，提供适当的价值几乎就是它们成功的全部奥秘所在。在它们所提供的产品中，既包括有形产品，也包括无形产品。有形产品有钢铁、汽车、摩托车、高保真音响设备、农业机械、机器人、微处理器、碳素纤维，现在甚至还有纺织品；无形产品则包括银行服务、运输、总承包合同等，并且必将很快扩展到计算机软件。直到1982年，许多数据分析师和咨询机构众口一词地极力辩称，高质量和低成本不可能兼而得之，但事实并非如此。

他们提供的数据既不完备，分析又不得当，而且自相矛盾。"只要站在旁边看，你就能观察到许多东西。"优吉·贝拉（Yogi Berra）⊖这样说。他说的"观察"意味着你要用心思考自己看到的东西。善于观察的人无论在哪里都会发现，低成本运营是优秀管理文化的标志。这种文化认为，卓越意味着自己所做的一切都必须是高质量的，而且这种文化能导致高质量的产生。高质量和低成本并非形同水火，而是一个优秀企业必须具备的两种特征。

有人会引述某些事实，称日本企业并不符合全球统一经营这个概念。他们在狡辩时所列举的事实有：它们在日本销售的汽车，方向盘在右边，而出口到美国和欧洲大陆的汽车，方向盘在左边；它们在美国通过经销商销售办公室设备，而在日本采用的是直接销售；日本银行家在巴西说葡萄牙语，而在法国市场上的日本产品及其包装上打的是法文。然而，他们是错将差别（difference）当成了区别（distinction）。方向盘的位置确实有差别，销售渠道和文字也是这样，但日本企业的与众不同之处在于它们坚持不懈地降低成本和提高价值。无论在哪里，也无论是哪种产品，这就意味着在保持高质量的同时追求全球标准化。

这里体现的最高原则是，在合理地关注适用性的前提下，如果你降低成本和价格，同时提高所有产品的质量和可靠性，那么全世界的顾客都会更加喜欢你的全球标准化产品，哪怕你通过常规的市场研究甚至反复的观察发现，在国家之间和国家内部存在嗜好、偏好、需要和机构上的差异。这一理论在日本企业中得到了反复验证，就像亨利·福特（Henry Ford）的T型车在他那个时代一样。许多其他国家的企业一再复制日本企业的经验，取得了非常大的成功。例如，韩国的电视机和重型建筑机械，马来西亚的个人计算器和微型计算机，巴西的汽车零部件和

⊖ 传奇式的美国棒球明星，洋基队（Yankee）捕手，入选美国棒球"名人堂"。——译者注

工具，哥伦比亚的服装，新加坡的光学设备，甚至是美国的办公用复印机、计算机、自行车和铸件，西欧的自动洗衣机，罗马尼亚的家用品，匈牙利的服装，南斯拉夫的家具，等等。

当然，就算是只在一个国家甚至一个大城市里开展业务的大公司，也不会把自己在目标市场上的生产和销售等所有事务全部标准化。那就是它们不只有一个版本的产品，而是会设置产品线，并通过多条渠道进行分销的原因。还因为，哪怕只是在大城市中，也存在着社区、局部、区域、民族和机构等方面的差别。但是，这些都无关紧要。虽然企业总会针对具体的细分市场做出一些调整，但要在一个欲求变得更加同质化的世界里取得成功，它们的战略和运营模式就必须适合在全球范围内寻找相似的细分市场，从而取得规模经济，保证价格上的竞争力。

如今，一个国家的某个细分市场在全世界都是独一无二、别无分店的这种情况已经很少发生。相反，相似的市场随处可见，因此各地的商家都可以来开发这些市场。许多本地小市场就这样变成了标准化的全球大市场，从而面临着全球竞争，特别是价格竞争。

全球导向的竞争者会把自己的所有活动在全球范围内进行标准化，不断寻找获得全球规模的机会，以此保持自己的价格竞争力。另外一些全球导向的竞争者偏离了这种模式，它们会沿用通过市场细分获得丰厚利润的做法，并且只有在穷尽其他的标准化方式之后，才会努力通过获得全球规模来降低价格。与此同时，虽然已经偏离甚至背离标准化，但它们会努力回归标准化，而不是渐行渐远，陷入规模不经济。

这并不意味着选择或者细分市场的终结，而是意味着一种新的价格竞争的开端——高质量的产品，瞄准数量更少但规模更大的全球细分市场，在价格上展开竞争。

在我们这个同质化的世界里，那些不把重点明确放在全球市场上，并且疏于保持简单和标准化的企业,将会碰到越来越多的麻烦,而处境最危险的是某些提供高增值产品的企业。这些企业主要服务于规模较小的国内市场,并在市场上占据了主导地位,而在所有不同国家里,这些产品的市场都那样小。这些区域性的生产商熟悉了它们的市场,日子过得非常安逸。可是,在运输成本占总成本的比例很小,而且绝对数字也不高的情况下,业务遍布全球的竞争对手会成功地打入那些受保护的偏远市场,它们采用规模效率很高的现代生产方式,因此生产成本更低。这意味着国内割据状态的结束——这当然是针对有这些特性的产品而言的。无论这些市场看起来是多么微小,它们面临的都会是整个世界范围内的竞争。

新技术把世界各地人们的嗜好、欲求和可能性都变成了全球市场的一部分,这让全球标准化的产品得以大行其道,从而给那些全球生产者创造了巨大的规模优势。当这个全球生产者把低价产品面向国际市场,它的市场就会成倍地增长,因为原来那些在产品特色、设计和功能等方面坚持本土偏好的人,在低价的强大诱惑前就会放弃这些偏好。因此,标准化战略不仅是对世界大同的市场做出响应,同时用非常低的价格推动了这些市场的扩张。

新技术就这样势不可挡地推动了一个古老的动机:让某个人的钱能够买来的东西尽可能多。这是一个全人类共有的动机。

以赛亚·伯林(Isaiah Berlin)用刺猬和狐狸来分别形容陀思妥耶夫斯基和托尔斯泰。他说,狐狸知道许多事情,但是刺猬只知道一件大事㊀。

㊀ 以赛亚·伯林(1909—1997),英国哲学家、思想史家、政治理论家、教育家和作家。《刺猬和狐狸》(The Hedgehog and the Fox)是他1953年写的一个名篇。故事的原意是指,狐狸想把刺猬当成一顿美餐,但最终没有得逞。"许多事情"是指狐狸非常狡猾,想尽了各种办法;"一件大事"指刺猬一碰到危险,就立即缩成一团,紧紧地贴在地上,直到它认为危险完全过去。作者在文中用刺猬和狐狸比喻不同的思想家和作家,前者是信奉单一思想的人,后者是信奉多元思想或思想经常变化的人。——译者注

跨国公司就像狐狸，而全球公司就像刺猬。跨国公司对许多国家有深入的了解，于是认为它们之间存有差别，并且乐意做出相应的调整。全球公司对所有国家都只了解"一件大事"，然后充分利用它们这个共同点，诱使它们成为自己的主顾。全球公司在观察世界各国时，寻找的不是它们之间有哪些差别，而是它们有哪些相似的地方。它认识到自己既要保持全球竞争力，又要对各个国家的具体情况做出响应，因此不停地寻求各种方法对一切实行标准化，把它们变成一个全球通用的模式。再强调一次，全球公司是充分利用了"一件大事"来实行标准化的，而所有国家和所有人在这一点上都越来越相同。

所有国家和所有人共同面临的这件"大事"就是短缺。短缺是无可避免的，但是谁也不想心甘情愿地接受它。全世界的所有人都希望能够尽可能地消除短缺，所有人都希望得到更多。哪怕就是那些在共同贫困中快乐地遁世10年的嬉皮士，也油腔滑调地宣称"少即是多"。他们同样想得到更多（只不过是他们心中那种更多），从而摆脱自己无法逃脱和无法忍受的短缺。

几乎没有哪一个地方的哪一个人是完全自给自足的，因此无论哪一个地方都有某种形式的贸易、实物交换和货币。劳动分工和专业化生产，是人们和国家用来通过贸易、实物交换和货币实现自身利益最大化的方式。经验让所有的人掌握了货币的三大特性：稀缺、难于获得、只能暂时拥有。这就解释了人们为什么不愿意花钱，而且即使要花钱也会慎之又慎；这也部分解释了全球公司所知道的"一件大事"：如果你能把价格降得足够低，那么这个不断同质化的世界就会日益接受你提供的全球标准化的产品，哪怕这个产品有悖于你年迈母亲的意见、古老的习俗或者市场研究人士的论断。

无论是有形产品还是无形产品，它们的现代生产都服从于一个无可辩驳的真理——产品的标准化程度越高，成本越低。大规模生产标准化的产品或零部件，在进入规模不经济阶段之前，通常比小规模生产更加便宜。只用一两种方法来做事情，比用三四种甚至五种方法来做事情要便宜。所以，如果把整个世界分成两个不同的产品市场，那么服务于两个市场的成本就会比把世界看成三个、四个甚至五个市场的成本要低。全球公司努力只把整个世界当成少数几个标准化市场，而不是把它当作许多需要定制化的市场，积极寻找让整个世界趋同的方法，并且竭力推动世界的大同。这就是全球公司与跨国公司之间的区别。即使是销售最高端的高价产品，全球公司也以现代化作为它的使命，以价格竞争作为它的竞争模式。相反，跨国公司欣然接受显然已经弱化的国家差别，既不思考这些差别可能会发生哪些变化，也没有认识到这个世界是怎样乐意甚至渴望享受现代化带来的好处，特别是在价格合适的时候。对于那些显然存在的国家差别，跨国公司采用的迁就模式是过时的，它所提供的产品及其价格也是过时的。

　　正如我在前面提到的，全球趋同并不是仅发生在高科技（与高接触相对）产品上的特殊情况。我们再来看一看可口可乐和百事可乐这两个让人啧啧称奇的事例。无论以什么样的标准，它们都是全球标准化的产品，通过标准化的沟通方式在全球销售，并且受到世界各地消费者的热烈欢迎。最不同寻常的是，这两种产品都是要入口并吞咽进胃里的，在给消费者的身体带去满足之前，必须经受味蕾的鉴别。各地消费者的味觉在风味、黏稠度、含气量和回味等方面的偏好差别非常之大，并深深地烙上了本地特色。然而，这两个一成不变的产品在世界各地都以同样的方式销售着，不仅非常畅销，而且覆盖范围还在不断扩大。香烟也是如此，特别是美国生产的香烟，它们侵入了世界各地，而在它们出现之前，其他国家的烟民一直对当地的烟草风味有着强烈的偏好。这些都不是什么特殊的耦合，而是世界大同这个大趋势的一些实例。这个趋势体现的是产品的分销和融资方式、定价方式，以及产品的销售机构和销售方式，高接触的产品甚至也是这样，㊀没有什么例外。工业化世界的产品和方法，为整个世界演奏的是一个单一的曲调，而整个世界都在非常热切地随着这一曲调翩翩起舞。

技术塑造了我们这个时代，在它的推动下，整个世界在各个方面都在坚定不移地向着更高程度的趋同迈进。有一些差别仍然存在，它们是人们在文化偏好、民族爱好和标准，以及商业机构本身等方面继承的一些根深蒂固的传统，这些传统有一些已经弱化，而另外一些实际上扩展到了全世界。这能解释许多现象，如所谓的民族市场（ethnic market）在全球的扩张，即食品、服饰、娱乐市场，甚至在零售机构（如熟食店、法式面包房和古董店）等方面也出现了一些专门的细分市场。它们并没有否定世界的同质化或者与之相矛盾，事实上这正是对世界大同的确证。如果没有嗜好和偏好的总体同质化，就不可能区分出民族性和专门化。要区分出民族性和专门化，同质化就必须占据主导地位。民族市场在全球的增长，证实了全球标准化在其他市场上的主导地位，而它本身也是细分市场全球标准化的一个示例。在全球各地，你都可以找到中式食品、皮塔饼、乡村音乐和西方音乐、比萨饼和爵士乐。各种民族行为在全球盛行，代表着专门市场的世界大同过程。同样，全球化也并不意味着细分市场的终结，而是表示这些细分市场已经扩张成全球市场的一部分。

在一些跨国公司参与非常深入的国家之间，产品以及产品特色还存在着巨大的差别，这些公司在各个国家开展业务的方式也同样存在着巨

㊀ 1968年，罗伯特·巴泽尔（Robert D. Buzzell）发表了一篇划时代的文章。这篇发表于《哈佛商业评论》1968年11/12月刊上的文章，名为《你能对跨国营销实行标准化吗？》（Can You Standardize Multinational Marketing?）。巴泽尔在该文中分别列出了有利于和有碍于标准化的各种条件。对有碍于标准化的条件，他早在那时就指出，它们在快速消失——在所有的情况下，它们都是由于出现了更加先进的做事方法而消失的。

大的差别。但是，那些差别当中有许多仅仅反映出跨国公司认为当地存在着一些确定不移的偏好，从而尊重这些偏好并做出相应的调整。这些公司这样认为，并不是因为这些东西本身是确定不移的，而是持这种看法的人食古不化，固守跨国公司的思维和行事习惯，没有全球视角，他们根本就没有去努力实现全球标准化，或者努力的方式并不得当。

我并不是主张故意漠视局部的或者国家之间的差别。我要说的是，对这些差别保持敏感，并不是要求人们忽略另一种可能性，即采取不同的甚至更好的行事方式这种可能性。譬如，中东产油国之间存在着巨大的差别，它们当中既有君主制国家，也有共和制国家；它们继承的法律制度，有的来自《法国民法典》，有的来自奥斯曼帝国，有的则源自《英国习惯法》，并且都受到了伊斯兰教的影响。但是，在所有这些国家里做生意，都意味着要建立非常亲密的私人关系。在这里做生意必须尊重民族节日，这意味着在斋月期间谈生意得在晚上10点以后才能开始，而这时大家刚刚吃饱，疲倦不堪。除非在当地找一个合作伙伴或者成立合资公司，否则几乎不可能开展业务。你还必须聘请一个当地律师，并且使用不可撤销的信用证。但是，正如可口可乐的高级副总裁山姆·阿由布（Sam Ayoub）所言："阿拉伯人比人们通常所认为的更加善于区分文化和宗教目的与经济事务。伊斯兰教可以与科学和现代化兼容并蓄。"⊖

现代化发展的障碍也不只是存在于这些国家，甚至是在欧洲共同市场的各个国家之间，技术和数据的传输也在法律和金融上面临一些障碍。欧洲一些邻国也互相抵制对方的电台和电视节目（称之为"污染"）。但在这些事情上，我们可以从历史中很好地预见未来——过去，先进技术和经济发展所面临的一些障碍，无一不被人们借助一些合适的

⊖ 引自山姆·阿由布于1982年在美国加利福尼亚州圆石滩（Pebble Beach）做的一次演讲。

手段，并且通过持之以恒的努力——扫除。这只不过是一个时间和努力上的问题。

很多企业曾经尝试实行全球标准化，不做调整，也不做改变，就把产品或业务拓展到其他国家去，但是有不少惨遭失败。有些人认为全球标准化根本行不通，于是常常把这些失败案例作为证据，用来证明那只不过是一些愚钝的行为；有些人认为全球标准化是可以实现的，他们仅仅把这些案例作为执行失败的例子。谁也说服不了谁。

诚然，执行不当可以解释许多标准化努力的失败。这种糟糕的故事比比皆是，明白得甚至不适合用来教育人们。但是，比这些故事的启发性大得多的是那些没有想到全球标准化，尤其是那些没有胆量想到这一点的人的故事。

我们不妨来看全自动家用洗衣设备在西欧市场上的例子。当时，还很少有家庭拥有半自动甚至手动洗衣机。总部位于美国俄亥俄州北坎顿市的胡佛（Hoover）电气公司所生产的真空吸尘器，在英国早已树立了卓著的名声，胡佛电气的洗衣机业务在英国也开展得有声有色，在欧洲大陆也已站稳了脚跟，但是名气要稍逊一筹。当时，它在英国开设的大型洗衣机生产厂还远没有开足产能，因此运营成本偏高，而单为英国市场生产几乎不可能把产能开足。所以，胡佛电气必须大幅提高其半自动或全自动洗衣机在欧洲大陆的销量。胡佛电气认为自己应该采取合理的市场导向，于是在英国以及欧洲大陆的各个大国精心开展了专业的竞争分析和消费者偏好研究。从研究的结果来看，每个国家偏好哪些产品特色已经一目了然（见表2-1）。

表 2-1　各国消费者对全自动洗衣机特色的偏好

特色	英国	意大利	德国	法国	瑞典
外壳尺寸	34英寸①、窄型	低矮型	34英寸、宽型	34英寸、窄型	34英寸、宽型
洗衣桶材料	搪瓷	搪瓷	不锈钢	搪瓷	不锈钢

（续）

特色	英国	意大利	德国	法国	瑞典
装衣方式	顶装	前装	前装	前装	前装
前方观察窗	可有可无	需要	需要	需要	需要
容量	5千克	4千克	6千克	5千克	6千克
转速	700转/分钟	400转/分钟	850转/分钟	600转/分钟	800转/分钟
水暖系统	不需要[②]	需要	需要[③]	需要	不需要
式样特色	外观不抢眼	颜色亮丽	看起来很坚固	外观精致	看起来动力强劲
洗衣动作	搅拌	翻滚	翻滚	搅拌	翻滚

[①] 34英寸高正逐渐成为欧洲的标准工作面高度。1英寸=0.025 4米。
[②] "不需要"是因为大多数英国和瑞典家庭都有中央水暖系统。
[③] "需要"是因为德国居民偏好的洗涤水温比一般中央水暖系统所供热水的温度要高。

针对每个国家的下列5项偏好对产品进行定制，每台洗衣机增加的可变成本如下：

洗衣桶材料从搪瓷改为不锈钢	1.00英镑
安装前方观察窗	0.10英镑
转速从700转/分钟提高到800转/分钟	0.15英镑
增加水暖系统	2.15英镑
容量从5千克提高到6千克	1.10英镑

合计：6.10英镑，按当时的汇率相当于18.20美元

针对其他各项偏好对产品进行定制，不仅要对工厂进行额度可观的投资，还会导致可变成本的增加。其时，当地生产的各个领先品牌在各国的最低售价为：

英国	110英镑
法国	114英镑
德国	113英镑
瑞典	134英镑
意大利	57英镑

不幸的是，如果按照各个国家偏好的规格对产品进行定制，胡佛电气的成本竞争优势在那些国家里将荡然无存，甚至处于劣势。这不仅是因为产品有了更多的特色，更是因为制造成本将会更高——生产设备的持续生产时间因为生产不同特色的产品而变短。由于当时欧洲共同市场的关税减免计划还没有生效，因此胡佛电气在欧洲大陆各国的价格竞争力还会因为关税的存在而进一步降低。

如果发挥想象力，对全自动洗衣机在各个国家的实际销售情况进行一次系统分析，就会发现如下矛盾：

（1）意大利的全自动洗衣机的容量和外壳尺寸都比较小，功率低，没有内置的热水器，用的是搪瓷的洗衣桶，但是价格非常低，因此在包括德国在内的所有这些国家中占有相当大的市场份额，而且份额还在快速上升。

（2）在德国最畅销的全自动洗衣机非常符合德国居民的上述偏好，但是价格也比其他任何洗衣机高出一大截。在所有同类产品中，这些洗衣机的广告也是做得最多的，与推销力度居次席的品牌相比，它们的比例是3∶1。

（3）虽然意大利洗衣机的普及率最低，但正在快速直接进入自动洗衣机消费阶段，而其他国家最先用的是要用手拧干衣服的手动洗衣机，随后发展到半自动洗衣机，最后才发展到全自动洗衣机。购买首台洗衣机的意大利居民，购买的通常是价格非常高的小型全自动洗衣机。

（4）冷水和温水洗衣方式在洗洁剂制造商的推动下才刚刚兴起，而在美国，这些模式在洗洁剂和洗衣机制造商的共同推动下已经得到普及。

小型、低功率、低转速、小容量、低价格的意大利洗衣机越来越成功，在德国甚至超过了那个受德国人喜欢但是价格也最高，而且推销力度最大的德国品牌。这一现象所传递的信息，有一些人是不可能注意到的，这些人坚定不移地信奉着一种已被曲解的营销观念——要给顾客提供他们所需要的东西，而不是盲目地给他们提供你自己想要生产的东西。

然而，这条信息对另外一些人来说是非常清楚的，这些人富有想象力，而且努力去看到下面这个事实：就意大利洗衣机的实例来看，在大多数情况下，人们对低价全自动洗衣机的喜爱胜过对手动甚至半自动洗衣机的喜爱，当然也胜过对价格更高的全自动洗衣机的喜爱，尽管这些低价全自动洗衣机在特色上并没有满足他们所有的偏好。即使是非常关注细节、毫不妥协的德国人也是如此，虽然这些低价全自动洗衣机的水温过低、转速太低、尺寸太小，跟他们的偏好严重相悖。同样显而易见的是，人们在选择全自动洗衣机时受推销手段的影响很大，因为在德国市场上，促销力度最大的"理想的"洗衣机，不仅价格高出一大截，所占市场份额也是最高的。

这两个事实合起来所传递的信息也非常明确：人们想要全自动的，而不是手动或者半自动的家用洗衣机。影响他们，让他们为这种偏好掏钱的方式有两种：一是低价，不用考虑是否提供给他们所偏好的其他产品特色；二是大力促销，不用考虑价格。这两种方式都能让家庭主妇得到自己最想要的东西，也就是全自动洗衣机所带来的突出好处。

这给胡佛电气传递的信息也应当是昭然若揭的：只生产英国人偏爱的，也就是那种简单的、高质量的洗衣机，然后以非常有竞争力的低价，在欧洲大陆大力推广销售。提供额外的特色需要6.10英镑的成本，这相当于成本的17%，胡佛电气只要剔除这些特色就有能力提供这种低价。洗衣机的建议零售价可以略低于100英镑。胡佛电气不用对工厂进行改造，节省下来的钱就足以支持建立一个服务网络，以及在欧洲大陆开展强大的媒体促销活动。媒体广告所传递的信息应该是，这种洗衣机值得"你"（家庭主妇）拥有，而这种洗衣机可以大大减少你繁重的重复性家务劳动，这样你就能拥有更多的时间来教育孩子，关爱丈夫。事实上，沟通活动应该同时瞄准妻子和丈夫，以便让丈夫（尤其是在妻子在场的时候）觉得在自己购买汽车之前，为妻子购买一台全自动洗衣机是义不容辞的责任。

通过欧洲标准化实现的超低价，再加上针对人们摆脱烦琐的重复性工作，以及改善家庭关系和夫妻关系的普遍愿望所展开的猛烈促销，将会征服消费者，让他们放弃此前所表达的对某些产品特色的偏好。这种计划能够体现对有关所有人的"一件大事"的深刻理解：全世界的人都想要减轻自己的负担，如果他们花得起钱，并且有人告诉他们该怎样去做，他们就会为此慷慨解囊。

如果采取按国家定制产品的战略，那么哪怕计划执行得天衣无缝，毫无疑义，它也不会是最佳方案，甚至有可能失败。这不是一个执行的问题，而是一个观念的问题；这也不是一个怎样去把事情做正确的问题，而是一个怎样去选择正确的事情的问题。

胡佛电气整个项目的初衷就不对头。它向人们询问的是他们想要什么样的产品，而不是去考察他们在生活中有什么样的明显的欲求。根据各个国家的消费者的不同偏好，殷勤地定制自己的产品线，不仅是一个愚蠢的主意，更加糟糕的是，它还是一种欠考虑的行为。在没有意识到自己的愚蠢和欠考虑的情况下，胡佛电气错误地认为自己把营销观念发挥到了极致。这时，它提出的就是一些错误的问题。事实上，它根本没有应用营销观念，它只是对数据进行了分析，并没有经过思考，也没有发挥想象力。这两种情况之间的差别，就好像"地心说"者与提出"日心说"的哥白尼之间的差别。中世纪的"地心说"者，整日看到的是太阳在可以预测的轨道上围绕着地球转动；哥白尼理解了一个更加让人信服的事实，虽然手中的数据并不比"地心说"者多，但他更加具有洞察力。

哥白尼在付出更大的努力和想象力之后，像刺猬那样全面了解了一件大事。把全球公司与跨国公司区别开来的那"一件大事"就是，全球公司接受了现代化的现实：技术坚定不移地推动着一切走向全球趋同，同时不管是好事还是坏事，它都让人们的生活更加轻松，让大家拥有更多的自由时间和更大的购买力。在这个方面，相比普通公司在短暂的、动荡的和变化多端的商业史上扮演的角色，全球公司的新角色有了深刻的变化。全球公司的任务是通过商业的方式把技术和全球化的不可抗拒的力量协调起来，造福全世界的人们。创造这个角色的，不是命运，不是自然，也不是上帝，而是自由商业本身的需要——这种需要让企业也符合优胜劣汰的规律。

美国有两个行业受到了这种需要的影响，而它们自己很久以后才清楚地认识到这一点。这两个行业就是钢铁行业和汽车行业。在超过一代人的时间里，这两个行业经常发生全行业的工人大罢工，但联合钢铁工会自1959年以来，通用汽车公司的联合汽车工会（他们的罢工将使美国汽车行业2/3的产能关闭）自1970年以来，就没有发生过全行业的罢工。这些情况都体现出这两个行业已经实现全球化，美国公司停产并不会影响这两个行业在美国的客户，因为海外供应能够让客户维持正常运营，所以美国公司停产只会损害自己在本土的竞争力。竞争的全球化迫使美国人适应这种新的状况，而工会已经先于那些公司做出了调整。

自从营销概念在25年前诞生以来，西方社会一些管理上比较先进的公司，就已在非常热切地对顾客的欲求做出响应，按照他们的明确欲求生产产品，而不是简单地把自己生产出来的东西卖给他们。在这个过程中，这些公司建立了规模庞大的营销部门，并为其配备了非常专业的市场研究人员。营销这个概念还导致公司的产品线和业务部门异乎寻常地丰富起来，因为公司为许多不同的产品市场、同一类产品的不同细分市场以及不同国家的市场，分别设计了高度定制化的产品和交付系统。

更近一些，我们注意到日本公司在全世界取得了非凡的成功。值得注意的是，它们几乎全都没有设置在西方企业里盛行的营销部门或者市场研究部门。通用电气公司首席执行官小约翰·韦尔奇[一]生动地描述说，来自半个世界以外的那个资源匮乏的岛国有一种完全不同的文化，操着一种复杂得几乎让人无法理解的语言的日本人，已经"破解了（西方市场的）密码"。他们做到这一点的方式，不是细致而机械地研究市场和顾客有哪些不同，而是像哥白尼那样带着更大的智慧来搜索有意义的东西。结果，他们发现了所有相关市场共有的一件大事：人们的最大愿望是买到可靠的、世界一流的现代化产品，而且价格要非常低——哪怕是对于高价的产品类别，以及付得起高价钱的顾客，情况也是如此。

在所有的主要行业和主要细分市场，产品的价格越低，全世界就越有可能接受标准化的现代性，而不再固守世代传承下来的偏好和古老的惯例，为定制的产品付出更高的价格。全球标准化和低价让世界市场扩张得越大，生产和交付的成本就会越低，从而进一步推动价格降低和市场扩张。早在工业革命时期，这个道理就已经得到了证明，当时英国纺织业主导了整个世界市场，就连穷乡僻壤也不例外。而现在很多日本企业提供的价值所向披靡，甚至让一些被认为根本不可能受影响的人和地方也无法抗拒这种价值——对于这些人和地方，市场研究专家简单地断定应该满足其在产品和交付方式上的不同偏好，此举推动了成本和价格不断上升，最终让企业丢掉了顾客，也丧失了竞争力。

[一] 即人们所熟知的杰克·韦尔奇（Jack Welch），他的全名是 John F. Welch, Jr.，"杰克"是"约翰"的昵称。——译者注

讨论世界趋同与共同性，并不是要忽略国家之间、地区之间、文化之间持久存在的重大差别。实际上，我们首先必须区分差别和区别。差别与区别之间的差异在于，差别与内在的和外在的同一性是完全相符的。持久的差别可以对共同性的发展形成补充，而不是简单地阻碍其发展——在物理学和空间上是这样，在社会和商业中也不例外。自然界同时存在着物质和反物质。地球是圆的，但我们在日常生活中的大部分时间内完全可以把它看成是平的；空间是弯曲的，但是对地球上的大部分事务并无多大影响。

不同国家的人在许多方面有差别，但是在爱、恨、恐惧、贪欲、妒忌、欢乐、爱国心、情色、物质享受、神秘主义和食物在生活中起到的作用等方面，不同国家的人却是非常相似的。整个世界的推动力和黏结剂，就是一些把差别联结起来的共同纽带。现代社会制造了越来越多的新的共同纽带，这些纽带自身又导致了许多问题，也带来了许多疑问。但是，那些问题有多严重，那些疑问又有多难解答呢？我们不妨来看缅因州和加利福尼亚州这两个州。哪怕是一个普通人，也能看出它们之间的差别——一个是社会事务的先锋，一个是社会事务的后卫；一个有物美价廉的 L. L. Bean 户外服装，一个有奢华昂贵的好莱坞 Frederick's 内衣；一个有风光秀丽的佩诺布斯科特河谷（Penobscot Valley），一个有著名的高科技园区硅谷；一个有美丽的巴尔港（Bar Harbor），一个有以男士展示肌肉而著名的健美海滩（Muscle Beach）。

虽然有这些持久的差别，但是我们也可以看到一些让人信服的证据，证明美国人的生活在不断地同质化。既然在传统、技术、愿望和沟通的共同作用下，这么大的一个国家可以变得如此彻底地同质化，但同时在国界内保存着非常持久和显著的差别，那么我们有理由相信，共同性也可以在不同的国家和地区之间发展和繁荣昌盛。

公司的全球业务范围越广，它碰到的差别就会越多，因为不同国家和地区在产品特色、分销机构、促销媒体等方面，都可能存在一些差别。

我们已经知道，人们在产品特色、嗜好和市场安排等方面的偏好差别，并不仅限于"高接触"产品。世界不同的部分之间，也不是完全平行、线性发展的，就算是在高科技的微处理器领域也不例外。美国的所有微处理器制造商在测试产品的可靠性和功能时，使用的都是并行测试系统，而日本的制造商却几乎全部喜欢截然不同的串行测试系统。结果，世界最大的微处理器测试设备制造商泰瑞达公司（Teradyne）只好生产两类设备，为美国市场生产并行设备，为日本生产串行设备。生产倒不是什么难事，难的是怎样组织和管理公司的营销活动——其他处境相似的公司也同样面临这个难题。可能的方式有以下几种：按产品、按地域、按职能，或者采取某种矩阵制。因此，公司就可能设立两个独立的营销部门，分别负责美国和日本市场，前者专攻并行测试设备，后者专攻串行测试设备。或者，公司也可以按照产品来组织，结果一个组织主要在日本开展工作，另一个主要在美国。一个制造工厂可以生产这两种设备，然后由一个营销部门同时销售，或者各设一个营销部门。如果营销活动是按产品组织的，那么负责并行设备、市场主要在美国的那个部门，能不能也在日本进行销售，从而跟那个专注于日本市场的串行设备部门竞争呢？反过来呢？如果营销活动是按地域组织的，那么这两个部门应该怎样划分地域市场，决定推销并行测试设备还是串行测试设备呢？另外，应该大力推销吗？如果营销活动是按职能组织的，那么又该怎样决定营销的重点，例如侧重这两条产品线中的哪一条呢？

当中的含义显而易见。这个日益大同的世界虽然普遍趋向和偏好标准化，但是仍然存在一些持久的差别，如何组织和管理就成了一个重大的问题。

我们没有什么公式来解答这个问题，哪怕是应急的公式，也没有一个令人满意的。某个方法对处在某种情境下的某个公司可能非常奏效，但把它用到情境完全相同的另一个公司就有可能失效。究其原因，是这两家公司的能力、历史、声誉、资源，甚至文化和精神状态不同。这方面的主要成功因素，与恋爱和求婚的主要成功因素并无二致。哪怕所经风月之事有限，人们也不难断定，就算情境一模一样，不同的人也会采取不同的方式，这个人求婚成功的方式可能并不适合那个人。用在某一种情境下的方式，虽然指出了什么事情是重要的，但它不能有预见性地定义什么才是合适的，即使对求爱者有具体的了解，也不能保证提出的建议就是合适的。对处于同一情境下的马塞罗·马斯托依安尼（Marcello Mastroianni）㊀和伍迪·艾伦（Woody Allen）㊁，人们不会在爱情问题上给他们提出同样的建议，人们也不会在商业问题上给处于同一情境下的 IBM 和 Olivetti㊂，或者意大利罗马银行和里昂信贷银行提出同样的建议。

差别会一直存在，但是与过去不同的是，在未来技术和经济青睐的是共同性。这会迫使大大小小的现代企业不断努力适应新情况，同时带着那些没有变化的旧事物高效地运营。

推动商业向全球标准化发展的一个最强大但是名声又最小的力量之一，是货币制度和国际投资。

现今的货币简单到变成了电子脉冲，它们能以光速在遥远的金融中心之间（甚至是更小的地方之间）轻而易举地流动。债券价格只要变化 10 个基点，就会导致资金的大规模流动，如从伦敦流向东京。这对全

㊀ 马塞罗·马斯托依安尼（1924—1996），意大利著名演员，以《意大利式离婚》《特别的一天》及《黑眼睛》三部影片三度入围奥斯卡男主角奖，是 20 世纪六七十年代世界影坛极为出色的演员。——译者注
㊁ 美国著名电影艺术家，兼导演、演员、编剧于一身，并在每个领域都获得了很大的成就和声誉。——译者注
㊂ 该公司已于 2003 年 8 月与意大利电信公司（Telecom Italia）合并，成为意大利电信的一部分。——译者注

世界企业的运营方式都有着深远的影响，哪怕在日本也不例外。日本企业的资产负债率很高，而它们的银行则受到日本社会极其重视的"长远观念"的"担保"，或者政府政策以其他方式提供的担保。但是，就算是在这样的一个国家里，如果世界上的其他国家利率上升，日本的资金也会大量流出，给日本企业的融资带来切实的影响。这就解释了为什么日本的全球公司到世界权益市场融资的比例越来越高。在那些高资本回报率的国家，债务能够获得的回报要高得多，因此留在日本国内的资金就不足以满足日本企业的资本需求。利率上升之后，权益对发行商的吸引力就会超过债务，这将导致日本企业日益发生转型。随着权益资本在日本企业融资当中的比例提高，这些企业对权益市场较短的投资期限做出响应的必要性也会提高。因此，日本企业得益于资本结构而经常夸耀的优势（也就是能够有"长远观念"，而不是必须尽早做出回报）即将慢慢消失。受权益市场要求尽早得到回报的驱使，全世界越来越多的企业必须对这一要求做出响应。因此，不仅是企业对资本市场做出响应的方式，所有影响商业开展方式的各种力量都将受到越来越大的推动力，在整个世界范围内不断趋同。

在所有各个方面，全球都在不断趋同，进入一个共同的状态。那些顽强存在的差别，恰恰验证了一句古老的经济学格言——推动世界发展的，是那些发生在边缘或者枝节上的事情，而不是发生在核心内的事情；真正有意义的不是普遍的、典型的、普通的情形，而是事态发展的最前沿。因此，在常规的竞争分析中，经济学认为重要的不是平均价格，而是边际价格，也就是在新的情形已经出现但还没有稳定时的价格。在商业中，真正重要的不是普遍发生的事情，而是发生在最边缘的事情；不是各个国家在嗜好、偏好和惯例等方面持久存在的主要差别，而是从外沿对它们日益造成影响的事情背后的相似性，也就是把世界合而为一，让共同性不可抗拒地占主导的各种力量。

谈论与此相反的因素，即市场的全球化还将持续受到许许多多贸易和关税壁垒的阻挠，也没有什么意义。经济民族主义以及各种阻挠力量还会顽强地存在，不可能被彻底消除。但是，就像投资基金的全球化一样，决定世界发展的并不只有历史这一个因素。世界不可能丝毫不受技术和现实主义的影响，保持原来的范式一成不变，完全被古老的习俗以及由此演化而来的态度禁锢。世界主义不再是知识分子和有闲阶级的专利，而是已经成为商业社会本身的既有属性和定义性特征，它会缓慢但是不可抗拒地推倒经济隔绝、民族主义和沙文主义的厚墙。我们今天在商业领域看到的高涨的民族主义，只不过是一种已经过时的习惯在垂死挣扎罢了。

成功的全球公司并不会放弃定制化和差异化，对那些在产品偏好、消费模式、购物偏好，以及机构和法律安排等方面存有不同要求的不同市场予以区别对待。但是，这家公司只有在确证这些差别确实无法改变之后，即想尽一切办法去尝试绕过和改变它们，但均告失败之后，才会勉强接受这些差别并且做出相应的调整。我们在下文就会看到这种例子。

不同的细分市场和机构安排一直会在世界各地存在，就像它们也会存在于各个国家内部一样，但这并不重要。真正重要的是，推动商业和工业发展的所有重大因素，都在全球范围内快速和日益强烈地趋同。世界各国继承了许多古老的、特色鲜明的经济机构和经济惯例，在产品特性和特色上也继承了许多古老的、特色鲜明的偏好，以及其他各种源自文化的古老的民族属性。过去，这些古老的东西要求国际公司按照各个国家的要求，对经营活动实行几乎完全的本土化——这一切的基础已经越来越岌岌可危。整个世界对现代化带来的解放和改善越来越了解。有越来越多的证据表明，过去那种状况导致了低效、高价和限制，于是这种过去变得摇摇欲坠。历史上的过去，以及它所造就和孕育的不同国家在商业和工业上存在的差别，现在变得更加容易被改变。只要有想象力，愿意为之付出努力，并且持之以恒，企业就能创造出渴望享受现代化的世界规模的市场。在这个过程中，人们必须接受全球趋同这个事实，从而使用标准化的产品和做法，并以非常低的价格去创造这种市场。在这个方面，美国前国务卿亨利·基辛格（Henry Kissinger）在其《动荡的岁月》（*Years of Upheaval*）一书中这样评述日本在全世界取得的经济成就："还有什么能够比一个贪婪地收集信息，不为压力所动，不折不扣地执行的社会更加有效呢？"

关于技术会怎样推动这个世界，还有一种截然相反的意见。我关于市场全球化高涨的论断，显然是建立在两个关于消费者行为的前提条件之上的。这两个前提是：①欲求在世界范围内同质化；②人们为了得到高质量和低价格，愿意牺牲自己在产品特色、功能、设计等方面的具体偏好。我在前面提到，庞大的全球市场所带来的生产、运输和沟通方面的规模经济会为低价格推波助澜。

那种截然相反的论断也并非无足轻重，它提出，灵活性非常强的工厂自动化发展得越来越快，它将使规模庞大的生产工厂能够快速改变产品类型以及产品特色，甚至根本不用打断生产流程，因此工厂可以生产众多定制化程度非常高的产品，又不至于牺牲长时间生产标准化产品所带来的规模经济。事业上，计算机辅助设备与制造（CAD/CAM），再加上工业机器人，将会创造一种新的设备和加工技术（EPT[⊖]）。借助EPT，靠近市场的小规模生产的工厂，其效率也可以像远离市场的大规模生产的工厂那样高，进一步加强威克汉姆·斯金纳（Wickham

---

⊖ 设备性能跟踪（equipment performance tracking），对设备的运行情况进行实时监控和调整。——译者注

Skinner）教授所说的广为人知的"专业工厂"①的速度优势。通过这种方式获得的主要不是规模经济，而是范围经济——或大或小的工厂，以相当低的成本生产种类繁多的定制化产品的能力。这种观点称，如果能够实现范围经济，顾客就用不着放弃他们的特殊偏好。只要支付与购买标准化产品一样低，甚至更低的价格，他们就能让自己的偏好得到满足，因为这些工厂不仅和原来的工厂不一样，而且整个工厂都更新，效率更高。

我不否定这些可能性的强大力量，也不否定工业革命时期的经济学将会被数字革命的新经济学取代这种说法，但是实现这种可能性的概率并不高。如果有两个工厂，一个是生产很多种定制化产品的自动化柔性工厂，另一个的现代化程度与这个工厂一样高，但只生产少数标准化产品，而且是大规模专业化生产，要使前者取得与后者一样大的规模经济，人们到目前为止还想不出什么办法来。要知道，新的数字化设备和加工技术是大家都可以得到的。谁的定制化程度低、产品线宽度小，谁就能大大降低成本。这与在老式大规模生产模式下的情况没有什么两样。

考虑到上面这个事实，再加上人们的嗜好和偏好在全球范围内越来越同质化，以及我们对全世界人们的一件共同大事（也就是，我们必须让自己永不满足的需求适应自己有限的经济实力）的了解，我们可以断定：人们对价格低廉、多少有些定制化的高质量产品的喜爱，将会远胜过他们对价格高昂的定制化产品的喜爱。从整个人类历史来看，这一点

---

① 斯金纳是哈佛商学院的荣誉退休教授，他被尊为"制造战略之父"。他在1978年出版的《制造与公司战略》（*Manufacturing in The Corporate Strategy*）一书中提出的许多原则，得到了学界和实业界的广泛认同和应用，"专业工厂"就是其中之一。所谓"专业工厂"，指的是只生产少数几种产品，负责少数几个流程，为少数客户服务的工厂。通俗地讲，就是与"大而全"相对的"小而精"的工厂，它的市场反应速度通常比较快。——译者注

是确凿无疑的。虽然微处理器的互换性很强，但如果认为它们会改变已经刻在我们基因中的观念，那么这种假设自然是站不住脚的。

有人会说，虽然整个世界在产品方面确实在不断同质化，但就产品流经的机构而言这一点未必正确。例如，人们认为全世界的分销渠道及其相关机构在类型、结构和发展阶段等方面千差万别，所以普遍坚信这种状况是不会改变的。当然，人们也相信事物是会随着时间而改变的。但是，相信事物是永恒的这种观念，仍然在某些人的脑海里根深蒂固，只能一点一滴地慢慢改变。

人们很少设想还有其他可能性，也就是猛烈而又有耐心地对传统的渠道和惯例施加影响，改变它们，改造它们，甚至绕过它们。我们有丰富的证据表明，这种做法既是可行的，也是有效的。当然，人们也不是没有遭受过极大的挫折甚至彻底的失败。例如，露华浓最初进入日本市场时，产品只在非常高端的门店里销售，但是它很快又尝试拓宽渠道，销售低价的世界标准化产品，可没过多久又因为成本增加太快而业绩没有多少起色，撤换了日本公司的总经理，并且减少了零售商的数量，从而不必要地疏远了零售商，把顾客也弄得一头雾水。露华浓的摇摆不定，并不像某些人所讲的，是因为它不了解日本市场，而是因为它不够坚决，也不够有耐心。相反，OMC（Outboard Marine Corporation）㊀在欧洲市场上并没有理会熟知当地情况的贸易集团的建议，而是充分发挥自己的想象力，通过坚持不懈的努力，成功打破了那里长期沿用的三级分销渠道结构（一级批发商、二级批发商、零售商），把它改造成了一个控制程度和集聚程度都更高的二级渠道，并且大量精简了零售终端的类型和数量。结果，该公司不仅大大改善了给零售顾客提供的信用支持

㊀ 美国历史上一家著名的发动机制造企业，在 20 世纪 90 年代一度成为美国第二大船用发动机制造商，但就在这时公司开始亏损并裁员，并最终于 2000 年宣布破产。——译者注

和产品安装服务，而且大量削减了成本，大幅提高了销售额。

史克制药（SmithKline）在日本市场上推出抗鼻塞药康泰克600后，取得了骄人的销售业绩。当时，史克制药在日本47个地区的分销，全部由区区35个批发商来负责，而不是像许多人设想的那样，找来上千个商家，然后把大量精力耗费在控制上。另外，该公司还通过一些特殊的方式，每天与这些批发商和关键零售商联系。这也是有悖于惯例的，但是这样做很有成效。

类似地，日本的小松公司（Komatsu）也另辟蹊径走出了一条成功之路。这家生产轻型农用机械的公司，在进军美国市场时曾被美国既有的分销机构拒之门外，于是只好在"阳光带"⊖的农村地区通过州际公路旁边的建筑设备经销商销售产品。在小松公司选中的地区，农场规模较小，所需设备的功率也不用很大，虽然分销商大都名不见经传，但是小松公司的设备不仅非常适合在当地使用，而且价格低廉，因此吸引了不少客户。许多日本电子办公设备和零售店收款机，在进入美国市场之初，也不是使用传统的方式通过传统的渠道进行销售，而是通过电子产品维修店销售，而这些维修店此前并未经营过类似产品，甚至从未涉足过销售业务。

在上述所有事例中，那些被认为无法改变的机构安排都被一一绕过、打破或者改造。至于那些企业所使用的手段就是，自己可靠性高的现代化产品、强大而持续的支持体系、非常低廉的价格、富有吸引力的销售回报计划，通常是大胆而且执拗地把它们组合在一起使用。它们这样做并没有招致外界的憎恨或者把自己弄得声名狼藉，而是赢得了大家的钦羡和敬畏。

这种打破传统、另辟蹊径的做法，实际上世界各地随时都在发生，

⊖ 美国南部阳光充足的各州，北至弗吉尼亚，主要包括佛罗里达、得克萨斯、亚利桑那、加利福尼亚等。这个词自20世纪70年代开始得到广泛应用。——译者注

只不过当主角是本土市场上的本国公司时，它们便显得非常自然。跨国公司被自己在跨国经营中的重大错误或者别人的类似故事吓破了胆，变得谨小慎微，因此在其他国家的市场上很少敢于打破被认为是扎下了根的惯例。在很多情况下，它们甚至认为哪怕只要有这种念头，也是愚蠢和不值得尊重的，只不过是异想天开。这种观念早已过时。

在企业的全球活动中，只有一个方面是至关重要的，那就是它生产和销售的是什么，以及如何生产和销售。至于其他的一切，都是从这些活动中衍生出来的，都是次要的。生产什么以及如何销售，代表着这个公司的目的有哪些独特性。

企业的目的就是吸引并且留住顾客，而彼得·德鲁克（Peter Drucker）提出了一个要求更高的说法，认为企业的目的是要"创造"并留住顾客。为了达到这个目的，企业就必须进行有建设性的创新，在方法、手段和地点的组合上不断做出调整，从而提供更好的或者更受人喜爱的产品，而且价格要低到能吸引足够多的潜在顾客，让他们愿意和自己而不是和其他厂商做生意。人们的偏好在不断地形成，也在不断地改变，而现代社会的显著特点在于技术把全世界人们的偏好变得一致，也就是变成全球标准化。就像在美国这个世界上最大的国内市场一样，在这个同质化的世界里也存在着巨大的差异性，而且它还不断显露出自己的力量，并且茁壮成长。但是，我在谈论世界同质化的过程中，也一直在讲另一件正在发生的事情——国内市场不断扩张成为全球市场。

因此，推动整个世界发展的力量有两股：技术和全球化。技术强有力地影响着人们的偏好，而全球化决定着经济现实。不管人们的偏好怎样持续地改变甚至发生分化，随着它们在全球范围内的趋同，市场会变成可以带来巨大规模经济的全球市场，从而导致成本和价格下降。

与老朽的跨国公司不同，现代全球公司"不为压力所动，不折不扣地执行"，它们不断努力推动已经出现的苗头快速发展，并在全球范围内强力推行它们适度标准化的产品和做法，因为它们这种方式恰恰就是全世界所需要的方式，特别是在非常低廉的价格与高质量和高可靠性结合在一起的时候。

全球公司把自己的目的确立为吸引和留住顾客之后，它们就会发扬刺猬的精神，把技术和全球化的力量变成一项强大的战略创造力。它将系统地推动这两股力量朝着一个共同的中心发展。在这个中心，高质量的全球标准化将会达到最优化，从而带来最理想的低成本和最理想的低价格。这些东西结合在一起，就能吸引最理想的顾客，为自己赚得最理想的利润。反过来，这意味着那些不能适应这种全球新现实的公司，将会被那些适应这种新现实，并因此蒸蒸日上的公司击败。

第 3 章

服务的工业化

  服务提供商通常认为,服务行业及其面临的问题与其他行业截然不同。他们觉得服务行业是人力密集型行业,而其他行业则是资本密集型的。事实上,并不存在所谓的服务行业,只不过是各个行业中服务的成分多少不同而已。企业如果用管理工厂生产线的思维方式来管理服务,将能创造出很多商机。

  专业化之于服务业,就像劳动分工之于制造业,都是实现低成本和高效率的第一步。

——莱维特

服务业在工业发达国家的经济中所占的比例，近25年来一直在持续增长。仅在过去20年里，美国的非商品生产部门吸纳非农业劳动力的增速，就比商品生产部门吸纳非农业劳动力的增速快了40%。

服务业在全美国民生产总值（GNP）中所占的比例在不断增大，这已是不争的事实，在此我没有必要再一次引述这个数字。这种增长也不仅仅是因为政府机构、学区和其他公共部门所雇用的员工，在社会总就业人口中所占比例在不断扩大，虽然单单政府文职人员在过去20年里的增速，就比商品生产部门就业人口的增速快出将近3倍。

事实上，服务行业的某个部分，虽然规模庞大，但是还不太为人所知，这个部分就是制造行业中的服务。它们名义上属于"制造业"，但支出和收入大多与售前和售后服务有关，而形式包括系统规划、安装前支持、"软件"、修理、维护、交货、收款和记账等。

有人认为，随着发展中国家工业化水平的逼近，发达国家就会丧失它们的相对竞争优势。发展中国家的劳动力从手工工人变成产业工人，从手工劳动转向操作机械，从而导致生产力发生跳跃式的提高。与此同时，在已经完成工业化的国家里，人们的财富和可支配收入越来越多，使得人们对生产率低、劳动密集型的服务活动的需求越来越多。这些服务包括汽车修理、旅行、住宿、娱乐、餐饮、购物、保险经纪、医疗服务，以及教育等。按照那些人的说法，相比那些大力发展制造业的发展中国家，发达国家将会更快地丧失竞争优势。

这种观点在发达工业国家里最近引发了一种荒谬的妄想症——人们对服务的需求不断高涨，将会导致消费者和企业的需求朝着一个很不利于发挥大规模生产的高效率的方面发展；假以时日，这就会导致整体价格水平上升，最终妨碍生活水平的提高（甚至还会降低）。这是因为，如果某些服务的生产效率低，那么人们就必须为这些服务支付更高的价格，因此人们的购买力就会降低。另外，国家要在世界贸易体系中维持某种竞争力，于是不得不勒紧裤带，这会使得人们的生活水平进一步降低。

世界经济的竞争被认为遵循这样一个机制：经济发展领先最终会导致人们追求昂贵的服务享受，那些比较落后的国家或地区则奋起直追，而且不奢望有多余的服务，最后不仅会赶上还会超过原来的领先者，主要原因就是落后国家或地区的技术更加现代化。

日本、德国都是奋力赶超领先者的范例，中国的香港特别行政区也是这样，英国则是一个被赶超的国家，现在已经可怜地落在了许多国家或地区后面。

发达国家未必会落后

英国的事例也非常适于用来说明下面这种担心并不一定有道理：经济最发达的工业国家会因为服务消费而处于越来越不利的处境，人们的生活水平也会降低。尤其是相比美国而言，英国的情况说明，所谓的服务活动在GNP中所占的比例上升，并不必然导致该国的绝对或相对生产率同时等量下降。

美国的服务业在促进生产率提高方面表现出令人叹为观止的能力，英国服务业的表现却恰恰相反——英国人对自己古老的服务方式近乎痴迷，因此逐渐耗尽了自己的经济竞争力。直至今日，英国的"服务"仍然保留着对古老的主仆式关系的眷恋，这种情感扼杀了服务业的想象力，也挡住了服务业提高效率的道路。虽然英国的商品零售价格大幅上扬，但是该国还是通过了若干法令来阻止特大型超市（hypermarché）的建设和成长，虽然这种新零售模式的效率之高在当时堪称奇迹。特大型超市的效率甚至比美国的超级市场和日用百货大卖场还高，却遭到了英国重视个人服务的小型零售商以及地方和国家官员的联合抵制。

英国人对高效零售模式的抵制反映了小资产阶级一以贯之的封闭。事实上，这体现了一种根基非常深厚的文化，它的起源可以追溯到久远的历史时期。人类历史上一直存在阶级差别，这种现象并不仅限于英国。下层从来都有义务为上层服务，而"服务"就是为了别人的利益付出自己的劳动。例如，男管家、男仆、客厅女仆、卧室女仆、律师、屠夫、蔬果商贩、裁缝和厨师等，无论是在店内为老主顾量体裁衣，还是严格按照每个主顾的具体要求切烤肉，他们提供的都是一对一的、高度个人化的服务。时至今日，虽然英国的经济领先地位岌岌可危，但那里的哪怕是中等价位的餐馆，也配备了很多拿薪水的㊀勤杂人员，穿着让人回想起往昔的装束，每个人专门负责一项很琐碎的事情，如开门、给客人脱大衣并把它们拿到衣帽间去（衣帽间还有人专门负责），以及专门换烟灰缸而不管换碟子。在办公室里，也到处可以见到许多年迈的服务人员给人跑腿、打杂。这些人所做的事情并不是不可或缺的，但是耗费的成本无疑不小。他们的服务完全是礼仪性的，不用动脑筋，毫无可取之处，只有迂腐的风度和做作的俗丽。这些事情加在一起，不仅耗费了数额可观的金钱，也决定了人们对工作内容以及工作方式的理解。

只要我们不改变工业化以前人们对服务性质和服务内容的定义，即固执地认为服务就意味着屈就别人，意味着奉承与附和别人，意味着对订单和风俗做出响应，而不是去积极思考要履行哪些职能，以及怎样用一些新工具和新系统去完成这些工作；只要我们还是把服务看成卑躬屈膝，把"服务"等同于毫无思想的顺从，把服务当作一个低等职业（在做普通工人时）或者一个高等职业（在从事精英职业时，如牧师和军官，这些职业重视的是宗教信仰和服从命令，而不是思想上有独立性）；只要我们的思想和态度被过去那些毫无想象力的概念左右，那些在工业

㊀ 即主要收入不是靠小费。——译者注

体系里产生了巨大效率的理性实践就无一能对工业体系四周的服务业产生影响，从而帮助该行业走出低效率的重重迷宫。

上文这些例子反映了服务行业的浪费现象仍然存在于现代英国，它们体现了关于耐久性的一条普遍规律：事物会逐渐变得过时，但是不会完全被废弃。这种情况在美国虽然没有这么突出，但我们也会受到一些古老桎梏的束缚。它们不仅束缚着我们对服务的态度，也决定了我们的服务质量，而它们无论在哪里都带着一个共同的假设——服务就是一对一地亲自照顾别人，就像仆人伺候主人那样，而且这才是最好的服务。只要这一假设还占据着统治地位，服务的效率、可靠性和质量就会永远受到限制。

改善服务的机会遍地都是，但在服务已经得到重大改善的美国，这些改善大多是在不知不觉之间发生的。对于宇航员的太空壮举，虽然相关科学和技术有什么实用价值尚难确定，我们还是会额手相庆。我们身边的人每天都在取得实用成果，例如发明一些小工具、简化方法和降低组织的复杂性，尽管它们的价值更加平凡，但能立即提高服务的效率，我们却对它们视而不见。在下文中，我们将会清楚地看到，我们每天从那些自己熟视无睹的东西当中得到的益处是多么巨大——而我所说的"服务的工业化"又是如何为我们带来这些益处的。

服务业比重越来越大的工业化国家，其经济发展速度没有理由比新兴工业化国家慢，虽然技术先进的国家今后在生产率提高速度方面可能会处于劣势。但是，我想通过一些强有力的事例说明，服务活动在提高效率和生产率方面的潜力还远没有发挥出来，因此相比那些正在大力采用现代工业设备和系统的落后的发展中国家，先进的工业国家能够更快地提高自己的总体生产率。

新式服务的推动力

我们回到特大型超市的例子上。这种超市在美国的前身是超市和大型折扣店。后两者都是自助店,这是它们效率很高的原因之一。在这些店里,没有店员站在柜台后面,按照每个顾客的不同要求逐一取货、称量和包装,而是顾客自己动手完成大部分工作,速度也要比有店员服务时快得多。在街边杂货店里,店员要像手艺精巧的匠人一样,按照顾客的购物清单把商品一一取来。如今在超市里,这些店员大多已被生产线取代——顾客推着购物车在货架间穿行,自己从货架上选取商品,就像一个车架在生产线上移动,等着工人取来零部件安装上去。

超市和折扣店代表着古老手艺的工业化,它们的运营成本要低得多,效率要高得多,而且我也坚信它们是一种更好的产品。现代的汽车也比以前的汽车更好——它们无不更加可靠、更加便宜、更加耐用,而且虽然顾客数以百万计,且规格偏好各异,它们仍然能够以相当低廉的成本,针对这些要求进行大量的定制。如果让一位独立的工匠来制造汽车,他造的车可能会更加独特、更加有趣,但也有可能更加古怪,整个车身装饰着表现工匠个人风格的图案,这些装饰可能很精美,但也可能只是一次糟糕透顶的尝试。老式食杂店里的屠夫也是如此,他可能会非常大方地(但也可能是非常狡猾地)切烤肉,然后把大拇指搭在秤台上,多称出一些斤两来——这种服务当然更加个性化,但可靠性却不那么高,当然价格也要高得多。

超市代表着服务的工业化,虽然它们的数量不多,但是面积更大,资本金也更大。那种古老的"服务"模式大都已经消失,取而代之的是效率更高、成本更低、顾客满意度更高的新型服务,而所有这一切加在一起就是一种高效率的创造性破坏。

已知的实现服务工业化的方式还有很多种,我们大部分人能经常看见这些方式，但是真正注意它们的人没有几个，而能够完全理解它们为我们的生活和企业带来革命性影响的人就更是凤毛麟角。更有甚者，只有那些食不果腹的人才能真正理解它们的重要性。我们有必要仔细看一看那些使服务生产率得到大幅提高的工业化模式，这将有助于我们集中精力，将这些原理应用到其他的服务活动中去。

我们可以用三种方式来实现服务的工业化：借助工程技术、借助管理技术，以及借助混合技术。

工程技术是最显而易见的。人们为了改善服务而更换机器、工具，或者其他有形的人造物品。

（1）有了心电图设备，医院用工资较低的技术人员替换了工资更高的医生，而此前医生依靠听诊器所做的检查，既不稳定，也不可靠。

（2）个人信用卡以及信用卡和银行票据检验设备，取代了费时费力的手工鉴别。

（3）机场的 X 光行李扫描设备，取代了过去漫长而令人尴尬的手工检查。

（4）自动洗车取代了质量不稳定的人工洗车。

（5）宝丽来一次成像相机取代了要送去冲洗的胶卷。

（6）桥梁、高速公路入口等地的自动收费机取代了征费人员。

（7）家里也到处都是取代人工劳动的工程技术：自动洗碗机、预煮过的方便食品、免烫衣服、经化学方法处理过的抗污衣物、地板涂层以及装有软垫子的家具等。

管理技术主要指的是用预先规划好的系统取代熟练的服务人员，它们通常包括对所需工具进行一些改进，但其根本特征还在于系统本身——专门设计了一些专用工具来完成某些任务。

（1）超市以及其他自助服务的机构，例如自助餐厅、餐馆自助沙拉吧、工厂的开放式工具室以及图书馆。

（2）快餐店。例如麦当劳、汉堡大厨（Burger Chef）、必胜客、唐恩都乐（Dunkin' Donuts）、肯德基等。我在以前的文章中详细描述过，这些快餐店的服务系统需要非常复杂的规划和细致的劳动分工——有人在中心厨房专门准备用于制作汉堡的肉块，有人专门负责制作面坯，有人专门负责制作沙拉，如此等等。而在快餐店里，大家都严格遵守这个专业化分工的系统，从而实现快速、高质、整洁、欢乐和低价。

（3）旅行度假套餐。这些套餐改变了以前的旅行产品销售模式，节省了时间，也不用一对一销售，更不用针对大量不同顾客的要求调整产品内容，当然也不需要就价格问题争论不休。美国运通公司（American Express）的套餐种类可能是最多的，该公司把它们制作成一个精美的小册子，夹带在杂志中宣传推广。这种做法在原理上与生产线也是异曲同工。这些旅行计划大都不是美国运通公司自己设计和完成的，该公司所做的不过是收集和整理信息，替那些提供旅行服务的公司销售这些套餐而已。

（4）非定制保险计划。这些套餐式计划是不能调整的，除非投保人选择其他套餐。好事达保险公司（Allstate Insurance）是大众保险市场的先驱，虽然在它前面有挨家挨户销售并每周上门收取保费的老式"工业"保险。最近又有公司模仿它推出了非定制的邮购保险。

（5）共同基金。这是相对于个股投资方式来讲的。个股投资充满了模糊性、不确定性，而且每做一笔交易都需要向投资者进行推销和解释。

（6）圣诞节俱乐部（Christmas Club）和工资扣减储蓄计划[○]。它们都只需要做一次销售（企业）和一次决策（顾客），此后便可按照程序以很低的成本自动执行储蓄计划。

○ 零存整取的储蓄方式。参与者每次领到薪水都将一定金额存入账户，到了圣诞节需要购物时就有了充足的现金。——译者注

（7）邮件银行交易（bank-by-mail）系统。

（8）路线规划系统。经过精心规划，帮助销售人员找到最佳行走路线，减少花在路上的时间，尽量增加销售和服务时间。

（9）所得税报税服务。采取生产线式的系统化流程，又能根据个人情况进行调整，报税者随到随报，成本相当低，而准确率和品质保证都相当高。这个方面的先驱和好手，当然非 H. & R. Block 金融服务公司莫属。

最后，还有混合技术，指的是把设备与精心规划的系统结合起来，提高服务流程的效率、秩序和速度。

（1）基于计算机的汽车长途运输利用率和路线规划。综合考虑道路类型和等级、卡车停靠点、道路堵塞情况、过路费、货物混合切换点等因素，通过计算机程序来优化卡车使用率，尽可能降低货主的成本。应用最广泛、结构最复杂的系统，是康明斯发动机公司（Cummins Engine）的"动力管理计划"。

（2）通过无线电控制的预拌混凝土卡车路线规划、调整和交货系统。它是由达拉斯的得克萨斯工业公司（Texas Industries）最先开发并进一步完善的。

（3）专用列车和固定编组列车。这种列车远距离运输一种货物（最常见的例子有 Baltimore & Ohio 铁路公司的煤炭运输，以及 Illinois Central 公司的粮食运输），中途很少停站甚至完全不停，这种远距离、长时间不停顿的运输带来了极高的效率，使得哪怕是空车返回，也仍能节省成本。这种系统对发货点、收货点以及途经点的物流同步有非常高的要求。其价值何在？以 Baltimore & Ohio 铁路公司的情况为例，它最初的专用列车把从西弗吉尼亚州煤矿到巴尔的摩的往返时间从 21 天缩短到了 7 天。

（4）远距离预运易腐物品。例如，在还没有收到订单之前，用火车把加利福尼亚州的柠檬运往美国东部地区［这种运输方式是由新奇士公司（Sunkist）首创的］，在途中根据天气预报调整行车路线和卸货计划，在预计的高温到来并推动柠檬水和鸡尾酒消费之前，适时抵达相关城市。错过一天高温，就是错过一天的销售。Weyerhaeuser木材公司也开行业先河，开发过一个类似的系统，把木材运送到东部地区，目的是实现向远方的顾客提供无库存的"立即"送货服务。

（5）服务项目有限的低价快修店。例如，Midas公司首创的全国性消声器和传动系统维修店。这些专业化的维修店服务容量大，并且配备有专用工具，因此可以高质量地快速完成修理任务。

（6）便携式计算机系统。在评估为客户提供融资服务的风险水平并确定合同条款时，大型金融服务公司的惯例是派出一队队的审计人员，去潜在客户那里逐一评估每个账户的应收账款情况。这些现场审计人员全部靠手工方式来核验账目。在配备便携式计算机系统之后，不仅现场审计所需的人工时数减少了80%，而且能在客户公司的现场立刻提出融资方案。

上述这些事例都是用工程、管理和混合技术（也就是用机器、组织良好的工作系统，或者两者结合）取代了工业化之前的工作模式。这些事例人们都很熟悉，但很少得到人们的承认。那些古老的模式都是工匠文化的一种延伸，而那时的服务不是用主仆之间一对一的方式提供的，就是用最原始的工业化方式来完成的，也就是仅仅用一个动力更强、效率更高的机器来取代动力较小、效率更低的前身（例如，用火车头代替马匹，用蒸汽挖土机代替铁锹）。所幸，现在有了许许多多新的可能，其中有一些潜力还不是十分明显，也有许多的潜力比最初表现出来的还要大得多。我们当中有许多人没有看到这些机会的存在，或者对一些已经应用了上述技术的地方浑然不觉，或者不能理解它们代表着服务的概念已经相对于工业化之前发生了深刻变化并有了重大改进。这种情况反映出我们受古老遗产的禁锢是多么严重。哪怕是我们发明了一些意义深远的新事物，也对自己的成就茫然不知，因此也不能意识到可以把那些方法推而广之，应用到其他尚未改造过的地方去。

有着特殊机会的特殊事例

"你再也找不到可靠的修理服务了"——全国的人们都在这样讲。但是，我们只要稍加思考，就会发现这种抱怨的真实性很值得怀疑。当通用电气服务公司整洁的白色修理车接到无线电派遣，开上通往我家的私人车道时，我知道自己即将得到的电视维修服务将会比以前更好、更可靠；在过去，零部件总是缺货，工人得到的培训不充分，价格不统一（顾客通常也只会默默承受），开着二手皮卡车的维修工人也是邋里邋遢的。我走进埃克森修理中心（Exxon Repair Center），看到面前设备齐全、照明充分，并且带有温控的 12 个工作站，而机械师经过统一的认证，维修价格也张贴在墙上，预计费用清楚地列出，并且能够在承诺的时间内完成修理，我对他们提供的服务自然会有信心得多。

然而，也正是这些类型的服务活动，它们的改进空间最大。它们要实现高效率和低成本，必须具备的前提就是找到合适的方法和策略。这些方法和策略，恰恰就是让现代制造业的效率如此之高、成本如此之低的那些方法和策略。它们是：①把工业化思维模式应用到服务活动的组织当中去；②投入大量资金。

埃克森修理中心要取得高效率，首先必须有劳动分工。它不能让一个受过良好培训、时薪 10 美元的传动系统技师，去做换润滑油那种最简单的工作，也不能让一个工资最低的换润滑油的工人去修理传动系统。为了享有劳动分工带来的好处，每个工种的工作量都必须足够大。这就需要建设一个占地面积很大的工厂；装备各种可以节省人力但是价格昂贵的新型工具、诊断和维修机器；配备专业的管理人员；宣传和广告的频率要足够高，说服力要足够强，这样才能从一个很大的范围内吸引大量车主。辐射面积大，可能又要求修理中心提供接车和送车服务，这样才能方便距离较远的车主来修车。所有这些条件所需的成本可不小。因此，为了提高服务的效率，在工厂、设备和宣传等方面所需的投资，可能与过去提高制造业的效率所做的投资一样高。它在规划、组织、培训、控制手段和资金等方面的要求，可能与生产一辆汽车的要求相差无几。简而言之，它要求我们在服务是什么，服务可以变成什么样，以及怎样为服务进行融资等问题上转变思维方式。

这里的关键是"量"，也就是数量要大得足以提高效率，足以采用能够以较低的单位成本带来可靠和快速结果的各种系统和技术。而这又要求对服务进行科学的管理，这种管理在小修理店里很少见到，也是不必要的。

这条关于数量的原理，也同样适用于其他刚刚开始发展，但是前景很好的领域。

（1）专业化、高度自动化的诊所。Damon 公司在全美经营着 125 家这样的诊所，聘用了 125 名硕士、22 名博士和 1 400 名临床检验师，为患者提供范围广泛的诊断检验。而在以前，患者必须看好几名医生，走好几家诊所才能完成这些检验，付出的时间和金钱成本也都数倍于他们在 Damon 公司所付出的。

（2）预付费保健服务中心。这些中心有很多方面的专家，他们只从事与本专业相关的服务。最先推出这种服务的是加利福尼亚州奥克兰市的凯泽基金会（Kaiser Foundation），而现在这种健康维护组织（HMO）在全美已经有数百家之多。这些组织的会员支付年费之后，就可以随时到医疗中心去找专家和技师，享用那里最先进的医疗技术。这些专家和技师都全职在中心工作，没有行政事务的干扰，从事而且只从事与自己专业相关的工作。能够享受这种成本低廉、快速而又便捷的医疗服务的，并不仅限于门诊病人。自从第一家非卧床手术医院（ASF）[一]在亚利桑那州菲尼克斯市于1970年成立以来，现在全美已经有100多家这样的医院。这种医院一般可以实施125种风险较小的手术，收纳的是身体状况较好的病人。它们通常有两个以上的手术室、一个康复区和一个诊断中心。病人进院后，例如接受扁桃体切除术，检查和手术都在同一天进行，手术后稍加休息当天即可出院回家。病人所花的钱当然也就少得多。例如，芝加哥地区的 Northwest Surgicare 是一家营利性的 ASF，几年前扁桃体切除术的全部费用是169美元，而在该市的 Michael Reese 这家非营利性医院，这项手术的费用高达548美元。大都会保险公司（Metropolitan）签下22家 ASF，为团体险投保人提供手术服务，估计在3年内节省了100万美元。

（3）文字处理工作站。在大公司的办公室里设置集中打字服务，把大量常规性的文字处理工作集中到工作站，这样就可以把很多秘书解放出来，让她们不用再像以前那样忙于打字，却无暇顾及其他价值更大的工作。而把打字工作集中之后，这些文字处理工作站就可以配备速度最快的机器，并且实行调度和管理。

（4）食品集中加工中心。它们为大量非常分散的小便利店、私人俱乐部、办公室等机构提供新鲜可口的食品。某些加工中心（例如 Steward 三明治公司）还制定了送货路线，并向顾客提供红外线加热器和微波炉加热服务。

改善服务的第二类"特殊机会"，存在于那些需要售后服务的产品的设计当中，我们不妨称之为"产品/修理界面"。维修服务问题的

[一] Ambulatory Surgical Facility，一种只实施小型手术的医院，病人在术前和术后都不需要长时间卧床休息，因此对医疗设备和医疗水平等条件的要求比大型综合性医院要低。——译者注

"解决方案"中知名度最高的,可能要数摩托罗拉的(现已属于松下公司旗下的 Quasar 所有)"魔术盒"(works in a box)电视机设计方案。该公司没有强调通过加强服务人员的培训来提高维修能力(传统观念认为,要想改善服务,就必须改善产品本身,或者加强对服务人员的培训),而是几乎完全取消了服务人员。原来,摩托罗拉对电视机进行了模块化设计,如果哪个部件发生了故障,只要把这个部件拆下来,换一个新的上去就可以"立刻"修好。这种思想直接模仿了军方"三级维护"的概念,它强调快速恢复而不是可靠的修理。军方对自己的需要再清楚不过了,那就是让前线的设备快速可靠地再次投入紧急任务当中去。摩托罗拉也很清楚自己的需要,那就是让电视机可靠地迅速恢复工作。带着这种想法开始设计产品,结果该公司不仅制造出一个巨大的卖点,而且发现这种导向和意图能让它设计出一款生产效率更高、成本更低的电视机。然而,在工业设备领域,哪怕是做一次最粗浅的调查,也能发现人们其实很少关注售后维修和维护问题,你甚至会发现人们很少考虑这个问题。无怪乎"服务的成本这么高",无怪乎"服务要花那么多时间",无怪乎"服务很糟糕"。

我曾经讲过霍尼韦尔公司的例子。该公司对自己的室内恒温器重新进行了设计,大大减少了零部件数量,并且采用更多易于更换的零部件。在此过程中,该公司还成功撤除了自己所有的现场仓库,并且说服分销商持有所有零部件的存货,以便更好地同时为霍尼韦尔公司的顾客以及竞争产品的维修工人服务(霍尼韦尔公司的许多零部件可以与竞争对手的互换)。

特殊成就的近例

思想和概念的原理通常不难理解,但要把它们转化成现实就困难得多。有些转化很容易识别，而且事后很容易看出它们体现了服务的工业化。但是，一些不那么显而易见的例子也值得我们考察。

文书工作问题

Transamerica 产权保证保险公司在美国西海岸地区、西南地区、科罗拉多和密歇根州设立了众多现场办公室。该公司总部每周都要收到发自这些办公室的成千上万份产权保证保险申请表。办事员和"鉴证官"在审理这些申请表时，必须从许多老旧的房地产记录中搜索有关产权信息。事毕，鉴证官开始起草保单（这些保单的作用，是为了保证买主在交易完成之后，其他人向卖主提出的任何权利要求都与买主再无干系，例如房地产鉴定有误、留置权没有解除、有税款未缴纳，或者发现了可以剥夺卖主产权的遗嘱等），这时就会有大量的联系和沟通工作。他们要打无数个电话，收集各种各样的文件，要催促，要解释，要消除抱怨，还要请求参与一桩交易的所有相关各方提供支持——包括买主、卖主、负责发布房屋信息的中介、负责房屋销售的中介、出租方、税务官、鉴定员和白蚁检查员，等等。然而，就是在如此杂乱的情境下，鉴证官必须对所有财务数据做出准确的推算，并且说明每一方还分别负有哪些责任以及应该怎样履行这些责任。所有这一切，每个鉴证官都必须快乐、高效、快速、无差错地完成。他们日复一日地做着同样的事情，直到现在，他们都是这样工作着。

不过，Transamerica 公司已对这个复杂的、压力重重的过程中的许多工作实行了工业化。在详细分析了必须履行的各种职能，并按重要性高低对它们进行分类之后（例如，产权搜索的彻底性是极其重要的，在交易最终"成交"和最终的保单中绝对不能出现差错，这一点也是极其重要的），Transamerica 公司把整个审理流程划分成了几个独立的部分，不再像以前那样让一个人从头到尾负责所有事情，而是设置了一些不同的职位，有些人只做产权搜索，有些人只做审计，有些人只打印"成交"文书，有些人只负责最终保单。经过改进之后，该公司的生产率和准确性都有了大幅提高。计算机在财务计算和打字当中的应用，更是让该公司受益匪浅。与此同时，为了避免工作标准和工作熟练程度下降（这是程序化工作经常不可避免的后果），该公司建立了工作轮换制度和职务晋升制度，从而为专业化的员工提供了晋升和自我发展的机会。

修鞋问题

希尔斯顿·赖安是一家美国包装消费品公司驻欧洲的一名产品经理，他曾经把自己的一双鞋送到鞋店去修理，可就是换两个鞋跟这么简单的事情，竟然要等两个星期才能弄好。他因此受到触动，于是和一名同事设计了一家快速修鞋店。市场上没有现成的设备可以满足他们的要求，但他们说服一个制造商按照他们的要求进行生产。按照设计要求，这种设备换一双鞋跟和鞋底只需不到两分钟。他们又说服了布鲁塞尔最大的百货店，让该店在开业那天在橱窗里对修鞋店做一些宣传。结果，这家占地 40 平方英尺⊖的小鞋店，以立等可取的快速服务吸引了大批顾客，队伍排得足有两个街区那么远。4 年之内，他们在欧洲各地的百货店、火车站、超级市场开了 1 400 家修鞋店。他们成功的秘诀何在？最主要的是，他们发明了一种能提高服务速度的系统，而且发明的不仅仅是设备，同时还确立了鞋店的布置、质量和效率标准、员工选择和培训、存货的地址（根据专用设备的地址来决定）、胶水和缝纫机器的种类、座位的安排（让等待取鞋的顾客可以看到修补过程）。更加重要的是，机器的噪音很小，而且带有自动吸尘装置，避免了污染工作区或者周边的环境。收费呢？当然比老式修理服务更低。

⊖ 1 英尺 =0.304 8 米。

销售问题

人们总在说,"销售成本",尤其是人员销售的成本越来越高。比这更让企业界闹心的事情,恐怕不多。当然,解决办法是有的,我前面也讲到了一些:自助服务店,它们干脆取消了人员销售这个职能;共同基金,只要打一个电话就可以卖出多种股票;旅行套餐,用事先规划好的路线取代要协商才能确定的路线;工业销售,提供零部件目录,推动自助订购。非常成熟的直邮销售和目录销售,还有直接反应式营销(在报纸和杂志上印发订单,以及在电视上推销,顾客用电话订购),都有了爆炸式的增长。在某些情况下,现在正在发生的事情的意义,在于产品和产品线都是用来销售它们的媒介的直接产物,而不是过去就已存在的。因此,某些类型的人寿保险、意外保险和医疗保险被开发出来,就是因为它们可以通过邮件、报纸或电视来销售。这种情况也适合于许多音乐唱片,甚至是企业。例如,年营业额达到1.64亿美元的K-Tel公司,从事的就是电视—电话反应式营销。

事实上,电话营销一夜之间变成了一种重要的现代销售方式。1975年,平均每天有700万名美国消费者接到调查或者营销电话,而他们当中有将近300万人(普通消费者或者企业家)同意继续接听电话,并有46万人听完电话而且立即买下了产品,平均每笔交易金额为60美元,每天总计2 800万美元,一年将近60亿美元。

历史上第一个大规模电话营销活动是10年前由福特汽车公司发起的,实施方是美国活动沟通公司(Campaign Communications Institute of America,CCI),后者可能是世界上第一家专门提供电话营销服务的公司。在这项活动中,CCI雇用和培训了1.5万名家庭主妇,让她们在自己家里打出了共计2 000万通电话。她们按照一个精心编制的剧本,每天给100万个家庭打电话,看能不能在其中找到福特汽车的潜在买主。这些电话的持续时间平均不到 1 分钟，但一共收集到 34 万个销售线索（在活动期间，福特经销商的 2.3 万名销售人员每人每天平均可以找到 2 个线索），其中 18.7 万个是"有效的"，即这些人在 6 个月之内真正有意购买福特汽车。这项活动的销售成本是每台车 65 美元，福特汽车认为这一成本远低于其他许多促销计划的成本。

后来，CCI 又针对《世界》(World) 杂志的征订设计和实施了一个电话营销活动。这次使用的是一个经过精心挑选的名单，打电话的方式也经过精心编排，意在把电话营销的效果与同样经过精心设计的邮件营销的效果进行对比。结果表明，电话营销与邮件营销的成功比例是 3∶1。㊀

纽约电话公司有几十名专业培训师，免费为该公司的用户提供咨询服务以及培训员工和员工小组，帮助他们改善电话营销的技巧和方法。电话营销也是一种使用工具和技巧的本领，是可以学会的。从它们最近的这些表现来看，真正重要的是人们开始采取一种得到精心控制和高度结构化的生产线方式来进行电话营销。电话营销的每一个方面，包括人员招聘、培训、电话编排、工作条件，以及用来达成结果的关键语句，都得到了精心的计划和实施，就像一条汽车生产线那样。几乎在所有的行业里，都有各种各样的公司越来越多地使用这种方法——通常是在一些专业机构的协助下，而这些机构专门研究的是怎样把这种生产线式的方法应用到服务环节中去，例如销售和接单、筛选销售线索、激励欠款客户、提高小客户的采购量、用邮件进行跟进、把询问转化成销售、激活老客户、提高店内顾客流量、寻找和筛选新业务、吸引高质量的信贷申请者、把新产品投放到分销渠道中、把录制的信息传达给目标听众、

㊀ 关于电话营销已经进行的工业化以及如何对其进行工业化，默里·罗曼（Murray Roman）在他的《电话营销》(Telephone Marketing; New York: McGraw-Hill Book Co., 1976) 一书中进行了详细阐述。

为机构或公共事业筹款，当然还有拉选票。

随着广域长途电话服务（WATS）[一]、FX 和 800 电话（被叫广域长途电话）的推出，再加上长途电话的费率下降（特别是邮政资费和人员销售的成本在上升），用生产线的思想组织起来的电话销售已经成为对各种销售以及与销售相关的沟通进行工业化的重要手段之一。

最终用途专业化

按照具体用途和行业的要求对自己的经营活动进行专业化，可能要数计算机行业走得最远。大型机制造商围绕着销售、编程和设备服务组织自身的专业化，但其销售人员和程序员并不按设备本身，而是按客户所在行业和设备的用途来进行专业化。我在上文提到了一些行业，它们通过合理的专业化提高了效率。其实，计算机行业这种劳动分工跟上述行业的专业化并无二致——尽管人们通常并不这么认为。引述计算机行业这个例子的独特价值，在于它把"服务"当作整个产品包的核心组成部分。部分原因是潜在客户和客户几乎完全不了解计算机能够做哪些事情，以及他们应该如何使用计算机，特别是在刚开始的时候，所以"服务"就成了产品本身一个不可或缺的组成部分。一些公司按照最终用户所在行业和产品用途对销售队伍、编程和硬件服务进行专业化，这些公司取得的销售额和客户满意度比那些没有进行专业化的公司的情况要好得多。专业化之于服务业，就像劳动分工之于制造业，都是实现低成本和高效率的第一步。

Cyrus McCormick 收割机公司率先实践了这个观念，它派出销售人员到种植小麦的农场做示范，并派维修人员到田间地头服务；杜邦公司最先在纺织和服务行业配备了应用专家。在所有这些事例中，"销售人

[一] 对工商企业用户按月收取固定费用的电话业务，最早是由美国电话电报公司（AT & T）推出的。——译者注

员"提供的"产品"都包含两方面的内容，一是在工厂中制造的东西，二是在现场通过应用帮助和建议所提供的东西，而且前者还不如后者多。当时，"服务"就是产品；时至今日，服务在许多情况下也比实物产品更加重要。客户购买的其实不是产品，而是用来解决问题的工具。相对于那些只了解自己设备的人，那些还了解客户问题的专家自然更有可能帮助客户解决问题。

专业化思想其实比我们想象的要更加普遍。我们对储蓄和贷款机构与商业银行共存这个现象司空见惯，所以根本没有注意到它们其实是不同类型的金融机构，针对的是不同的市场：储蓄和贷款机构主要为住房购买者提供按揭融资；商业银行提供许多短期的金融服务，业务范围比前者宽得多。

这种例子还有很多：专业零售店（鞋、健康和美容用品、书籍、运动用品）；专业服务店（修鞋和换消声器是上文提到过的，另外还有干洗、保险和房地产中介）；石油勘探公司，例如钻井公司、地震试验公司、岩芯分析公司；许多不同的计算机软件、数据库和数据处理公司，它们有很多只专注于少数几个应用软件；化学和医药分析公司；投资顾问和投资服务公司，从只为资金量小的个人投资者服务的公司到只为大型机构投资者服务的公司，从提供一整套投资服务的公司到只负责交易的小公司。这个名单一直都在变化，而且近年来数量有了爆炸性的增长。这些事实传递了一个信息，那就是专业化的优点超越了下面这个浅显的事实：职能专业化有助于企业集中精力和注意力，避免让其精力和注意力分得太散，成为不受控制和无法控制的碎片，从而让管理者管的事情太多，但又管得不够好。

200多年前，亚当·斯密将我讨论的这种专业化和专注命名为"劳动分工"，从此这一名词就在制造业和经济学中广为流传。上文这些事例的不同之处在于，这种分工体现在不同机构和产品之间：企业专注于自己所划分的"劳动"，产品则围绕着这些划分好的"劳动"生产出来。因此，我们所看到的并不是什么特别新的东西。其实，它新在下面这层含义：我们可以把在服务业的发展过程中催生这些专业机构和产品专业化的事件，放在我称之为"工业化"的理论背景下来思考并予以解释。想象力在制造业的实践中发挥了巨大的作用，而只要我们付出同样的努力，就可以把其中体现出来的管理思想应用到服务行业中去，并取得同样丰硕的成果。我们慢慢看到了服务工业化在实践当中的可能性，而事实上服务工业化已经以某种形式存在了成千上万年，只不过是最近才加速向前发展。这就像是化学家拉瓦锡的发现。大家都知道"空气"有助于燃烧，但在拉瓦锡发现氧气在燃烧中的作用之前，这个现象始终都是一个谜。一旦谜底揭开，这个自普罗米修斯盗得火种以来就一直存在的现象，就成为现代化学的基础。既然现在我们理解了这些机构和产品取得成功、不断增长的根本原因，明白了它们都服从一个共同的道理，那么我们这种认识就有可能给工商业带来革命性的影响，就像拉瓦锡的发现对化学和人类的生活造成的影响那样。

"工业化"这个概念很可能就是如此，它是对古已有之，而现在加速发展的服务专业化的几乎全部含义的一个解释。大部分人光有面包活不下去，还要有自己的想法。一个人的思想和情感，比他的财产更能起到决定性的作用。他思想中的东西，例如爱、憎、怒、喜、惧、妒、疏远、忠诚，或者意识形态、宗教信仰、因果关系等，所有这些才是有最终决定性的——它们决定并控制着一个人的行为。我在上文做过简要描述的那些已在非商品制造行业取得成功的各种专业化的努力，代表着一套以独特方式组织起来的流程，而它们事实上就是各种活动的工业化（人们长期以来认为，根本不可能像在商品制造行业里那样对这些活动进行职能专业化）。理解并且时刻牢记这一点，或者说，认识和理解了这一现象的实际含义，我们就会给现代企业带来一种革命性的认知模式和经营方式。就像"燃烧需要氧气"一样，"服务需要工业化"也是有史以来就存在的，只不过我们对此一直浑然不觉。可是，这个观念一旦成为我们的思想，就会改变我们的行为、工作和发展方向。它会为我们解决一些棘手的老问题提供一些全新的好办法，它也会像商品生产在过去给世界带来的变化那样，使这个服务业日益占据主导地位的社会，得以大幅提高生产率和生活水平。

第 4 章
差异化：万物皆可行

所有的产品和服务都是不同的。例如，在商品交易所的经纪人买卖的是完全无差异的一般产品，但他们实际上"卖出"的是独特的交易执行能力——他们代表客户进行交易的效率、他们对询价的反应速度、他们确认交易的清晰度和速度，诸如此类。尽管一般产品确实是一样的，但是经纪人提供的产品却是差异化的。

在真实市场这个现实世界里，哪怕价格竞争激烈到了极点，买主也会考虑价格以外的其他因素。

——莱维特

世界上没有什么大众化商品。所有产品和服务都可以实现差异化，并且通常确实是差异化的。人们通常认为这种情况更加适用于消费品，而不太适用于工业品和服务，可事实恰恰相反。

唯一的例外只存在于那些认为有例外的人的脑海里。市场上的差异化随处可见。无论是生产商、制造商、销售商、经纪商、代理商还是经销商，所有的人都在不断努力让自己提供的东西与众不同并赢得人们的青睐。即使那些生产或经营初炼金属、谷物、化学品和金融服务的公司，也是如此。

在加工消费品和工业品市场上，厂商通过产品特征的独特性来寻求与竞争对手的区别。这些特征，有些是容易辨别或者度量的，有些是含蓄地暗示的，还有一些是高调宣扬的（列出一些真实的或者隐含的属性，称它们会带来不同于竞争对手的结果或价值）。

消费和工业服务也是如此——准确地说，我应该称后者为"无形产品"。

交易员在商品交易所买卖的金属、谷物、猪胸肉等，确实是完全没有差异化的一般产品（generic product），这一点儿也不假。但是，这些人自称在交易执行方面与众不同，这就是他们"销售"的东西——给委托人做交易做得怎样出色，对查询的反应速度有多快，交易确认是多么清楚和迅速，等等。总之，他们"提供"的产品是差异化的，尽管买卖的"一般"产品（例如短期国库券期货、金块或者2号冬小麦）是完全一样的。

正是在买卖的一般产品没有差异时，厂商所"提供"的产品决定了它们吸引顾客的能力，所"交付"的产品决定了它们留住顾客的能力。芝加哥某知名证券经纪公司有一名见多识广的高级合伙人，他身穿紧身的橙绿色聚酯西装，脚蹬古驰皮鞋，去纽约向各个银行推销自己的金融工具期货交易业务，结果不出所料，非常糟糕。这是因为，他的衣着在无意之间传达的东西，与他希望通过精心准备的陈述来传达的东西相抵触。无怪乎老托马斯·沃森坚决要求 IBM 的销售人员着装"得体"，一律要穿有名的 IBM "制服"。衣着并不能代表一个人，但是它们有助于销售。当衣着真正有助于销售时，顾客所购买的东西就不仅仅是销售人员提供的一般产品了。这就是"差异化"的含义。

对于所谓的无差异化商品，人们通常认为它们对价格是极其敏感的——谁的价格低出分毫，谁就能吸引买主。其实，除非在经济学教科书那个假想的世界里，否则这种想法很少是正确的。在真实市场这个现实世界里，哪怕价格竞争激烈到了极点，买主也会考虑价格以外的其他因素。价差初看起来是可以度量的，这一事实通常会成为人们断言价差是无可匹敌的根据。当然，这个根据通常是错误的。

诚然，价格的力量很强大。但是，力量强大并不一定所向无敌，无论价格谈判严酷到什么程度，也无论价格竞标已经到了一个多么细微的程度。

在产品持续过剩，产能也过剩的时期，或者在纯粹的价格战期间，人们除了盯住价格之外，眼里似乎再无他物。这是因为，价格是非常客观的（即可以度量），并且很有可能产生破坏性的影响，人们因此忽视了成功摆脱毁灭性价格竞争的可能性。价格竞争的压力大得让人们忽视了其他可能性。这些"其他可能性"，甚至是从短期来看，也不仅限于"非价格竞争"，例如强化人员推销、加大广告投入、提供更多或者更好的"服务"。

为了充分理解这些"其他可能性"是什么，我们首先有必要清楚地认识产品到底是什么。

产品是什么

有些道理是浅显易懂的。产品有有形和无形之分,当然通常是两者兼而有之。例如,汽车并不仅仅是一个有形的、用来代步的机械装置,只不过在样式、大小、颜色、配置、马力或者油耗等方面存在显著的差异而已。它还是一个含义复杂的象征,能够体现买主的地位、爱好、层级、成就、抱负,现在甚至还包括"精明",也就是注重实惠而不是为了炫耀。然而,顾客购买的东西还不仅限于这些。汽车公司付出巨大的努力,尽量缩短下单和交车的时间间隔,以及精心挑选、培训、监督、激励和强化它们的经销商。这就说明这些东西也是车主所购"产品"的不可分割的组成部分,因此它们也是实现汽车差异化的有效手段。

同样的道理,计算机也不仅仅是一台用来存储、处理、计算和检索数据的机器,它还是一个带有专用软件协议的操作系统,并且附带着供应商给予维护和修理的承诺。

碳素纤维可以作为化学添加物,把它们适量加入另外一些材料,可以提高刚度、减轻重量、提高耐疲劳强度、降低摩擦系数以及降低制造成本。但是,对一个没有使用经验的用户来说,他们离不开经验丰富的卖方在设计和应用方面提供强有力的支持,否则碳素纤维对于他们就毫无价值可言。

证券承销商在为证券发行者提供资金的同时,也向证券购买者做出了承诺。这些承诺被精心包装成长篇累牍的说明书(招股或募债),其中只有部分内容是法律规定必须列明的,其他内容则是关于证券的自吹自擂的广告。承销集团成员的名单醒目地列在说明书上,而排名的先后事关形象的高下,从来都是各承销商激烈争夺的内容。无论是向美国航空航天局(NASA)提交的上千页的主要合同建议书,还是向工业客户提交的只有5页的咨询建议书,"产品"都是一个承诺。这个承诺的商业实质既在于它的实质性内容,也在于提交者那苦心经营的声誉(或"形象"),以及它们对建议书所做的精心包装。

如果多个卖主提供的实质性内容(即一般产品)很难差异化,那么销售情况的好坏就取决于可能对买主产生影响的其他差异化手段。在这一点上,摩根士丹利、洛克希德、麦肯锡和露华浓这四家公司所做的并没有多少本质性的差别。尽管它们都会极力声称自己与竞争对手之间存在本质上的区别,可事实上它们是全神贯注地包装自己,也就是把自己描绘成独一无二的。它们可能确实是独一无二的,但是相对于竞争对手而言,它们的独特性恰恰在于某些超越了一般产品的东西。这四家公司提供的"产品",都超越了它们最本质的一般产品。原因很简单:本质的一般产品本身并没有多大的竞争力,但是它必须实现差异化,从而与竞争对手的产品区别开来,因为人们会对差异化做出反应,而且对不同类型的差异化会做出不同的反应。

我说"人们"会做出反应,意思是谁都不会例外,哪怕他们是世界上规模最大、管理得最好的公司的首席执行官,或者是在实验室里拥有博士头衔的科学家。"有一家杰出的美国投资银行,它的大楼在两条不同的街道上各开了一扇门,分别使用不同的信笺。按照该公司的设想,这两扇门是供重要性不同的顾客进出的,而顾客一走进来,只要看看收到的信笺抬头,就可以立即判断自己在这家公司眼里有多重要。"⊖显然,这种区分就是该公司的销售手段,这些手段建立在这样一个假设之上:给予某些顾客VIP的待遇,会让那些顾客确信自己将得到VIP的产品。

⊖ 引自一项非常有预见性的有关投资银行之间形象工作等竞争形式的研究:Samuel L. Hayes, Ⅲ, "Investment Banking: Power Structure in Flux," *Harvard Business Review*, March / April 1971, pp. 136-52.

那么，那些在公司实验室里工作的博士们是如何选择供应商的呢？有人对他们在采购复杂的新工业材料时的行为做过精心研究。研究结果表明：

>……技术水平很高的技术人员，比采购员等技术水平较低的人员更容易受到卖方声誉的影响，而且差别大得出乎人们的意料……在向受过良好技术训练的人士销售产品时，过于依赖产品内在的价值和出色的产品陈述并不明智。技术人员并不是计算机，所以不会完全根据冷静的计算来确定产品规格和做出采购决策，并丝毫不受一些不那么理性的因素影响。[⊖]

人们购买产品（不管是纯粹的有形产品，还是纯粹的无形产品，或者是两者的混合体）都是为了解决问题，产品就是解决问题的工具。如果潜在买主因为在设计和应用方面得不到帮助而不购买某个事物，那么该事物就不是一个产品，因为它无法满足买主解决问题的需要，这种"产品"自然是不完整的。如果潜在买主是因为其他原因不购买，例如款式不合适、交货条件不确定、销售条款不能接受、维护很困难、销售人员过于殷勤、建议书有拼写错误或者不够明确、店内有异味、供应商的总体声誉不佳或略逊于竞争对手，那么这个买主显然认为产品不仅仅包括工厂里制造的工程意义上的一般"事物"、建议书里描述的一般利益，或者卖方展示的一般物品。

对潜在买主来说，产品是一个能满足多种价值需求的复杂事物。一般"事物"或"本质"本身并不是产品，它就像赌局中摆在赌桌上的筹码，只不过是进场必须具备的最起码条件。它只是一次"机会"，一

⊖ Theodore Levitt, *Industrial Purchasing Behavior: A Study of Communications Effects*. (Boston: Division of Research, Graduate School of Business Administration, Harvard University, 1965), pp. 26-27.

种参与游戏的权利。玩家真正进场之后，结果就取决于许多其他因素。结果主要取决于玩家的玩法，而不是摆在桌上和让人有权进场的筹码（一般产品）。商业与牌局一样，也有竞争，只不过在商业中大家争夺的是有支付能力的顾客，顾客则是按照自己的理解，根据那些产品帮助自己解决问题的能力，赋予它们相应的价值。所以，产品只对买主或最终用户有意义，而其他的一切都是派生的。只有买主或用户才能给产品赋予价值，因为产品的价值只存在于他们需要或者感知到的利益中。

最清楚地证明了这一点的，要算底特律汽车制造商采购钢板时列出的非常清晰的条款。它们的技术规格非常严格，但是它们规定的不仅仅是钢板本身的质量，还包括许多其他条件，例如交货条件与灵活性、价格和付款条件、再次订购的响应速度等。这些公司建立了详细的绩效评估体系，按照这些条件对多家钢板供应商的表现进行评估，并且根据结果逐年调整采购份额的分配。

显然，底特律制造商认为"产品"不只是钢板，而是一系列的价值，而钢板这个一般产品只是其中很小的一部分。所购产品的其他部分（例如交货条件和灵活性）如果没有得到实现，或者反复无常、勉为其难、残缺不全，它们就会觉得没有买到自己所期望的"产品"。如果一个供应商有多项得分是六七分，而另一个供应商大多是九分或十分，那么下一年后者得到的生意就会更多，因为它的"产品"更好，提供的价值更大。虽然钢板是完全一样的，但车商知道"产品"是有差别的，而且比家庭主妇在麦斯威尔和福爵这两个咖啡品牌之间所能区分的差别要大。底特律制造商无比清楚地认为，72英寸宽的302号热轧碳钢带卷并不是一种大众化商品，而是一种差异化程度很大的产品。产品永远不仅仅是钢铁、小麦、组件、投资银行服务、工程咨询服务、工业维护服务、新闻纸，甚至也不仅仅是纯度为99%的异丙醇。

作为一个吸引顾客和让顾客满意的整体，产品的含义是可以予以管理的。但事实上，人们很少去管理它。事情在自然地发生着，通常就是靠撞大运。为了弄清怎样对它进行管理，我们有必要先来看看怎样去理解一个产品。

我们可以把产品分成好几个层次，如图4-1所示。下面逐一介绍这几个层次。

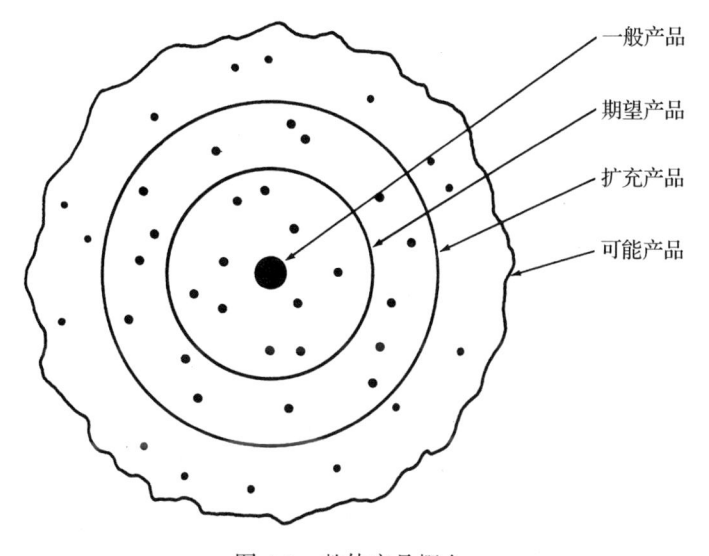

图 4-1　整体产品概念

注：各圆圈内的点代表的是一些具体的活动或有形的属性。例如，在"期望产品"这个圈内，是交货条件、安装服务、售后服务、维护、备件，以及包装开启的便利性等。

"一般产品"

"一般产品"是最基础的实质性"事物"。它就是赌局中的"筹码"，少了它，人们就没有机会参与市场竞争这场游戏。对钢铁公司来说，它是钢铁；对银行来说，它是可贷资金；对房地产经纪商来说，它是"待售"房地产；对机床制造商来说，它是车床、磨床、刨床或者自己专长的其他产品；对零售商来说，它是一个陈列着一定商品组合的门店；对律师来说，它是通过执业考试；对化工原料生产商来说，它就是化工原料本身。

例如，一家化工原料苯（图 4-1 中心的大黑点所表示的"一般产品"）的生产商，并不会自然而然地成为一家苯销售商，更不用说是一家成功的销售商。就像我们在底特律制造商一例中所看到的那样，顾客在掏钱的时候，名义上是为了购买这个产品，但实际期望的不仅仅是"一般产品"。除非顾客的其他期望也能得到最起码的满足，否则交易就不可能进行。产品卖不出去，它就没有意义。从商业上讲，东西没人买，它就不是产品。顾客期望得到的，不仅限于"一般产品"。

"期望产品"

从图 4-1 中可以看出，"期望产品"包括最小的那个圆圈之内的一切，"一般产品"也在其中。它代表着顾客的最低期望，虽然这些期望会随着顾客、条件、行业等因素发生变化，但每个顾客都会有超出"一般产品"本身的最低购买条件。苯绝不能仅仅是"定价适当"，它还必须"交货适当"。"交货适当"在这里指的是最起码的产品数量和时间安排，以及在规定的时间，把不同数量的产品送到规定的地点。付款条件也必须"适当"。另外，根据顾客的要求，技术支持或帮助还必须"适当"。

这些普遍原则显然适用于所有地方的所有情况。一家房地产经纪商，如果办公室破烂不堪，就有可能找不到"待售"房地产的顾客。作为一名律师，哪怕他的执业考试成绩再优秀，租的办公室装修得再考究，如果他的性格乖戾，顾客也会敬而远之。机床可能有设计精巧的操作面板，数字控制功能也非常先进，但哪怕其他所有事项都"适当"，也会有一些顾客不愿购买，因为机床加工产品的精度太高，超出了实际的期望和需要。对这类顾客而言，多并不意味着好，哪怕价格很有竞争力。

哪怕是像小麦那样公认的同质化产品，顾客购买的也不仅是"一般产品"本身。事实上美国有三种小麦：冬小麦，占美国小麦总产量的30%；春小麦；以及所谓的特种小麦，例如硬粒小麦。其中，硬粒小麦又可以加工出好几种产品，其中最主要的是粗面粉，一般用于制作意式面食。美国硬粒小麦主要出产在北达科他州，该州东北部三个县的产量约占全美总产量的90%。然而，粗面粉的价格差别很大，哪怕是面粉的等级完全相同。大部分农场主把小麦卖给收购商，而收购商会检测每一批小麦的蛋白质和水分含量，并根据结果在事先谈妥的价格或当时的报价上提价或降价。小麦用户（"买主"），例如 Prince Spaghetti 公司，还会检测小麦的淀粉和面筋含量，并据此再次调整价格。在任意一年内，小麦价格因为质量差别而偏离商品交易所期货价格的幅度，甚至会超过期货价格在这一年内的变动幅度。

　　期望产品也会有变化。收购商要求农场主成车地运送散装小麦，这些收购商在没有安装自己的装卸设备之前，通常还要求运送小麦的车辆带有装卸功能。近些年来，一些大农场主购置了自己的谷仓，便跳过县里的收购商，利用大型拖车直接把小麦送到大用户自设的收购站。这样，除了减少中间商的仓储折扣之外，农场主还能从买主那里获得更高的质量溢价。

　　类似地，小麦主产地大平原⊖上越来越多的县级收购商，开始利用专用列车把小麦运至南部墨西哥湾沿岸地区，因为每次发货10个车皮，就可以获得很大的运费折扣。这大大影响了县级收购商的行为，他们在向农场主收购小麦时，批量和交货时间安排都发生了变化，而这反过来又影响了农场主管理自身运输能力和交货时间的方式。

　　因此，哪怕是特定类型或等级的小麦也不是毫无差别的大众化商品，而是可以实现差异化的，而且买主通常认为它们是差异化的。显

　　⊖ 北美中部广阔的平原地带，大片土地被用来饲养牛群和种植小麦。——译者注

然，如果我们对某项业务足够了解，就会发现：无论是从顾客的期望来看，还是从卖主提供的内容来看，"产品"都远不只是图4-1中最里层那些一般性的东西。

既然顾客期望的不只是"一般产品"，那么只有在他的其他期望都得到满足时，"一般产品"才能卖出去。而彼此竞争的卖方为了满足这些期望而采取的不同方式，就把他们提供的产品区别开来。所以说，顾客期望就是差异化的依据。

"扩充产品"

但是，仅向顾客提供他们所期望的东西，并没有穷尽差异化的所有可能。我们还可以向顾客提供更多的东西，超出他们对自身需求的认识或者习惯性的期望，从而扩充他们的期望。例如，如果某个计算机厂商在机器中安装一个能够自动定位故障来源的诊断软件（已有部分厂商在这么做），那么该厂商就对产品进行了扩充，超出了买主的需求甚至期望。如果某个证券经纪商在向客户提供月度报表时，给每位客户提供一张资金平衡表，并对资金的来源与用途进行分析，那么这家经纪商就对产品进行了扩充，超出了买主的需求甚至期望。如果某个健康与美容产品制造商向自己的分销商提供仓库管理建议，并为分销商的员工提供培训，那么该制造商就对产品进行了扩充，超出了买主的需求甚至期望。

这些厂商自发给"期望产品"增加的"扩充物"，在图4-1中就表现为包围着"期望产品"的那一个环带，"扩充产品"则包括这个环带以及环带之内的一切。提供这些扩充物的过程，慢慢会影响顾客对卖主的期望。卖主为了吸引和留住顾客，在"一般产品"和"期望产品"之外不断设计一些能给顾客带来利益的属性，而这些属性将会提高顾客的期望，就像某个卖主提供了更好的交货或付款条件，就会提高顾客对其他所有卖主的期望一样。顾客的期望会不断水涨船高。

所以，产品的范围和内容首先包括"一般产品"和源自顾客对某些条件的期望（这些期望必须得到满足，他们才会购买产品），其次还包括源自卖主的扩充内容（他们以此寻求新的竞争优势）。扩充内容就是实现产品差异化的一种手段，而且几乎所有厂商都在使用它们，尽管厂商在开发这些扩充内容时，很少有意或者系统地将其作为产品差异化计划的一部分。

虽然这些差异化的"价值满足物"在不断增加，但并非所有产品的所有顾客，在所有情况下都会被它们所吸引，因为有些顾客只愿支付较低的价格，有些顾客用不上其中的某些扩充内容。例如：

- 一个规模大到足以让厂商送货上门，而不是从分销商那里采购，或者自己开设配送中心的零售商，就用不着上文提到的配送中心管理指导或培训支持，也无法从这些服务中受益。
- 对于成熟的产品，买主会慢慢变成使用"一般产品"的专家，因此不再需要或者希望得到卖主的应用或工程支持。因此，随着用户对钢铁厂提供应用指导的需求越来越小，独立的钢铁分销中心迅速增加，它们的"产品"总是能够与钢铁厂直接提供的产品区别开，例如标准等级和标准尺寸钢材的交货速度更快、产品种类更齐全，以及可以接受小订单，等等。与此同时，这些独立的分销中心通过提供更多细小的加工服务，并且增加某些特殊钢应用服务，对自己的产品内容进行了扩充。

我们可以总结出这样一个规律：卖主指导和帮助顾客使用其产品越成功，越容易失去这些顾客。这样的潜在顾客因为需要卖主的帮助才变成实际顾客，当他不再需要这种帮助时，就会成为自由之身，可以随意购买那些他认为比帮助更有价值的东西——通常就是价格。但是，美国独立钢铁分销与加工中心的蓬勃发展说明，价格并非吸引和留住买主的唯一标准。

恰恰因为买主不像以前那样依赖于原始供应商的技术指导或品牌支持，供应商就可以把更多精力集中在一个系统化的计划上面，去寻找能够给顾客带来利益，从而有利于对留住顾客的产品扩充内容。同时，供应商应该投注更多努力，尽力去降低产品成本和价格。这样，产品成熟期就出现了一种反常情形：在价格竞争变得更加激烈因此降低成本变得更加重要之时，也就是可以通过追加成本、开发特别的产品扩充内容来得益之时。

扩充后的产品面临的无疑是一个相对成熟的市场，或者经验相对丰富或比较老练的顾客。这时，不是说经验比较丰富或比较老练的顾客就对扩充后的产品无动于衷，或者不能从中受益，而是当顾客认为自己已经了解一切、可以很好地独立使用产品时，卖主就必须来检验顾客的这些假设是否正确，从而避免被打入单纯依靠价格竞争这个炼狱。卖主要对顾客的假设（也就是顾客认为自己不再需要或想要整个"扩充产品"，或者这个产品的任何一个部分）进行"检验"，方法是考虑自己可能提供什么样的产品。

"可能产品"

"可能产品"包括可能用来吸引和留住顾客的所有事物。"扩充产品"意味着已经增加或者正在增加的一切，而"可能产品"指的是将要增加的东西，即有可能增加的东西。

可能增加哪些东西，并不完全是根据对顾客和竞争对手的了解就能想象出来的，在很大程度上要取决于不断变化的情况。这就是为什么现在从商的人，见面寒暄时很少再用"生意怎么样"这句老话，取而代之的是一个用来获取信息的问句："有什么新情况？"前一个问题有助于描述已经发生的变化，后一个问题有助于定义潜在的产品，用来在已经发生改变的条件下更加有效地竞争。美国的独立钢铁分销商看到用户对钢铁厂提供的技术支持的依赖性在下降，于是增加了向海外钢铁厂采购的数量；扩建仓库，提高库存，从而进一步加快交货速度；提升自己的加工能力。而美国钢铁厂做出的反应则是实施前向一体化，扩建自己的分销和加工中心，有时甚至还向海外钢铁厂采购部分钢材。

哈佛商学院教授雷蒙德·科里（Raymond Corey）在其 1976 年的著作中对此有简练的描述：

（1）"……在制定营销战略时，产品的形式是一个变量，而不是一个常量。规划和开发产品是为了满足市场的需要。"

（2）"……'产品'是产品所起的作用，是顾客购买时得到的一揽子利益……虽然从最狭义的角度讲，一个产品是无法差异化的，但是某个供应商仍然可以通过服务、产品的可获得性和品牌形象，把这个产品与竞争对手的产品区别开来。在这个或那个方面实现差异化，是建立市场竞争优势的基础。"

（3）"……从这个比较宽泛的意义上讲，产品对于不同顾客有着不同的意义。这一考虑对于市场选择和定价都非常重要。"⊖

最后一点，也就是"市场选择和定价"给我们提供了另一种形式的差异化，而本文到目前为止所讲的内容，只不过是拉开了这种差异化的序幕。

通过营销管理实现差异化

管理市场营销的方式，是一家公司实现差异化的最强大的方式。科里教授在写关于卖主的"市场选择和定价"的可选方案时，他指的其实

⊖ E.Raymond Corey, *Industrial Marketing: Cases and Concepts* (Englewood Cliffs, N.J., Prentice-Hall, 1976), pp.40-41.

是如何对营销流程进行管理。事实上，那可能是工业品公司彼此之间最大的差别，因此也是它们最重要的差异化方式。

品牌管理和产品管理是市场营销的两个管理工具，它们相对于简单的职能制管理有明显的优势。市场管理也是如此——当某个有形或无形的工业产品能够用于很多不同的行业时，人们会广泛使用这种管理体系。当整个市场的很大一部分购买力以基本相同的方式来使用一个产品时（例如，通过零售渠道销售的洗衣粉），让一个人来负责这一产品；当不同行业的购买力以基本不相同的方式来使用一个产品时（例如，直接或通过分销商间接把异丙醇卖给制造商），让一个人来负责这一产品的某一市场——这种安排会让这个人把注意力、责任和努力都明确集中这个产品或市场上，采取这种管理方式的公司通常会获得明显的竞争优势。

许多在一般产品层次上没有差异的消费品，通常也可以在品牌、包装、广告、特色，甚至是定价等运营手段上实现差异化。但是，通过定价进行差异化是派生的，如果不辅以其他措施（最起码在包装上），那么单纯的价格差异化通常注定了是会失败的。

不久以前还根本没有差异化或者差异化程度很小，但现在已经高度差异化的消费品有很多：咖啡、香皂、面粉、啤酒、糖、盐、麦片、泡菜、法兰克福香肠、大米、香蕉、鸡肉、菠萝、土豆等。在无形消费品中，品牌或卖主差异化程度近年来大大增强，例如银行服务、各种保险、汽车租赁、信用卡、证券经纪、航空公司、旅行社、房地产经纪商、美容师、游乐场、小额贷款公司、共同基金、债券基金等。混合型消费品也是如此，例如快餐、主题餐厅、眼镜商、食品零售商，以及在越来越多的品类中出现的专业零售商——首饰、运动用品、书籍、健康和美容用品、牛仔服、音乐唱片和录音带、汽车零部件、冰激凌店、家庭装修中心，等等。

对于所有这些产品，特别是有形消费品，那些对产品了解不够透彻的人通常假定，它们与竞争产品的区别主要在于包装和广告。就算一般产品之间存在着实质性的差别，人们也会认为这种差别小到可以忽略，而真正重要的仍然是广告和包装。

有许多错误的假定，即便是相关行业的业内人士也把它们视为真理，而上文这种假定是其中最明显的错误假定之一。通用食品公司（General Foods）和宝洁公司（P&G）在各自的许多产品类别中卓尔不凡，并不仅仅是因为它们的广告或者包装。IBM、施乐公司（Xerox）、ITT 和美国得克萨斯仪器公司（Texas Instrument）傲视同仁，也不是只因为它们的"一般产品"更加出色。如果这两类公司的成功，确实是出于上述两个原因之一，那么猎头公司就不可能为这些杰出的公司招聘到那么多人才。

事实上，它们与竞争对手的真正区别主要在于管理方式，就宝洁、通用食品、IBM 和施乐而言，特别是它们的营销管理方式。这些公司的营销管理的最大特点就是，做了大量细致的分析、控制和调查工作，但是这些工作被夺目的广告或所谓的"一般产品"的独特性掩盖，不为外人所知。

品牌食杂品生产商虽然会像汽车公司那样大量做广告，但是它们不像汽车公司那样设置特许经销商，而是通过批发商和零售"分销商"进行销售。不过，它们会与汽车公司一样，努力与"分销商"进行紧密合作。事实上，它们甚至更加重视与"分销商"的合作，因为"分销商"同时经营多个竞争性品牌，而且产品的分销渠道更长、更复杂。

大多数食杂店会经营同一种"一般产品"（或者功能上没有差异的产品）的多个竞争性品牌。例如，美国的洗衣粉有 20 多个全国性品牌[一]，它们都是通过大型超市或小型便利店卖给零售顾客，而这些店铺则是从

[一] 又称"制造商品牌"，与此相对的是零售商的"自有品牌"。——译者注

超市的连锁仓库或者批发商（按双方关系可分为合作、批发商主动和零售商主动三种类型）的仓库进货。批发商通常都会经营所有的竞争性品牌，而那些全国性品牌会利用广告和促销来制造消费者"拉力"，同时非常看重制造零售商和批发商的"推力"。在零售环节，它们主要是争取更好的货架位置和零售商的直接广告支持；在批发环节，它们也会采取一些措施。几年前，通用食品公司对配送仓库的商品装卸做过一次大规模研究，并且精心培训了一批专家，由他们向批发商传授研究结果，提出并实施改进意见。显然，通用食品此举的目的在于赢得批发商的特殊好感，让其多卖自己的产品。通用食品对零售商也采取了类似的举措：它对零售店单位面积的盈利能力做过一项大型研究，然后向零售商传授一种强调单位面积盈利能力的新会计方法。该公司此举的假设是，如果能够帮助零售商更好地管理零售店面，这些零售商在促销时就会更加重视通用食品的产品。该项工作当时是专门针对超市展开的。

与此同时，品食乐食品公司（Pillsbury）建立了一个称之为"创造性营销体系"的方案，专门用来帮助小型便利店提高其运营和竞争效率。当然，该公司的目的是取得这些便利店的优待，让它们优先"推动"品食乐的产品。

另外，在供应商、分销商和零售商之间会有物流和商品装卸环节，这是一个持续改善的过程。货物经常被安排在某天的某个时间抵达，就像汽车零部件供应商给总装厂送货一样。而送货所采取的方式，如托盘、推车、散装等，通常是定制化的，而零售商对某些方式的偏好很快就会得到落实，这一切都是为了取得零售商对自己的青睐。对于同一件商品，顾客从零售店里购买时它是这样一件"产品"，零售商在购买时它又是另一件"产品"，而批发商在购买时它还会发生变化。但是，无论是在哪一种情境下，卖方都在努力获得一些差异化优势，以期超过竞争对手。

事情还不止这样。亨氏食品公司（Heinz）有一类客户是食品承办商，它们承担着医院、餐馆、酒店、监狱、学校和养老院等机构的食品供给。亨氏在向这些承办商销售调味番茄酱时，不仅包装和送货方式有别于它向其他合作批发商供货时的方式，它甚至还采取一些不同于竞争对手亨特食品公司（Hunt Foods）的做法，力图获得一些优势。在这个方面走得最远的可能要算通用食品公司。数年前，该公司的机构食品服务部门向学校提供了精心制作的主题菜谱——包括诸如"乌干达花生汤"和"莫桑比克鱼"等美食的"远征餐"。它还给学校餐厅提供"让你回到家乡的饰物"，包括风光画、刚果的面具、热带地区的木髓太阳帽、老虎尾巴、莲花宝座和剪纸猴。这些促销措施都是通过食品承办商来实施的，目的就是推动人们在菜单上选择通用食品公司的产品。

这种例子在消费品的营销中比比皆是，虽然它们密集的广告和特殊的包装经常让其他行业里的人产生误会，误以为广告和包装就是消费品营销的主要内容，以及它们实现差异化的主要方式。

其实那只不过是表面现象，人们并没有看到这些公司是如何管理市场营销的。前面提到的 4 家公司（通用食品、宝洁、IBM 和施乐），对于它们最主要的一般产品，都是按产品或者品牌管理两条线来组织营销的，而且 IBM 和施乐 2 家公司还辅以市场经理一职。真正把它们与竞争对手区别开来的，是出色的营销管理，而不仅仅是人们看到的那些营销手段。换句话说，它们真正独特的差异化在于流程，而不仅仅是产品。

我们不妨来看一家大型异丙醇制造商的例子。异丙醇是一种比较简单的、本身完全没有差异化的一般产品，它是用石油炼制过程中产生的气体合成的，合成工艺也广为人知。异丙醇分两个等级：二级品，含水 9%；一级品，含水 1%。美国 1970 年生产的异丙醇为 190 万磅[一]，其中

㊀　1 磅 = 0.453 6 千克。

43%用于制造丙酮。丙酮有多种用途，可以作为保护性涂料的溶剂，也可以用作萃取溶剂，以及用于制造塑料、人造纤维、药品以及多种化学品。异丙醇还可以用来制造中间化学品，例如醋酸异丙酯和异丙胺等，它们都是制造塑料、人造纤维以及油漆等保护性涂料的原材料。异丙醇也被大量用于制造各种漆和保护性涂料。异丙醇的使用和销售途径有两种：被垂直一体化的生产商用于制造上述的某些产品；被卖给其他制造商和分销商。

由于丙酮制造新工艺的出现，异丙醇在1970年出现了大量过剩的现象。其时，价格大幅下跌，并有可能持续低迷5年之久，直至需求赶上供给。某大型异丙醇制造商1970年在所谓的零售市场（merchant market）销售，也就是直接向许多不同的制造商销售了3.1亿磅丙酮和异丙醇。有关这些产品的销售情况，该公司销售部门提供的数据如表4-1所示。

表 4-1 销售部门数据

行业或用途	重量（百万磅）
丙酮	124
其他中间品	20
农业生化	31
涂料	86
其他	49
合计	310

无论是丙酮还是异丙醇，当时的行情价都非常之低，丙酮的价格仅有4美分/磅，异丙醇的价格也不过是6.7美分/磅。但是，仔细分析这家生产商的发票之后，发现卖给不同客户的产品，哪怕就是在同一天卖出的，其价格也在上述基价的基础上有很大波动。这样就得出两个推论：①对于当天确切的"行情价"，并非所有买主的了解程度都完全一致；②对于价格的敏感程度，并非所有的买主都完全相同。进一步的分析表明，这些价格变化通常是按行业类别和客户规模聚类，而不是按地域聚类。对行业类别继续分解，发现该公司的客户中存在"价格细分市场"：不同类型涂料的制造商，所支付的价格也落在不同的价格组；大部分农业化学品生产商和不同类型的生化产品生产商所支付的价格，相

对而言有很大差别;"其他"这个类别的买主,则可以分成许多不同的价格组。

如果该公司的营销流程管理得当,那么就该有一名产品经理提出要求,进行上面这样的分析。毫无疑义,如果这名产品经理还算比较聪明,并且比较擅长发现问题,那么发票价格和价格组之间的差别就会促使他提问:

(1)购买我们产品的不同行业的用户,哪些对价格信息的了解最少,或者对价格最不敏感?它们的规模分布是怎样的情况?它们到底是哪些公司?

(2)哪些客户对我们是"最忠诚"的,即不管价格怎么变化,它们都会经常购买我们的产品?为什么?哪些客户对我们是"最不忠诚"的,即只是偶尔从我们这里购买产品,显然主要是冲着我们的价格来的?

(3)我们提供的应用帮助,哪些客户最用得着或者最需要?哪些最用不着或者最不需要?

(4)哪些客户对我们提供的帮助反应最积极?

(5)我们应该在哪些地方,针对哪些客户选择性地提价?或选择性地保持价格不变?

(6)怎样才能把这些信息传递给销售部门,并把这些措施落实到销售队伍的管理中去?

我们看一下这样做的收益情况。不妨假设,通过对销售队伍的精心管理,这些在一般产品层次没有差异的产品(丙酮和异丙醇)主要是卖给了那些对价格信息了解不够准确,或者对价格不太敏感的行业或客户,而且每一类客户支付的单价仅仅高出 0.1 美分/磅、0.2 美分/磅、0.5 美分/磅。那么,它们会给这家公司立即带来怎样的现金回报呢?答案如表 4-2 所示。

表 4-2 现金回报

行业或用途	重量 （百万磅）	增加的现金收入		
		0.1 美分/磅	0.2 美分/磅	0.5 美分/磅
丙酮	124	124 000	248 000	620 000
其他中间品	20	20 000	40 000	100 000
农业生化	31	31 000	62 000	155 000
涂料	86	86 000	172 000	430 000
其他	49	49 000	98 000	245 000
总计	310	310 000	620 000	1 550 000
假设以溢价销售的产品占 50%		155 000	310 000	775 000
假设以溢价销售的产品占 10%		31 000	62 000	155 000

只要总销量中有 10% 的售价比原来高出 0.1 美分/磅，该公司的税前收入就会增加 3.1 万美元。如果这一比例达到 50%，那么税前收入就会增加 15.5 万美元。如果这 50% 的溢价为 0.2 美分/磅，那么税前收入就会增加 31 万美元。

基于上述市场和用户分析，提高收入的可能性是很大的。把市场分析功能扩充为一项实时实地的工作，用来指导销售部门取得这些结果，这种做法的价值有多大呢？显然大得很。只要做到了这一点，这家生产商就能实现与竞争对手的差异化，从而取得丰厚的盈利。

重视营销细节正是产品经理和市场经理工作的最大特点。对于那些在一般产品层次没有差异的产品的生产厂商，尤其是那些卖给工业客户用作原材料的产品的生产厂商，对营销流程的管理本身就是一个非常强大的差异化手段。那些出色的包装消费品公司不遗余力地使用这一手段，可人们却经常误认为它们只在产品上存在差异化，而在管理产品的方式上没有区别。

差异化无论在哪里都是可以实现的，而对市场营销的管理是实现差异化的一种更加强大的方式。对许多公司，特别是那些自认为在卖大众化商品的公司来说，这里潜藏着摆脱大众化商品这一陷阱的良机。

第 5 章

无形产品和产品无形特性的营销

"服务"的营销与"产品"的营销有差别吗？与很多其他事情一样，答案是模棱两可的：原理相同，但是转化为具体实践之后有重大差别。对于无形产品，我们必须了解的最重要的一件事情，就是通常顾客只有在得不到产品的时候，才会意识到这个产品的存在。在留住无形产品的顾客时，重要的一点是要经常提醒顾客注意他们得到的是什么。

无形产品的生产过程中通常缺乏的，是那种促成工业革命的管理方法。

——莱维特

"服务"的营销与"产品"的营销有差别吗？

与很多其他事情一样，答案是模棱两可的：原理相同，但是转化为具体实践之后有重大差别。

为了理解它们之间的差别，有必要先来改一改我们使用的词语。我们在本文中不使用"产品"和"服务"这两个词，而是用"有形产品"和"无形产品"来指代它们。为了理解这种区分的用途，我们首先要理解这种区分本身的内涵，也就是弄清什么是有形产品，什么是无形产品。

有形产品通常可以直接体验，也就是看到、摸到、闻到、尝到和查验，而且通常可以在购买之前体验。例如，你可以试驾汽车，可以闻一闻香水的味道，可以操作一下铣床的数控功能，可以探查一下卖主安装在其他地方的锅炉设备，或者预先测试一下挤出机。而无形产品，例如运输、送货、保险、修理、咨询、计算机软件、投资银行服务、经纪服务、教育、医疗和会计等，是很少能够事先体验或者查验的。

然而，现代社会的一个重要特点，就是哪怕产品是非常具体的、事先可以获得非常深入体验的，但事先进行的测试或体验实际上也并不一定可靠。例如，仅仅事先去探查卖主安装在其他地方的锅炉，并且仔细查看卖主提供的建议书和设计图，这仍然是不够的。就像安装计算机一样，除了产品特性和硬件之外，还需要很多其他东西，产品才能正常使用。尽管顾客"购买"的产品，在一般产品层次的有形性（例如计算机和锅炉房）就像远古时代形成的岩石一样看得见摸得着，尽管顾客耗费数百万美元做了大量研究和广泛协商，但要把产品按时建成、安装好，然后让它顺利地运行，除了有形的一般产品本身之外，还需要许多其他条件。这些非常关键但不易落实的条件，通常是许多复杂的、变化不定的和难缠的无形因素，它们决定着"产品"的成败。哪怕是一些成熟的消费品，就像洗碗机、洗发香波、冰冻比萨饼，情况也是如此。如果不按说明书使用香波，或者没有按规定加热比萨饼，结果就会非常糟糕。因此我们可以说，所有的产品在某些关键方面都是无形的。无论事先的设计是多么精细，制造过程是如何用心，只是安装或者使用"不正确"，产品就会失效或者让用户失望。因此，这一特性对于这些产品的营销有着非常重大的意义。

而且，并不是所有的有形产品都是可以直接体验的，例外情况时有发生。例如，你不可能事先品尝罐头里的沙丁鱼，你甚至看不到它，装在盒子里的香皂你也看不见。你经常购买的中低价格的那些消费品，也通常都是这样。为了让买主对那些事先不能查验的有形产品更有信心，企业经常超越产品说明书、广告和标签所做的承诺，费尽心机地设法让买主放心。包装是最常用的手段之一。泡菜被装进了透明的玻璃瓶；曲奇饼的包装盒上开了用玻璃纸蒙着的透视窗；罐装食品的标签上印着让人垂涎欲滴的图片；建筑师精心制作让人怦然心动的效果图；给美国航空航天局的建议书，封皮堪比意大利顶级皮革匠人的作品。这样做的目的都是提供一些让人放心的有形因素（在这些事例中，是视觉因素），用来替代产品已经承诺的，但在实际使用之前顾客无法更加直接地加以体验的东西。

同样，无形产品也常有例外发生，一些无形产品你事先是可以有所体验的。例如，在入住酒店的房间之前，你能够看到房间里的情况；在购买计算机软件之前，你可以对软件进行研究，并且看到用它做出来的样品。但是，无形产品迫使买主依靠一些替代因素来评估欲购产品，这种依靠程度甚至超过了罐装食品。对于遥远的度假村里的房间，他们可以查看那些美丽的照片，从中看到格调高雅的房子，面朝波光粼粼的大海。对于软件性能如何，投资银行家或者油井钻探承包商的业绩怎样，你可以向现有用户咨询。对于工程公司、信托公司、说客、教授、医生、预科学校、发型师、咨询师、修理店、工业维护公司、货运公司、特许人、总承包商、葬礼承办人、伙食承办人、环境管理公司、建筑公司等，你都可以询问那些和他们打过交道的人，根据他们给你的反馈信息做出判断。

如果潜在顾客不能预先尝、验、摸、嗅或看到产品，那么他们所购买的东西，就只是一些承诺——厂商承诺这个东西会带给他们满足。哪怕是有形的、可以查验的、可以触摸的以及可以嗅知的产品，在顾客购买之前它们大多就是一些承诺。

在产品消费或使用过程中带来的满足，很少会与早先试用时感知的或者厂商所承诺给予的满足完全一样。有些承诺的作用会比其他承诺的作用更大，而它的作用大小取决于产品的特征、设计、有形程度、促销类型、价格，以及顾客希望通过这个产品能达到的目的之间的差别。对于某些产品，顾客的期望比厂商明确或者象征性地做出的承诺低。例如，化妆品厂商承诺说，如果你选对眼影，而且使用得体，它能让你在晚会上拥有无人可挡的魅力。可是，就算是心情最迫切的买主，也不会把这当真。但尽管如此，这还是有助于把眼影卖出去。公司要新建总部大楼，在中标建筑师所提供的效果图上，满目青翠的院子里，公司员工闲散而优雅地坐在桌旁进餐。同样，你不会毫无保留地相信这幢大楼会理所当然地让员工们兴高采烈、成效卓著。但尽管如此，这个暗喻仍有助于这位建筑师中标。如果潜在顾客不能预先尝、验、摸、嗅、看，或者试用厂商所承诺的产品，在营销过程中就很有必要用比喻的手法来让他们放心。无形的承诺必须用有形的事物来表述，因此就有了上文中的例子。在这里，"比喻"就是那些预先不能提供或者体验的有形特性的替代品。

这就解释了为什么市区的律师事务所装修得精致、严肃，带着爱德华时代的风格；为什么投资银行大楼的办公室装修得雅致而整洁；为什么谈吐自信的咨询顾问身着黑色西装；为什么工程和项目建议书采取

"高管文件"的格式,并带有皮革封皮;为什么厂商会用非常详尽的图表来说明新机床控制系统的性能是如何优良。这也能解释为什么保险公司总会在它们的宣传资料上画"一块岩石",把你"用毯子盖起来",用"伞遮起来",或者"捧在一双有力的手中"。

甚至有形产品也不能免除使用象征和暗喻的必要性。例如,一台计算机终端也必须看起来"合适",它的"包装"必须能给人可靠和先进的印象。这是基于下面这样一个假设:潜在买主会把外观转化为对性能的信心。在这个方面,无论是一台100万美元的大型计算机,还是一台200万美元的飞机引擎,或者一台50万美元的数控铣床,隐藏在"包装"后面的营销思想,与隐藏在一个50美元的电动剃须刀或者一支1.5美元的唇膏后面的营销思想,并没有多大区别。

常识告诉我们,而且研究也证明,人们会"以貌取人",由外观来判断内在。不管产品的价格高低,也不管技术复杂与否,买主对技术是非常精通还是一无所知,或者他们是买来自用还是分发给员工,在这一点上都不会有多大区别。所有的人都会在一定程度上依靠外观和外部印象来做判断。

表达的重要性也不仅限于"一般"产品本身,即技术产品。例如机床的加工速度、通用性和精度,唇膏的色彩和滋润程度,或者龙虾的味道和大小。以投资银行服务为例,无论这家公司对于承销计划的建议和保证是多么全面和令人信服,也无论它在诚信和业绩方面的声誉是多么无可挑剔,除非投资银行派驻客户公司的代表比较老成持重,否则那家营业收入达数十亿美元的客户公司的财务副总裁内心不会感到愉快。提供产品的人,也会成为人们判断该产品的一个依据。也就是说,人们不仅要看提供产品的公司是"谁",还要看公司派出的代表是"谁"。卖主及其派出的代表,都会不可避免地成为潜在顾客购买之前必须做出判断的"产品"的一部分。一般产品的有形性越差,由"包装"所决定的判断就越有力、越持久。这里说的"包装",指的是怎样陈述,由谁来陈述,以及暗喻、明喻、象征和其他用来代替现实的事物的任何含义。

有形产品也是如此,除了一般产品之外,它们还必须包括其他内容。假设一家电力公司为新建工厂采购一台1亿美元的蒸汽锅炉,那么供应商派去参加竞标的销售工程师与投资银行的合伙人一样,都是供应商所提供的产品(即"承诺")的重要组成部分。

原因很简单——无论是哪一种情况,只有到交货之时才有所谓的产品,而只有把产品持续投入使用,你才知道它的功效如何。

无论是提供投资银行服务还是建造一个大锅炉,要成为指定的供应商,就必须成功跨过好几道关口,也就是经历销售过程的好几个阶段。这跟求婚没多少区别。这两个客户都知道,如果"求婚"过程磕磕碰碰,那么"结婚"之后就更会困难重重。如果求婚者在求婚时的心情不够热切,如果他对女方的情绪和需要不够敏感,如果在压力下或逆境中毫无反应或者摇摆退缩,那么婚姻生活就会麻烦不断。但是,这跟结婚又不完全相同。生意一旦成交,婚姻和孕育就会同时开始,通常就不可能离婚再婚。就投资银行服务而言,投资银行必须和客户公司密切合作数月之久,才能开始发售证券,产下那个新生儿。就电厂的建设而言,这个风风雨雨的过程更是长达数年。但是,就像呱呱落地的新生儿一样,新生命会带来新问题。所有的幼儿都必须在精心照料下才能长大成人。要避免孩子犯下同样的错误,万一犯了错误也要迅速予以纠正;股票或债券打折不能过快,幅度也不能过大;锅炉不能只用数周或者数月,就突然发生故障,即使发生了故障,也必须很快修复。所以不难理解,客户在求婚阶段会仔细观察所有事项,不断对那个热切的求婚者做出判断,看他将来会成为怎样的丈夫和父亲。

从这个意义上讲,产品的包装方式(各种宣传手册、信函和款式外观怎样描述承诺)、陈述方式，以及进行产品陈述的人，都是产品本身的组成部分，因为它们都是客户最终决定购买或拒绝的依据。

哪怕产品是一个价值1亿美元的大锅炉，它也不仅仅是一个有形的东西。在买主看来，产品是一个承诺，一个价值的组合；无形的东西与有形的东西一样，都是产品不可分割的一部分。让潜在客户购买之前，厂商必须满足某些条件。如果这些条件得不到满足，产品就会卖不出去。例如，就投资银行和锅炉制造商而言，倘若它们派出的代表在投标前（求婚）对客户的特殊情况和问题无动于衷，或者了解不够充分，它们就不可能把产品卖出去。究其原因，都是因为承诺的产品（即整个产品）没有让潜在客户感到满足。这倒不是因为它不够完整，而是因为它并不合适。中途撤换"销售人员"也可能无济于事，因为卖方到这时可能已经"说过"一些关于自身及其产品的不当之词。如果在求婚过程中，潜在客户就形成了不好的印象，认为合同执行力度和及时性等方面可能发生麻烦，或者难以跟厂商保持合作、友好的关系，那么客户就会得出结论——这个产品不好。

无形产品的独特之处，在于顾客购买之前产品根本就不存在，因此事先完全无法查看。于是，相比有形产品而言，顾客不得不更多地根据卖方的声明或暗示来做出判断。因此，在对无形产品的声明和暗示进行管理时，要比管理有形产品更加小心。可即便如此，有形产品的营销要求与无形产品的营销要求之间的区别，在某些情况下几乎可以忽略不计。售后仍然需要买卖双方保持密切合作，或者功能对于买方公司的运营至关重要的有形产品（例如数据处理系统），在销售它时会非常倚重事先所做的声明和暗示。当有形产品需要卖方提供大量的维护支持、零部件、售后校准和应用支持时，尤其如此。

所以，销售要取得成功，至关重要的就是如何同竞争对手区别开来。有形产品的卖主通过款式、工作特点和专门应用软件来实现与竞争对手的差异化，而无形产品则更多地采用其他替代手段。就算相似性很强，产品之间存在的差别也是至关重要的。DEC 在向商业银行的国际部门销售小型机时，强调的是一个专门的软件套装，该公司认为这个套装能够满足这些部门的特殊需求。其主要竞争对手强调的软件套装，却是为了满足银行的全盘信息处理和现金管理需求。DEC 认为，这些部门是作为利润中心在运营，因此它们更感兴趣的是一个自己能"控制"的，用来完成客户服务的产品，而不是让银行数据中心（它主要关心的是记账）或者银行高层管理者（他们主要关心的是整个银行的现金管理）喜欢的产品（包括软件）。因此，DEC 把谋求竞争优势的努力，不仅放在了计算机本身的能力之外，而且大幅向产品的具体使用者受到的制度性激励倾斜，从而把自己定位在另一个竞争空间——声明并且暗示自己不仅具备满足签单"公司"（银行）需要的能力，而且具备满足使用者需要的出色能力。DEC 通过软件、宣传手册和其他一些有形的证据，表明自己对目标部门的需要和业务有独到的了解，并能做出合适的反应，从而体现了自己与竞争对手的区别。

对于如何达成销售和吸引顾客的目的，就只说这么多了，下面我们来讨论怎样留住顾客。留住顾客是一件截然不同的事情，而无形产品在这个方面面临着一些非常特殊的问题。

从本质上来说，无形产品在生产和交付的过程中人员密集程度是非常高的。在这个方面，银行为公司客户提供的财务服务，与理发和咨询服务没有多大差别。产品的人员密集度越高，就越有可能受到个人判断能力、个性、差错和延误的影响。即使把无形产品卖给了某个顾客，如果产品没有满足顾客的期望，那么这个顾客很容易就会失去。而有形产品在工厂里制造的时候有严格的监管，并且常常是通过预先设计好的规范的网络交货，因此比无形产品更有可能满足顾客的期望。我们不妨对两者做个对照：

"产品是造出来的，服务是演出来的。"约翰·拉斯维尔（John M. Rathwell）[一]写道。有形产品的设计通常是由专业设计人士完成的，这些人得到了市场情报专家、科学家等其他专业人士的指导，而在工作时能心无旁骛。产品的制造由另一群专门人士负责，生产工厂里有专用生产设备，通常置于严密的监控之下，有助于对产品进行相对可靠的质量控制。而顾客对产品的安装和使用，受产品性质的限制，可能发生的情况也比较有限。

无形产品的情况完全不同。计算机软件设计师必须亲自到客户公司去调研，努力弄清客户纵横交错的业务之间的复杂联系。然后，他要亲自设计系统和软件。完成设计之后，他又要亲自建立系统和编制软件。与有形产品不同，无形产品的设计和制造通常是同时进行的，而且大都由同一批人负责。承担这项工作的通常就是一个人，他就像一个工匠那样独自工作。此外，无形产品的制造过程通常与它的实际交付很难分开。在咨询服务等情况下，在客户看来，交付过程就是制造过程。如果交付是一场旨在推动变革的口头陈述（咨询与其他专业顾问工作通常正是如此），哪怕研究工作非常出色，但只要交付过程不怎么样，客户就会认为这个产品"制造"得非常糟糕，是一件有瑕疵的产品。这种情况同样适用于各种经纪服务，在很大程度上适用于餐馆，当然也同样适用于教育和培训机构、会计师事务所、工程咨询公司、建筑师、牙医、运输公司、医院和诊所、政府机构、银行、信托公司、共同基金、汽车租赁公司、保险公司、修理和维护公司等。对于所有这些产品，交付和生

[一] John M. Rathwell, *Marketing in the Service Sector* (Cambridge, Mass.: Winthrop Publishers, 1974), p.58.

产这两个过程实质上是无法分开的。

由于这些都是人员密集型的业务，因此它们的质量控制面临着很大的问题。汽车装配线上的质量控制在某些方面是自动化的，已经包含在生产系统内。例如，如果一辆红色的汽车装着一扇黄色的门，生产线的工人马上就会问这是不是与设计相符。如果左后轮没有装上去，那么下一道工序的工人，特别是当他的任务是把车轮的螺栓拧紧时，就会让生产线停下来排除故障。但是，如果商业银行的人忽略了融资计划的一个重要事项，或者做得不够好，那么他这个失误可能永远不会被人发现，或者即使有人发现但也为时已晚。如果客户已经拿到出租汽车的钥匙，这时才发现车内的烟灰缸没有清洗，客户就有可能生气，并且下次不再光顾。

无论受到怎样良好的培训或者激励，人都免不了会犯错误、遗忘事情、有鲁莽之举，有时还会心情不好。因此人们开始寻求用其他一些手段来取代对人的依赖。电话自动交换机不仅比人工转接便宜，而且它的可靠性要高得多。本书第3章介绍了服务行业通过我所说的"服务工业化"，减少对人的依赖的一系列方法，也就是用"硬的""软的"和"混合的"技术来取代完全依靠人工完成的活动。"硬"技术的例子有上文提到的用自动直接拨号设备来取代接线员，用信用卡取代重复性的信用调查，用实时计算机监控来取代生产过程的分批试验。"软"技术指的是在生产流程中用劳动分工来取代单个人的手艺。例如，在给一幢办公楼保洁时，让每个人专门负责一项或有限的几项任务（打扫、上蜡、吸尘、清洗窗户等），而不是让一个人独自完成所有这些工作。保险公司很早以前就在理赔申请处理这个环节进行了广泛的劳动分工，把它分成受理、审核、精算、给付金发放等步骤。"混合"技术则是把软、硬两个方面结合起来。例如，用机器给地板打蜡，而不是手工操作；薯条在工厂里切好并按份包装，快餐店只要用油一炸即可出售，而且店内使用的是专用设备，可以在薯条炸好时发出提示音；只要一个受过一些培训的人录入原始数据，计算机就会自动计算并把相关结果填入美国国税局（Internal Revenue Service）的 1040 报税表。

<u>工业化系统有助于控制质量和降低成本</u>。为了达到这些目的，人们必须对工业化有充分的认识。工业化并不是靠人把事情做得更好，而是对工作重新进行设计，改变人的工作方式。因此，这里要用到在 19 世纪的商品生产中最先使用的管理方法。19 世纪真正重大的事件，其实并不是工业革命以及随之发生的从畜力到蒸汽动力的转变，而是管理革命以及随之发生的从工匠的独立劳动到管理者的理性工作的转变。先后出现的机械收割机、缝纫机和汽车，是 19 世纪人类创造力的缩影。人们对它们进行了合理的设计，使它们成为用零部件组装起来的机器，而不是由同一批人自始至终制造出来的机器。这个机器的制造，并不是依靠一个工匠的一己之力及其独特的手艺，而是依靠一些简单的标准化任务，这些任务都是由技能并不高超的工人，按照一些成文的、简单的说明书完成的。这就需要进行细致入微的规划和投入巨大的管理精力，以便合理地设计、制造、订购有互换性的零部件，并把它们运送到移动的装配线上，以便许多人能够在恰当的时间出现在恰当的地点，以恰当的方式完成恰当的简单工作。有了庞大的产量，企业就必须建立相应的分销和售后的培训和服务体系。

<u>无形产品的生产过程中通常缺乏的，是那种促成工业革命的管理方法</u>。这就是为什么无形产品的可靠性总是比可能达到的水平低，成本却比应有的水平高，而顾客的满意度也比应有的水平低。

虽然我已经讲到，近年来在这些方面已经有了巨大的进步，而且我也就怎样取得更大的进步提出了一些建议，但是为了留住顾客，我们必须特别注意无形产品的一个独有特征——顾客在得到良好服务时很少能

意识到自己得到了良好的服务。对于那些在合同期内几乎随时都在消费的无形产品，例如某些银行服务、清洁服务、货物装卸、能源管理、维护服务、电话等，尤其如此。

我们不妨来看国际银行服务、保险服务、工业清洗服务的例子。如果一切正常，顾客几乎不会察觉自己得到的服务是怎样的。只有发生了差错，或者有竞争对手声称可以做得更好时，顾客才会意识到这个产品的存在，例如，信用证出具有误；另一家银行提出的方案更好；收到年度保费通知单或者理赔要求被拒绝；烟灰缸没有清洗；自己最喜欢的一个笔架在保洁人员来过之后就不见了。

对于无形产品，我们必须了解的最重要的一件事情，就是通常顾客只有在得不到产品的时候，才会意识到这个产品的存在。只有在得不到自己讨价还价的东西时，他才会察觉到自己想要什么。只有感到不满时他才会有所考虑，而在感到满意时他会——而且也应该是——保持沉默。满意的产品的存在，只有在随后顾客出现不满的时候才能得到证实。

这是一件危险的事情，因为顾客只能察觉到失败和不满，对成功和满意则是视而不见。这就让他极其容易听信其他卖主的谗言。竞争对手总是能够制订一个让顾客更感兴趣的公司融资计划，总是能提出一个更具想象力的保险计划，总是能在办公室的相框上找到灰尘，总是能找到一些看起来很小，但实际上意味着大问题，而卖主又没有重视的小差错。

因此，在为无形产品吸引顾客时，很重要的一点是要找到一些有形的替代物或者暗喻，例如着装方式、谈吐方式，撰写、设计和陈述建议书的方式，与潜在顾客合作的方式，对问询做出回复的方式，提出一些新想法，证明我们对潜在顾客的业务了解得如何透彻。在留住无形产品的顾客时，重要的一点是要经常提醒顾客注意他们得到的是什么。如果你不那样做，顾客就会意识不到。那么，他就可能仅仅知道自己没有得到所买的东西，而且那是唯一让他有印象的情况——除非你以让他信服的方式经常提醒他注意自己得到了什么，偶然的失败才不会显得那么重要。

就经常提供和经常消费的无形产品而言，企业要留住顾客，就必须经常提醒他们注意自己得到了什么样的产品。为了吸引顾客所做出的承诺，在兑现之后也要经常重复。就连产品的源头，也必须不断提请顾客注意，以免他忘记了那个悄无声息的供应商是何名何姓。

被保险公司苦苦追求的潜在客户，终于同意"结婚"了，可是随后的沉默和疏忽让人心寒。大多数客户只能在很短的时间内记得自己买了什么样的人寿保险，经常把保险公司和保险代理人双双置于脑后。一年后翩然而至的保费通知单只会让他意识到，"求婚"过程中的爱恋和"婚后"的长期沉默之间反差是多么强烈。无怪乎人寿保险行业的个人客户流失率是如此之高。

其实，一旦关系确定下来，卖主就拥有了一份资产。他拥有了一名客户，但要留住这名客户，就必须强化这种关系中的资产，以免其质量下降并受到竞争对手的侵害。

方法数不胜数，而且其中有一部分可以进行工业化。定期给客户写信或者打电话，提醒他注意事态的发展是多么顺畅，这是一种成本低廉但效力强大得令人吃惊的资产维护工具。通过业务通信或者定期拜访，告知客户公司推出了新的、更好的，或者扩充的产品，这也是一种有益的手段。有时，甚至非商业的社交活动也有它的价值，近年来一些公司就在努力游说美国国税局让它们从应税收入中扣除类似活动的费用，例如狩猎的小屋、游艇、俱乐部，以及在异地召开的员工家庭聚会和客户答谢会。

下面是一些公司强化客户关系的例子：

- 一家能源管理公司定期向客户发送"更新报告",告诉他们如何发现和堵住能源漏洞,以及如何安装更好的监视器,从而节约成本。报告采用的是醒目的黄色纸张。
- 一家计算机服务公司让其客户经理花两周时间回访客户,向他们"非正式地介绍"安装一种新的中央处理设备。这种设备可以帮助客户防止下一年的成本上涨,并让他们有更多的通信方式。
- 一家专门运送昂贵电气设备(计算机、终端设备、邮件分拣设备、数字处理机、医疗诊断设备等)的长途运输公司建立了季度业绩评估制度,有些评估会议还请来一些顾客,并鼓励他们说出自己的有关经验和期望。
- 一家保险公司定期向投保人以及保险受益人发送告示。这张长度为一页纸的告示,通常开头是一个简短的祝福语,告诉他们保单和保障范围一切正常,接下来是一些有关新近税收政策对保险有何影响的简短分析,介绍个人理财计划有哪些新理念,以及公司哪些类型的保险可以为他们提供哪些特殊的保障。

无形产品卖主利用上述手段,在客户脑海中重现自己的存在和表现,提醒他们注意自己一直存在,并在默默地为他们不断提供价值。

所有产品都包括有形的因素和无形的因素。提供有形产品的公司做出的承诺,始终会超出有形产品本身。事实上,它们在改善产品的无形因素上倾注了大量精力,有时甚至大到不无狂妄,因而没有把精力放在产品特性上面。柯达公司(Kodak)对胶卷购买者不遗余力地承诺一件事,即帮助他们把记忆清晰地保存下来,留给他们永恒的记忆。这样,柯达的产品变成了记忆,而不是胶卷或者相片。众所周知,汽车公司推销的产品自然不是运输,它们推销的是在顾客心中能够激起最大反响的东西，而不是自己在工厂里能够以最高效率生产出来的东西。另外，汽车经销商假定顾客的内心已被制造商的广告打动，因此他们关注的是另外一些事情：交易、可得性、售后服务。无论是经销商还是制造商，"卖"的都不是有形的汽车，而是被打包到"整体产品"中的各种无形利益。近些年来，这个"整体产品"相当强调节油性。

如果必须对有形产品进行无形化才能提高它们对顾客的吸引力，那么就必须对无形产品进行有形化——这就是伦纳德·贝里（Leonard L. Berry）教授所说的"对证据进行管理"㊀。最理想的情况是，这应该成为一件常规事务，无须加入个人的承诺或保证。换言之，就是对无形产品进行工业化。酒店经常这样做。在酒店卫生间里，饮水杯装在干净的小袋子里，马桶座圈上贴着"已消毒"的字条，卷筒卫生纸的末端折成一个整齐的箭头，证明无人使用过这卷纸。所有这一切，都在明确无误地宣称"这个房间经过了精心打扫，专备您舒心地使用"，虽然没有人说出哪怕是一个字。无论在什么情况下，言语都不那么让人信服，你也不能放心地指望员工每次都用令人信服的方式说出这些话。因此，酒店不仅对它们的承诺实行了有形化，而且对兑现这个承诺的过程实行了工业化，把它变成了一项非人格化的常规事务。

另外，我们来看房屋隔热处理给我们的启示。在处理这件事时，大多数户主会非常谨慎。假设你请了两家公司来投标。第一家公司的安装人员是开着私人汽车来的。他在抵达之后，信心满满地围着房屋蹽了一圈，然后掏出一个信封，在背面画了画，迅速地算了算，就自信地提出用 6 英寸宽的玻璃纤维，总价 2 400 美元，并且保证让你满意。另外那家公司的安装人员是开着公司卡车来的，白色的车子干净整洁。他手里拿着写字夹板，仔细地丈量了房屋尺寸，数了窗户的个数，爬到阁楼上

㊀ Leonard L. Berry, "Service Marketing Is Different," *Business*, May-June 1980, pp.24-29.

去看了一圈，并且从一本原始资料里找出当地各个季节的温度范围和风速。他问了你一堆问题，并且非常细致地记下你的回答。然后，他答应3天之后给你答复。3天后，他来了，手里拿着一份打印好的建议书，建议使用的材料同样是6英寸宽的玻璃纤维，总价2 600美元，并且保证让你满意。那么，你会选择哪一家公司呢？

后者对无形的东西进行了有形化，把承诺变成了一个可信的期望。还有一家隔热处理公司提供了一种更加令人信服的有形化手段——它的服务人员随身携带一个智能打印设备，他们只需把相关数据输进去，这台设备就会立即完成分析，并且把结果打印出来。该公司的一位服务人员称它是"隔热处理行业有史以来最强大的工具"。倘若这幢房屋的主人是某电力公司项目采购部的负责人，某大公司的出纳，某预拌混凝土公司的采购员，某肥料生产商运输部的经理，或者某保险公司的数据处理总监，那么他就会用自己在工作中选择供应商的方法，为自己的房屋选择隔热处理服务商。也就是说，他需要看到一些有形化的东西，让他觉得选择这个无形产品的风险很小。

即使一般产品本身是有形的，为无形产品（即承诺）提供有形的信心保证这种做法也是有效的。某些洗衣粉声称有特殊的增白功能，于是在产品中加入"蓝色增白颗粒"，用这种显而易见的东西让用户相信这个承诺是真实可靠的。宝洁公司推出High Point这种不含咖啡因的速溶咖啡时，用"细细研磨，味道醇郁"的广告词来证明咖啡的地道。这个承诺你甚至可以用眼睛看到。

为了吸引顾客，就必须对无形产品进行有形化；为了留住顾客，就必须反复提到这个无形产品，在事态顺利的时候不断"销售"，以免发生差错时顾客流失。为了做好这两件事，就必须对无形产品进行工业化。虽然客户关系对于有形产品和无形产品都至关重要，但是相比有形产品而言，无形产品的客户关系管理需要更加用心和更加持续。对这种关系进行管理本身又是另一个话题。产品越复杂，它就越重要。这种复杂性要求买卖双方之间建立紧密的关系，而且这种关系持续的时间会很长，经常比双方经手人的在职时间还要长。"关系管理"本身是一个非常重要的话题，本书第 6 章将专门对其进行论述。

　　本章所述思想的重要性，在下面这个最基本的事实当中体现无遗：一名顾客就是一份资产，它通常比资产负债表上的有形资产更加珍贵。希望把产品卖出去的卖方很多，而且它们会给顾客提供众多的选择，但你要想吸引顾客可不那么容易，因为他们远没有卖主那样热切。此外，顾客还是一种双重资产：首先，他是现金的直接来源，因为你可以把东西卖给他；其次，他的存在有助于你向银行和投资者筹集款项，而你可以用筹措来的资金去购置有形资产。

　　"东西没有卖出去之前什么事情都不算数"这句老话，其实非常近似于一个真理。要把无形产品卖出去，并让顾客继续从你这里购买，越来越需要的就是把无形产品有形化，反复向顾客提及这个产品的利益及其来源，并对完成这些事项的相关流程实行工业化。

第 6 章

客户关系管理

　　成交相当于完婚，只不过是求婚成功和婚姻生活的开始；婚姻生活的好坏，则取决于卖方对双方关系的管理。管理的好坏决定了这桩生意将能得以继续并不断扩大还是麻烦不断甚至分道扬镳，也决定了是成本增加还是利润上升。

　　关系管理可以制度化，但在制度化的过程中必须体现人格化。

——莱维特

买卖双方的关系很少在生意成交的时候就终止。实际上，在很大一部分（而且是越来越多的）交易中，双方的关系在成交之后反倒有所加强，并且成为买主再次选择这个卖主的关键因素。这在下列情况下尤其如此：各种金融服务、咨询、总承包、军队和空间设备行业、生产资料，以及任何一个持续不断地与买主交易的卖主。

成交相当于完婚，只不过是"求婚"成功和"婚姻"生活的开始；"婚姻"生活的好坏，则取决于卖主对双方关系的管理。管理的好坏决定了这桩生意将能得以继续并不断扩大还是麻烦不断甚至分道扬镳，也决定了是成本增加还是利润上升。

在某些情况下，例如重大建设或安装项目已经开工，即使有了麻烦也不可能离婚，但是这场婚姻只会让双方不堪重负，并让卖主的名声受到玷污。企业可以在一开始就认识到管理客户关系的必要性，从而避免这些麻烦，改善自己的处境。

为此，只进行通常意义上的营销是不够的，企业还必须特别考虑到买卖关系的一个独特性质，那就是时间。在这一点上，"供应与需求"的经济理论完全不适用。这一理论假设，经济系统的运行在时间上是离散的，并且没有人与人之间的交往。换言之，这一理论的前提是，维持供需平衡的交易是即时的、无须实体参与的。然而，事实从来不是这样。而且，随着产品的复杂性日益提高，工业系统中各种机构之间的相互依存度越高，事情也越不是这样。自动设备的买主不像跳蚤市场上的买主，买了东西就回家，东西的好坏完全靠碰运气。设备的买主会期望卖主提供安装服务和使用帮助，供应零部件，提供售后修理和维护服务，对产品做一些改进，以及提供研发方面的支持。总之，就是提供有助于买主保持竞争力的一切事物。就像向包装公司购买纸箱以及向银行购买现金管理服务的冷冻食品公司一样，那些需要连续不断地进行交易的买主并不关心"供需平衡"，而是关心怎样保持这个过程不中断。如今的军用装备越来越复杂，因此美国国防预算的78%用于采购一些批量不足100件的产品，这丝毫不足为怪。日益增长的复杂性和成本，导致美国军方越来越需要得到持续的服务和改进，以便保证这些产品有更长的有效服役时间。

产品和重要零部件的采购周期拉得越来越长，使得买卖双方应该关心的事情发生了变化。我们不妨来看下面几种产品的采购周期：

油田设备	15～20年
化工厂	10～15年
电子数据处理系统	5～10年
武器系统	20～30年
钢铁厂主要零部件	5～10年
纸张供应合同	5年

再来看采购时的保证条款（见表6-1）。

表6-1　长期保证

产品	之前	发生变化后
油轮	立即结清	长期租用
公寓	租借	合作
汽车保修	1万英里[一]	5万英里
技术	购买	租用
劳动力	聘用	合同制
耗材	购买	合同制供给
设备	维修	维护

这些情形下的采购决策，不是购买一件产品（就像现在某些人有"一夜情"），而是建立一种缔约关系（结婚）。这就需要潜在卖主采取新的导向、新的战略。这时，仅仅依靠市场营销已经不够。我们来看新旧两种情况下的显著差别。首先来看销售模式下的情况（见图6-1）。

[一]　1英里=1 609.344米。

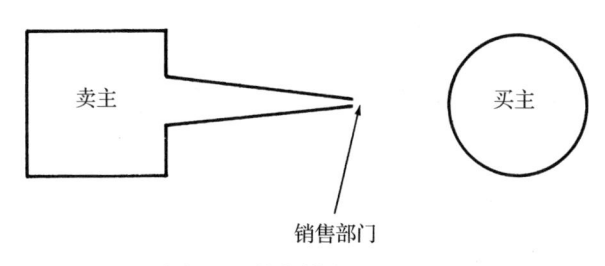

图 6-1　销售模式下的情况

在这种情况下，卖主离买主距离较远，它通过销售部门把自己生产的东西卖给买主。这就是销售人员必须魅力十足这一观念的根源所在。因为产品能够卖出去，不是因为产品本身的价值，而是因为销售人员有魅力。我们再来看市场营销模式下的情况（见图 6-2）。

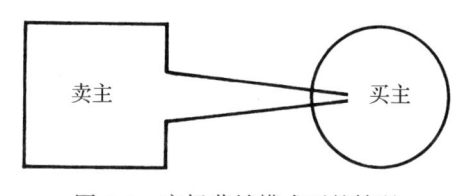

图 6-2　市场营销模式下的情况

在这种情况下，卖主离买主近了一些，它进入买主的领地去了解买主的需要、意愿、担心等，并且相应地设计和供应各种产品。这时，卖主不再努力让买主购买自己已有的东西，而是努力生产买主愿意购买的东西。这时的"产品"也不再是一件单纯的物品，而是一个完整的价值组合——也就是我在第 4 章里讲到的"扩充产品"。

随着买卖双方的相互依赖性不断增强，越来越多的经济业务是通过长期关系的形式来完成的。已经不再是你吸引了一名客户，然后你想要把他留住。也不再是买主想要购买什么产品的问题。客户需要的是一个能信守承诺的供应商，一个能持续供应、说到做到的卖主。婚姻双方要建立长期的婚姻关系，婚姻关系会让双方感到更加方便，也更有必要。这是因为，产品过于复杂，反复谈判对双方来说太麻烦，成本也太高。

在这种情况下，成功的营销就像是一场成功的婚姻，会不可避免地转变成一种长久的关系，而买卖双方之间的关系也就变成了相互依存（见图6-3）。

这时，仅仅成为一个传统意义上的出色的营销者已经不够。过去只是签订一个合同，而现在已经变成了长期的合作——买卖双方需要密切合作5年，才能"交付"一个可以持续运营的化工厂或者通信系统。在这种情况下，卖主从一开始要做的事情，就不只是原来那些市场营销工作，因为买主从一开始就需要得到保证，在采购模式从一锤子买卖变成连续交货之后，双方能够长期和睦相处。

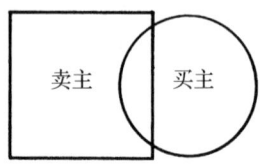

图6-3　买卖双方相互依存

在资本结构、竞争状况、成本，以及在彼此做出承诺时的激励体系和目的等方面，买卖双方都存在差异。对卖主来说，这是做成了一笔生意，期望它直接带来利润；对买主来说，这是买了一个工具，准备用它来制造产品，取得利润。对卖主来说，这是销售流程的结束；对买主来说，这只是刚刚开了个头。然而，双方的相互依存是挣不脱、逃不掉的，也是意义深远的。为了让这两个性质和动机完全不同的组织顺畅地合作，双方必须理解彼此之间的关系，并且在"结婚"之前就对这种关系的管理做出合理的安排。一旦碰到麻烦，再来看"结婚指南"，那就为时已晚了。

买卖双方将来还会更加紧密，这不仅在工业品营销领域将特别突出，甚至在购买频繁的消费品领域也将日益如此。因此，宝洁公司效仿通用磨坊食品公司（General Mills）旗下的Betty Crocker品牌提供的咨询服务，开通了消费者热线为自己的产品收集意见，并且发现此举提高了消费者对品牌的忠诚度。

熟知历史，并且洞悉现状，就能更好地把握未来。从表 6-2 所列的发生在工业系统中的具体情况中，我们就能清楚地看到这一点。

表 6-2　工业系统中的具体情况

种类	过去	现状	未来
单件	产品	扩充产品	系统合同
销售	单个	系统	系统 / 时间
价值	特性优势	技术优势	系统优势
交付周期	短	长	很长
服务	一般	重要	关键
交货地点	当地	全国	全球
交货阶段	单次	经常	连续
战略	销售	市场营销	关系管理

表 6-2 中"未来"这一列中的各个项目，它们的定义性特征就是时间。第一列中的"单件"过去就只是产品本身，人们购买它有时就是因为它自身的价值。最近，仅仅提供简单的产品已经不够，人们要求得到"扩充产品"。从现在开始，人们的要求还在不断提高，希望得到的是系统合同，这种合同的最大特点，是双方围绕着那些系统持续发生接触，关系不断发展。这时的"产品"不再是系统本身，而是一个能够长期正常运行的系统，它的"价值"取决于整个系统长期体现出来的优势。随着客户对系统越来越熟悉，技术在这个系统带来的一整套利益中的相对重要性就会下降，而技术以外的其他利益和相互作用，例如服务、交货、可靠性、反应速度，以及买卖双方的人员和组织相互作用的质量，它们就会变得更加重要。

管理工业品销售合同，就是管理买卖双方的长期共存和沟通，目的在于满足客户的期望，以便赢得客户的忠诚，从而让这个客户持续惠顾，最好这个客户的满意程度高到能够带来高于平均水平的利润率。

系统越复杂，它所需要的"软件"就越多（例如操作规程和协议、管理方法与各种服务），它的部署时间就越长，客户的焦虑也就越严重，期望也就越高。人们购买的不是产品本身，而是期望，对卖主所承诺的各种利益的期望。如果兑现承诺所需的时间很长（例如向客户交付一个定制的新工作站），或者兑现它需要持续不断的工作（例如银行服务、工厂燃料供应与装配线的零部件供应），那么买主的焦虑在做出采购决策之后就会与日俱增。他们会担心，交货会及时吗？交货会不会顺利，从不中断？我们选的这个供应商是不是最好的？

当后期的实际情况比前期的承诺更加重要时，你在售前、售中和售后会怎样行事呢？又由谁来负责？

为了回答这些问题，我们有必要弄清客户的期望怎样受卖主在售前所做的承诺及其行为的影响。如果你承诺给客户一个月亮，他理所当然地期望得到这个月亮。但是，如果卖主实行的是佣金制，在合同还没有履行完毕之前就已向销售和营销人员支付佣金，或者销售和营销人员必须完成很高的业绩定额，那么这些人就不会有强烈的愿望，去保证当初自己承诺的月亮能完整可靠地交给客户。这笔生意刚刚成交，他们立即就去追逐其他猎物了。如果由营销部门来做规划，销售部门来谈生意，生产部门来履行合同，由服务部门来提供服务，那么谁来总负责呢，谁又会觉得是自己在负责？

问题的出现，并不仅仅因为参与销售全过程的部门，例如营销部门、生产部门和服务部门，它们的动机各不相同，因此看待客户的角度也不尽相同。另一个原因，就是组织本身是一维的。虽然组织的命运决定于外界（顾客），但是组织不可避免地会走上内化的道路。无论如何，"内部"才是工作得以完成的地方，是工作场所的所在地，是制定预算和规划的地方，是履行工程和制造职能的地方，是评估业绩的地方，是朋友和同事所在地，是管理事情和事情能够得到管理的地方，而外部只不过是一个"你无法改变什么事情"的地方，另外它"跟我没有什么关系"。认为外部显然"跟我有一些关系"的，是负责销售和营销的人。

但是，对于一笔生意的目的，买卖双方存在许多分歧，而且这些分歧在这笔生意的不同阶段还会发生变化。表 6-3 对这些情况进行了简要的综述。第一笔生意做成之后，买卖双方就会发生一些不一样的情况，从而导致双方之间出现不和谐音（见表 6-4）。

表 6-3　一笔生意的目的

阶段	卖主	买主
1. 售前	真切的希望	模糊的需要
2. 追求	热情而又猛烈	憧憬满怀
3. 成交	从幻想到床笫之欢	从幻想到锅碗瓢盆
4. 售后	到别处寻找下一笔生意	"你不在乎我了。"
5. 很久以后	漠不关心	"东西能不能再好一点儿？"
6. 下一笔生意	"买个新的怎么样？"	"不会吧？"

表 6-4　生意成交后的变化

卖主	买主
达到目的	暂时不能下结论，开始用时间来检验
停止销售	继续采购
把注意力放在其他地方	注意力放在买来的东西上面，希望自己的期望得到满足
紧张情绪舒缓	紧张情绪上升
关系减弱或者结束	关系强化，双方关系结成

　　购买这个事实会让买主发生变化。买主希望卖主记住，他掏钱是给卖主一个恩惠，而不是卖主通过努力争取来的。因此，如果你认为成功地发展一个客户，就是"一只脚踏到了门内"，而这个既成事实会让你处于有利地位，那么你就想错了。现实越来越朝着完全相反的方向发展。既然买主认为生意成交是他给卖主的恩惠，那么他事实上是透支了卖主的账户，所以卖主反而欠下买主一个恩惠。于是，卖主不得不在亏空的基础上来重建双方的关系。

　　如果不加以妥善管理，这种关系就会因为双方在需要、愿望与激励体系方面存在的差异，以及各自都有关注内部事务而不是关注对方的自然倾向等原因而恶化。卖方组织的内部导向导致它在客户关系当中感觉和反应迟钝，最多也就是用官僚主义的正式规程来代替真实可靠的互动。这样，损害关系的事情日益增多，而巩固关系的事情日渐式微。

无论是在婚姻生活中还是商业世界里，关系的自然倾向都是衰退——敏感度和注意力下降或退化。健康的关系要能维持，最好是能扩大双方在追求过程中创造的价值和可能性。它要求双方持续不断地抗击衰退的力量。所以，卖方有必要经常认真地问一问自己各种问题，例如："我们做得怎么样？""关系是在改善还是在恶化？""我们的承诺有没有完全兑现？""我们在这个客户的关系中怎样应对竞争对手？"我们看一看对客户关系可能产生积极或消极影响的因素（见表6-5）。

表6-5 对客户关系可能产生积极或消极影响的因素

产生积极影响	产生消极影响
主动打电话	只回电话
提出建议	只做辩解
说话坦诚公正	说话八面玲珑
使用电话	使用信函
表达感激	等待误解
主动提出服务建议	等待对方提出服务要求
使用"我们"这种有助于解决问题的措辞	使用"你欠我们的"这种冰冷的法律措辞
主动寻找问题	只被动地对问题做出反应
使用行话/缩略语	沟通时啰啰唆唆
对个性方面的问题开诚布公	对个性方面的问题遮遮掩掩
探讨"我们共同的未来"	谈论过去的成绩
反应常规化	临时做出反应
承担责任	推卸责任
谋求更好的未来	对往事老生常谈

关系已经变糟或者不断恶化的一个最确凿无疑的信号，就是客户没有任何抱怨。没有哪个人会满意到完全没有抱怨，尤其是不可能长期如此。出现这种情况，要不就是客户没有说实话，要不就是没人去听取他们的意见，或者兼而有之。总之，就是沟通不顺畅。买主不坦诚，说明了他对卖主的信任在下降，因而关系也在恶化。坏事越积越多，关系也就越来越糟。就像在婚姻当中一样，沟通不畅既是关系恶化的一个症状，也是它的一个原因。肌体内部在溃烂，等到发病的时候，一切都为时已晚，或者救治成本太过高昂。

你的下一笔生意、下一个产品、下一个主意、下一阶段的成功，在很大程度上取决于你的外部关系。一种良好的关系就是一笔优质的资产。我们既可以在关系上面投资，也可以从关系上面借支。所有的人都有关系，但我们很少在乎它，几乎从来不去管理它。然而，一家公司最宝贵的财富，莫过于它与顾客之间的关系。这种关系的含义并不是"你认识谁"，而是他们通过怎样的方式来了解你，而这种方式是由你们之间的关系的性质所决定的，这种关系的好坏又取决于你对关系的管理。

至于密切程度和持续时间，并非所有的关系都是或必须是等量齐观，而是取决于买卖双方之间实际的或者心理上的依赖程度。当然，这种依赖是可以通过在买卖双方之间建立各种直接联系来强化或者契约化的。因此，蒸蒸日上的药品和医疗产品分销商 Bergen Burnswig 公司在客户的办公室里安装计算机终端，让客户能够直接订货并且即时提供销售速度、存货水平等有用信息，这时就建立了一种有助于留住客户的新型依赖关系。但与此同时，卖主也在许多重要的方面更加依靠买主。其中最显而易见的，是买主能够不再选择卖主或者减少从某个卖主那里购买的比例。其次，买主或者可以成为卖主某些重要信息的重要来源。例如，买主自己的业务发生变化的可能性有多大，而这些变化给他将来的购买行为会带来哪些变化？有哪些产品或材料可以替代自己的产品，竞争对手给这个买主提供的价格和服务是什么情况，他们提供给其他客户或潜在客户的条件又是什么情况？我们在满足客户的需求和期望方面做得怎么样？我们的现场人员的表现，达到了总部所承诺的水平吗？这个客户把我们的产品用于什么新用途，或者他使用产品的方法有哪些不同之处？

预测买主购买意愿的准确度，取决于卖主与买主关系的好坏。如果关系良好，买主就会向卖主公开他的计划和期望，或者至少让卖主能够了解他的意愿。如果经常发生意外情况或者预测很不准确，这就说明双方的关系比较糟糕。关系恶劣对于谁都没有好处，包括买主在内。有了准确的信息，卖主就能更好地服务于买主，从而更好地留住这个买主——这是一个双赢的局面。

因此，这是一个相互依赖的系统。卖主要突破仅仅因为客户对当前的收入和利润能够做出贡献，所以要留住这个客户的简单观念，承担起建立新型关系的责任。在良好的买卖关系当中，双方都应该有"利润"，否则这种关系就不可能持久。此外，购置成本是买主付出的唯一成本。发生购置后生成成本几乎总是不可避免的，这时就得有人来承担或分担这些成本。这就意味着卖主要以合适的方式，去说服买主让自己保证合理的长期利润率，而不是拼命压价，以期拿到最低的交货价格。低成本的生产商并不一定是低成本的供应商，哪怕这家厂商提出的价格确实是最低的。除非这个价格已经涵盖了购置后的服务成本，否则买主最终将付出更高的代价——包括额外支出、延误和烦恼等。这样就不可能建立和维护良好的买卖关系，也不可能留住这个客户。卖方负责关系管理的人，如果聪明的话，就会帮助买主根据产品的整个生命周期来核算成本。

无怪乎在各种专业服务合作关系中，例如在法律、医疗、建筑、咨询、投资银行和广告等行业，总是按照客户关系的好坏来评价和奖励相关人员。这些资产与其他任何资产一样，可能增值，也可能贬值。对它们进行维护和改善，并不是只要展现出良好的风度，搞搞公关，处事老练，有个人魅力，自我炫耀或者耍些小手腕就办得到的。它也不可能仅仅依靠市场营销，而是需要良好的管理，因为它已经超出了营销部门单枪匹马所能涉及的范围。关系管理需要在公司范围内建立维护、投资、改善和替换计划，回报当然会非常丰厚。

我们不妨来看北海（North Sea）油气田的例子。挪威和英国做了大量的工作，极力推动该地区的油气钻探和开采工作。它们非常欢迎那些投入数亿美元来勘探石油的公司，对这些公司也非常慷慨。油气终于开始上市，可突然之间这两个东道国大幅提高了税金，课税金额高达油气市场价格的90%。感到最为诧异的，莫过于那些在这里投资的石油公司。为什么会觉得诧异？因为他们没有想过与东道国建立良好的关系。如果他们不管用什么方式，与这两个国家的政府建立了良好的关系，从而建立了一种互利的伙伴关系，政府会不会可以把税金的比例降低一些呢？那又会产生多大的价值呢？这种情况并不是绝无仅有的。如果卖主或合资方在前期要投入巨额的资金来发展客户和开发产品，那么就属于这种情况。卖主从这样一个客户那里获得的现金流，我们可以用图6-4来描述。

从图6-4中可以看出，在客户发展和产品开发阶段，现金流是负值，这时客户会非常鼓励卖主投入这笔资金。在产品开发成功或合资企业投入运营之后，累计现金流慢慢开始上升，并最终变为正值。在北海油气田这个例子中，突如其来的高额课税减少了石油公司的收益（上面的虚线代表可能的收益水平，中间的实线代表实际收益水平）。如果石油公司与政府的关系更加糟糕，那么它们的收益水平还会有所下降（下面的虚线）。

产品交付前
- 研发费用
- 售前工作
- 市场开发和产品开发

产品交付后
- 潜在收益的最高水平
- 实际收益水平
- 潜在收益的最低水平

现金流

(+)

(−)

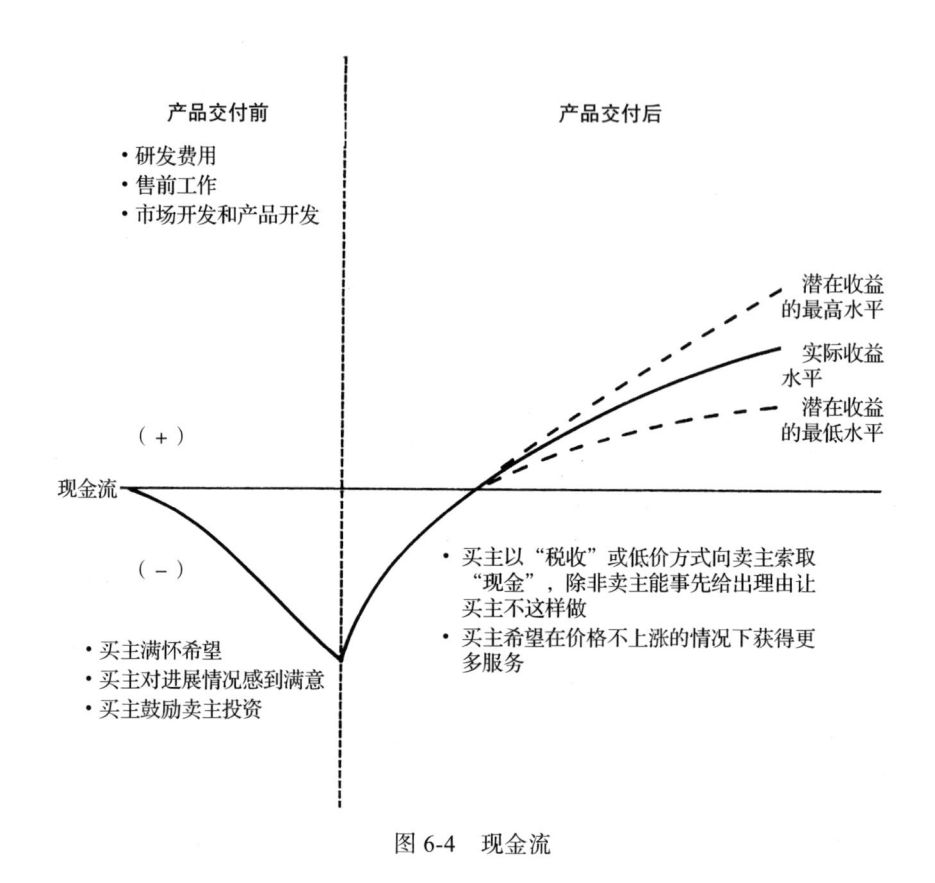

- 买主满怀希望
- 买主对进展情况感到满意
- 买主鼓励卖主投资

- 买主以"税收"或低价方式向卖主索取"现金",除非卖主能事先给出理由让买主不这样做
- 买主希望在价格不上涨的情况下获得更多服务

图 6-4　现金流

我们再来看吉列公司（Gillette）北美分公司的例子。该公司有四支独立的销售队伍,它们是专门为大客户服务的,任务就是帮助这些客户开展业务,并且确保吉列公司能够快速有效地响应这些客户的业务需求。另外,该公司还设了一位负责商业关系的副总裁,他的主要职责之一就是通过各种礼节性活动培育与主要零售商和分销商的关系（独立于销售部门）。这些活动包括举办鸡尾酒会,宴请宾客,组织行业协会娱乐活动,组织主要客户参加与重大体育赛事有关的特殊活动（例如棒球全明星赛、世界职业棒球大赛、橄榄球超级杯、全国大学篮球季后赛）,以及参加行业协会主办的慈善晚宴和大型零售连锁企业总裁的退休宴会

等特殊活动。通过这些活动，吉列公司增加了与那些企业的联系，树立了相互的信任，并在无形中巩固了彼此的义务和权利。

许多公司的做法与此大同小异。其实，关系管理的方式还有很多。例如，许多公司制定了具体而个性化的规程，用来处理客户的问询、要求和抱怨。还有一些公司现在要求工程和生产人员抽出一定的时间，去同现场的客户和用户打交道——不仅仅是去寻找产品和设计方面的想法，也不仅仅是去寻求对现在产品的意见以及提高自己的敏感度，而且还要用更加深入和更加持久的方式去理解客户，并对他们的要求做出响应，简而言之，就是建立可以持久的关系和联系。Sperry 公司在其大肆宣传的"倾听"行动中，通过内部培训的方式对许多员工进行了培训，提高他们相互之间以及与客户之间的倾听和沟通效果。还有一些公司制订了正式的计划，用来改善客户关系，其中包括要定期主动提供服务，以及对所有客户关系的有效性进行监控。

为了妥善管理客户关系，企业必须经常给员工做敏感度培训，因为没有什么比那些已经并且必须制度化的工作和行为规程更加容易退化。这种必须正式化的规程通常会退化成冷冰冰的活动。人们非常容易只采取行动，而不是真心付出，也非常容易先采取行动，出了问题再来修复关系，而不是反过来行事。人们非常容易说"我们会调查这件事，然后给你回电话"，而不是说"我们找个时间一起吃午饭吧"。这样的行动只会导致事态偏离正轨和延误时机，无助于改善关系。

如果采购周期很长，例如啤酒制造商与制罐商签订合同，要求后者在啤酒厂旁边建一个制罐厂，或者美国空军"购买"（委托研发）一个使用寿命 20～30 年的喷气式发动机，那么卖方的销售人员和买方的采购人员，在这些"合同"的有效期内都有可能变更——甚至双方的整个高级管理层都很有可能发生变更。那么，卖方需要做哪些事情，才能保证双方的良好关系得以延续？当买方的采购人员离职，新的采购人员接手时，客户又会有什么期望呢？

显然，关系管理不仅需要天天关注那些细小的事情，而且需要对整个组织的大大小小的事情进行有建设性的管理。方法就是建立持久的联系，能够经受风吹雨打的联系。

要对关系进行管理，就必须建立并且不断完善一些系统，用它们来管理、维护和改善这种关系。就像对其他任何事物进行管理一样，这也需要大家耳熟能详的四个步骤。

（1）知晓。让大家明白这是一个问题，而且这个问题会招致成本。让大家明白这是一个机会，而且这个机会能够带来利益。

（2）评估。判断公司目前的处境，特别是把当前的情况与取得理想结果所需的情况进行比较。

（3）责任。建立常规报告机制，跟踪个人的关系和群体的关系，以便能够把这些结果与业绩评估的其他指标进行对照。

（4）行动。做出决策，划拨资源，并且按照它们对目标关系的影响建立规程和沟通机制。不断强化知晓和行动。

当然，企业可以准备一些清单，用来保证所有应当完成的事情都能定期完成。但是，使用清单也会碰到问题，那就是人们在使用它们时可能变得漫不经心，从而让清单形式化，并任凭这些清单取代人们的思想和关系的实质。清单是用来确保覆盖范围的，因此它们并不要求任何人对关系的实质保持高度的敏感，或者致力于实现这些关系的目的。谁也不用严肃认真地观察、倾听、思考或参与；人们要做的事情，就只是把所有事项客观地一一核实。

关系管理可以制度化，但在制度化的过程中必须体现人格化。有一家公司就经常开办敏感度培训班和角色扮演研讨会，并且要求从卖方公司来的人员扮演买方公司的角色。该公司还在客户会议上公开内容非常深入的分析报告。该公司要求客户公司中接触顾客的员工（负责送货和负责应收账款的员工也包括在内）回答下面这些非常重要的"关系"问题：我们在这个关系中做得怎么样？它是在改善还是在恶化？我们跟他们交谈多不多，谈的是什么，跟谁谈的？我们最近有什么事情没有做？这里把重点放在"最近"上面，并不是什么非同寻常之举，而是因为该公司认识到关系会自然退化，因此必须对它进行修复。如果你帮过我的忙，我可能忘记了，但你不会忘记。而如果我帮过你的忙，你会心存感激，但不会很长久。你会问："你最近为我做了什么事情？"关系上的存款必须用掉，否则它就会消失，而且要及时使用，否则它就会贬值。

实现关系管理的制度化，是可以通过建立规程来实现的——只不过这些规程要能保证公司与客户的各种接触是妥当的。我们来看华尔街某著名投资公司的做法。它要求公司的证券分析师和销售人员定期与机构投资者进行建设性的联络。该公司定义的"建设性"，就是要给客户传达有价值的信息。因此，该公司定期编撰投资战略"评论"，在星期一上午发布，这样分析师和销售人员就可以用电话把这些信息传达给他们的客户。该公司还规定，每个分析师必须定期撰写行业评论和信息更新，并用信函或者电话传达给客户。分析师和销售人员都必须填写电话日志，记录与客户进行的这些联络，公司每周会收集这些日志，经清点汇总后编制成报告，连同这些人的名字及其联络的个人和公司的名字，公开发放给所有的分析师和销售人员。谁的联络次数太少，就必须向他们的主管解释为什么没有采取行动。这些人的年终奖不仅取决于他们从各种机构投资者那里赚得多少佣金，还取决于他们与机构投资者联络的数量和类型。与此同时，该公司还定期举办敏感度培训班，以改善这些联络和关系的质量。这些措施非常成功。该公司还对结果进行深入的分析，并且传达给所有参与者，从而强化他们保持这种做法的意愿以及在这些事情上投注的心思。

客户关系管理本身是一个特殊的领域，它对于企业保持和提升通常被称为"商誉"的无形资产有着非常重要的作用，其意义等同于对有形资产进行管理。但是，管理客户关系比管理有形资产更难，所以更加需要付出艰辛的努力。

第 7 章

营销想象力

想象力是进步的最大推动力。营销想象力是营销取得成功的出发点。它与其他类型想象力的区别，在于它带来了独到的洞见，帮助人们理解顾客，理解顾客需要解决的问题，找到吸引顾客注意力和让他们惠顾的方法。人们购买的不是产品，而是用来解决问题的方案，这样的营销想象力帮助人们透过表象，看到营销的内涵。

高效地追求错误的目标，比低效地追求正确的目标更具破坏性。在企业里，营销想象力是决定目标的最重要工具。

——莱维特

The Marketing Imagination

想象力是进步的最大推动力。思想总是先于行动，仅有的例外是突发事故和自然选择，但这两种现象是不以人的意志为转移的。思想带有人的意志，而想象力就是思想的发动机。虽然进步始于想象力，但只有实际工作才能让梦想成真。然而，实践又只有在想象力的推动下，才能发挥最大的作用。有了一个新思想或者新概念，通常需要付出富有想象力的努力，才能取得预期的结果。所以，想象力激发思想，而思想要开花结果，仍然离不开想象力。

营销想象力是营销取得成功的出发点。它与其他类型的想象力的区别，在于它带来了独到的洞见，帮助人们理解顾客，理解顾客需要解决的问题，找到吸引顾客注意力和让他们惠顾的方法。人们购买的不是产品，而是用来解决问题的方案，这样的营销想象力帮助人们透过表象，看到营销的内涵。这种内涵的"意义"在于它能指明未来的行动——在这里就是找到人们试图解决的问题。它在露华浓公司的查尔斯·朗佛迅对公司业务的定义中得到了精辟的论述。身为露华浓主要创始人的朗佛迅说："在工厂里我们制造的是化妆品；在商店里我们出售的是希望。"它也在利奥·麦克吉内瓦（Leo McGinneva）的话中得到了生动的刻画。他在解释人们购买钻头的动机时说出了这句名言："他们想要的不是四分之一英寸粗的钻头；他们想要的是四分之一英寸大的孔。"它也导致哈佛大学心理学家雷蒙德·鲍尔教授（Raymond A. Bauer）提出了他那著名的论断：对于人们选择一个熟悉的卖主或者熟悉的品牌，与其说这表达了他们对品牌的偏好，还不如把这看作降低风险之举。

这些论述发现了消费者行为的更加深刻的意义，让人们得以改善营销计划，更好地吸引和留住顾客。吸引顾客就是让顾客改变自己的行为，如果你没有推出这个针对他的营销计划，他是不会那样做的。顾客必须改变自己的想法和行动，按照卖主所倡导的方向转变。因此，卖主必须把他自己及其所提供的产品，与其他卖主及其产品区别开来，让人们渴望或者至少更加喜欢与他做生意。于是，寻找意义重大的区别，就是市场营销的中心任务之一。营销的最大意义，就在于对自己的所作所为实行差异化，从而做到与众不同，吸引顾客。至于其他事情，一切都是派生的、次要的。

差异化就是以适当的方式对潜在顾客做出富有想象力的响应，让这些顾客有充分的理由渴望同这个供应商做生意。要有效实现产品的差异化，就必须清楚顾客是受哪些东西驱使和吸引，必须清楚顾客之间存在哪些差别，以及怎样根据那些差别把顾客分成在商业上有意义的细分市场。

如果你不是想着怎样找到细分市场，那你等于没有思考。为了找到细分市场，你必须思考顾客和顾客群体是受哪些因素的驱使，他们现在有或者可能有哪些选择。为了找到细分市场，你必须超越那些浅显的事实。如果大家都认为细分市场显然是由人口统计变量、行业、用户群体、购买行为、影响群体等因素构成，那么真正能让你取得竞争优势的就是超越常规进行思考。我们不妨来看下面这则广告：

> 招募男士参加冒险旅行。工资很少，环境严寒，数月不见天日，危险四伏，可能无法全身而归。成功之日，光荣和赞誉纷至沓来。
>
> ——欧内斯特·沙克尔顿（Ernest Shackleton）

这则广告是由英国著名探险家欧内斯特·沙克尔顿爵士撰写的，刊登在1900年伦敦的某张报纸上。广告甫一刊出，应者云集。那些视光荣和赞誉高过一切的人，被广告丰富的想象力牢牢吸引住了。这则广告的力量，不仅在于它唤起了人们对光荣和赞誉的自然追求（虽然风险很大，工作异常艰辛），同时也在于它内容十分坦率，执行简明有力。

发现事物的朴素本质，是营销想象力的本质所在。1974年，美国地球物理公司（GCA）的首席执行官米尔顿·格林伯格（Milton Greenberg）启动了新的公司战略，着手扩大 GCA 在半导体仪器生产设备市场上的销售份额。当时，几家竞争对手当中没有一家能够提供完整的产品线，因此全世界的所有半导体工厂都有若干家设备供应商，这些供应商提供的设备是彼此互补的，分别用于半导体生产流程中的不同工序。为了扩大自己在设备市场上的份额，GCA 可以瞄准生产线上的相邻工序，用自己生产出来的优良设备取代其他供应商提供的设备。但是，该公司并没有这样做（例如，设法让设备的速度更快、价格更低），而是着手生产一种把好几道工序结合到一台机器上完成的设备，用来取代自己原来的设备。在这种策略下生产出来的 DSW Waferstepper® 光刻机，尽管比起那些被它取代的设备来说速度比较慢，而价格又高出 1/3，但是它在技术上和商业上都非常成功。这是因为它结合了好几道工序，减少了材料在加工过程中所需的手工处理，从而减少了污染，提高了产量。它的高度有所增加，但是水平尺寸更小，因此减少了在生产车间所占的面积。它还对光刻工序中使用的镜头做了改进，缩小了线宽，从而提高了它所生产的半导体芯片的工作性能。

就这样，通过一项旨在取代而不是对原有设备进行改进的重大研发行动，GCA 的 DSW Waferstepper® 光刻机突然之间就开始雄霸市场。这项研发行动的基础正是这样一个观念：必须找到市场真正看重的东西。在这种观念的指导下，GCA 瞄准了提高产量、提高单个芯片的性能，以及更好地利用车间的面积。

半导体产业观察员把这种设备看成一个巨大的技术成就，GCA 也没有否认这一点。但是，该公司内部在关起门来讨论的时候，大多把它当作一个巨大的营销成就——不仅在技术上把事情做好，而且知道做什么事情才是最合适的。而这个"什么事情"，就是发挥营销想象力的结果。

发挥想象力意味着要能准确判断现状，弄清哪些事情人们其实从未经历过。发挥想象力就是发挥创造力，要求有聪明才智或者艺术创新性。任何人都能发挥想象力，而且大多数人经常发挥想象力，但不幸的是人们只用它来做白日梦，还有天马行空地幻想。做白日梦和幻想不用受习俗和成见的约束，但在商业中情况与此不同。在商业中发挥想象力，不仅必须摆脱习俗和成见约束，而且要摆脱它们的惩罚，特别是背离现状将会受到的惩罚。而且，发挥想象力通常要求把不同的事实或想法融合在一起，为它们赋予新的含义。

我曾经指出，营销的目的就是吸引并留住顾客，以及让现有买主更加喜欢跟你——而不是跟你的竞争对手——做生意。所以，营销想象力必须时刻扑在这个目的之上。

我们来看杜邦公司的例子。该公司给医疗用品制造商供应的一种材料，价格在逐年缓慢下降。一些竞争对手的某些材料化学成分完全相同，而那些材料的价格也同样在缓慢下降。杜邦公司在研究中发现，自己的价格比竞争对手的价格还略微高一些，虽然这个溢价的幅度在逐年缩小。在那段时间里，杜邦公司的市场份额非常稳定。杜邦公司派出调查人员，对一些客户的设计工程师、采购人员和制造部门的负责人进行了深入的访谈，结果发现：虽然杜邦公司的材料在化学成分上与竞争对手的材料完全一样，但是人们认为杜邦公司的材料纯度更高，杜邦公司也比其他公司更有可能对材料做出改进。调查人员得出结论说，这就是杜邦公司获得溢价的原因。

实际上，有此发现就已经相当有想象力，而对调查结果的应用更是体现出杜邦公司想象力之丰富。该公司在一系列的行业杂志上投放广告，并在一些行业展览会上做展示，大肆宣扬自己是怎样费尽心思来保证产品的纯度的。这些广告展示了一连串的质量保证检查单——这是杜邦公司在生产过程中定期要做的检查，检查的内容是用电子分光镜来检验材料在不同生产阶段的纯净度。在行业展览会上，杜邦公司则是把电子分光镜搬到了现场，并且从生产过程的不同阶段取来一些材料，供参会人士亲自检查和体验。

值得注意的是，杜邦公司原本很小的溢价幅度，在随后数年内开始增大，市场份额也开始上升。后来进行的行业研究表明，杜邦公司材料纯度高的美誉度有了进一步的提高。显然，营销想象力功不可没。

我们再来看美国运通公司（American Express）的例子。该公司的绿色信用卡（"没带上它就不要出门"这句广告语，本身就是一个富有想象力的、强有力的定位）也被作为"公司卡"销售。运通公司说服一些企业把它发放给某些级别的员工，而不是让他们预支现金，因为这有助于那些企业保存现金和更加密切地监督开支。1982年，运通公司把"公司卡"业务转到旅行服务事业部旗下。该事业部旗下有旅行社、机票和酒店预订、票务等多种业务。运通公司认为，企业越大，在地域上越分散，那么这家企业内部旅行安排的种类就越多，人均旅行费用的差别就越大。在机票折扣率的政府管制被取消而酒店价格的商谈空间变大之后，那些需要出差的管理者及其秘书，还有企业内部主管旅行事务的官员，对价格信息的了解就不像以前那样充分。另一方面，企业的财务官员对整个公司每年旅行费用的总额知之甚少，甚至一无所知，因为相关数字都被掩藏在各种预算的其他条目下。运通公司帮助这些企业为不同层级的员工制定了旅行开支制度，然后提出为这家企业处理所有的旅行安排。该公司还给每个客户设立一个专门的"旅行服务台"，并给每个客户分配一个专用的"800"电话号码，以便帮助客户"控制"整个公司的旅行费用。这样，运通公司可以为客户找到折扣最大的机票、费用最低的路线，以及在不同价位的酒店谈到最低的住宿价格。该公司还给客户的集团财务办公室按月提供旅行总费用的分析报告，并且指出任何违反出差费用制度的情况。运通公司证明，对于旅行年度预算大于3 000万美元的客户，在扣除"公司卡"的常规费用之后，自己为客户节省的费用至少还能达到 10%。

　　对于那些掌管着公司金库钥匙的人有什么需要，运通公司有充分的了解。通过这些人的眼睛，它看到了"彼岸"的那个世界。这些人很清楚，无论哪种费用通常都有上升的趋势。他们对货币的购买力也越来越关心。运通公司对于旅行及其相关费用了解甚多，它只要自问下面这个简单的问题："我们怎样帮助这些公司掌管金库钥匙的人，去管理我们非常了解的这些费用？"剩下的事情并不容易，如果运通公司没有率先发挥它的想象力完成下面这件事情的话，它们可能永远得不到解决：把关于客户公司与自身的不同事实以适当的方式结合起来，提出全新的问题，获得全新的洞见。

　　我们已经知道，竞争的本质就是差异化：提供一些不同于竞争对手的东西，或者比竞争对手做得更好。有时，哪怕你的产品在功能上占有明显的优势，它们也不一定会畅销，除非你对它们进行与众不同的介绍或者定位。从化妆品和许多其他消费品上，我们可以看到这一点。在杜邦公司的案例中也是。我们不妨再来看看计算机的例子。苹果电脑大获成功，原因不仅是它以非常低的成本，让体积很小的机器具备了非常强大的功能。许多人对使用计算机可能会碰到的麻烦再熟悉不过了，可是他们为什么还要从这家默默无闻的公司那里购买这种看起来像个玩具的东西呢？苹果电脑的用户获得的软件，也可以用在 DEC、通用数据公司（Data General，DG）、普莱电脑（Prime）和 IBM 等公司生产的小型机上，这当然是原因之一。但苹果电脑真正的聪明之处，在于它没有把自己定位成一个小型机新品牌，甚至没有把自己定位成一种微型机，而是另辟蹊径给自己起了一个全新的名字——"个人计算机"。于是，它成功地避免了把自己叫作另外一种微型机，一种只不过比其他品牌要好一些的微型机。如果是那样的话，它就必须声称自己比 DEC、DG、IBM 的性能更好，或者价格更低。一家默默无闻的公司说出这样的话，人们是不太会相信的。可事实上，苹果并没有那样做，而是提出："我们是一种全新的、完全不同的计算机——其他人没有的、最新一代的计算机。我们与众不同。我们是个人计算机，是给你这个普通人使用的，不是给你公司里那些计算机专家使用的。"

近年来，最有力地把营销想象力用于创造吸引顾客的新产品的，要算金融服务行业。货币市场上的共同基金是其中最引人注目的例子，它们让普通的投资者能够投资于由高利率、相对安全的商业票据组成的投资组合，并且让这些投资组合的购买和变现都变得非常简单。

另外一个富有想象力的例子是零利率公司债券（贴现债券）。这种债券在赎回价格的基础上，以很大的折扣率出售，发行人无须定期支付利息或者相关会计成本，而持有者在债券到期赎回之前都无须交税。金融业出色的创造能力在下面这个事例中更是显露无遗：在推出上面这种债券之后，很快又发明了一类新的零利率金融工具——零息票普通债券。

1981年通过的里根总统的《经济复兴税法》，大大提高了企业所能享受的投资税额减免，金融业快速创新的能力再次迸发出来。短短几个星期之内，一些减免额度尚未使用完毕的公司，就开始向那些可能从中受益的公司出售这些额度。

虽然相比设计和制造一种新的有形产品，设计和"制造"一种新金融工具的难度和成本都更低，而且凭借非常灵活和相对完备的电子和直邮分销渠道，它的营销也比较容易，但有两件事情仍然能够说明美国的金融业是非常富有创造力的。首先，它们都是美国独有的发明。西欧和南美的金融业也非常发达，但是它们连续多年遭受高通胀之苦，没有发明其中任何一种产品。另外，它们没有发明或者建设覆盖面广的电子和直邮设施，用来推动这些产品的管理和分销。虽然美国的金融业几乎没有开展市场或消费者研究，但某些金融企业显然有它们自己卓有成效的方式，用来了解人们需要什么、重视什么。它们使用的方式就是最好的方式——像往常一样，站在顾客的立场上，使用顾客的语言，按照顾客的方式思考，感受顾客的情感，对顾客表露出来的信息做出响应。显然，金融业的大多数企业并不是这样。不过，只要有少数几家企业这样想，就足以改变整个行业。一旦有新产品开发成功，或者新分销渠道建成，模仿者就会蜂拥而至，让整个行业为之改观。在保险、商业银行、信用卡、证券经纪、期货交易、抵押银行、储蓄银行等诸多行业，都发生过这样的事情。

美国金融业过去10年所表现出来的创业能力和大胆进取，相对于过去梦游般的倦怠来说，可谓脱胎换骨。这种转变大多始于新玩家的加入，或者老玩家带来了新思想。表现尤其突出的是花旗银行的沃尔特·瑞斯顿（Walter Wriston）、美林证券的唐纳德·里根（Donald Regan）、德莱弗斯基金（Dreyfus Fund）的杰克·斯坦（Jack Stein）。毫无疑义，是他们这些人自己，而不是他们的员工或者下属，推动了各自公司内部的革命。他们构想出愿景，亲自传播思想，并且激励他们的组织。除了制定必不可少的愿景以及具备实现愿景所需的决策和毅力之外，他们还拥有必要的胆识。行业里那些古老而愚蠢的法律法规，顽固地妨碍了这个行业的竞争和进步。可对这些人来说，它们只不过是一些必须绕过去或者清除的障碍，而其他许多人却认为必须遵守它们，即使心存不满，也只是发发牢骚而已。花旗银行发明的存款凭证，美林证券发明的现金管理账户，成功地绕过了那些过时的、毫不现实的法规。它们并不是这些公司做出的孤立的、绝无仅有的发明，它们是一系列层出不穷的、同样精明而富有想象力的发明的一部分。在这两个公司中，这些发明都只是它们各自转型过程中的一些片段。它们充分体现了市场营销在公司事务中的核心地位。至于公司最高层做出决策的基础，则是清楚地了解哪些手段是可以吸引顾客的。

再强调一次：企业的目的是吸引和留住顾客。没有顾客，哪怕技术再神奇，财务再精明，运营技能再高超，也不可能让公司运转下去。假设你是一个真空管制造商，哪怕你的成本再低，你的销售人员再出色，如果没有人要你的产品，或者那些需要产品的人所支付的价格还不够抵消管理费用，那么你便无法摆脱灭亡的命运。把不该做的事情做得很好，其实是把事情做得更糟糕。

什么才是应该做的事情呢？我们只有根据市场中的顾客正在做的事情，能够做的事情，或者可能做的事情来定义。对于那些咬定错误目的不放松的企业，想象力是救不了它们的。但凡成功的企业，都是在恰当的时间找到了恰当的目的，并且用适合于当时形势的手段来执行。选择一个成长性行业，然后把整个公司的精力都扑上去，也不一定能解决发展停滞的问题，因为可能有其他许多企业也已瞄准了同样的机会。真正的诀窍在于知道怎样非常及时地把机会转化为成果，这意味着要具备竞争优势，胜出竞争对手一筹。

低成本生产者把自己的成本优势部分地转化成能吸引顾客的低价，从而获得很大的市场份额。这样的生产者显然具有很大的优势。但是，它必须把这种低价优势同另外一些事情结合起来，才能满足市场那不断扩大、永不知足的愿望和需求。随着时间的推移，低价被顾客认为是理所当然的事情。这时，他们通常希望得到更多的其他利益，或者有越来越多不同的产品线，或者有更多的服务可供选择。所以，只有放在顾客希望得到并重视的各种利益的大背景下，低价才有意义。这里的诀窍在于把价格竞争力与所有其他方面的竞争力结合起来。简而言之，诀窍就是提供最具竞争力的价值。

所有这一切都在一项学术研究中得到了确证。这项研究是过去10年最有趣的商业学术研究成果之一，它是目前在康明斯发动机公司任职的威廉·霍尔（William K. Hall）完成的，他当时是密歇根大学的教授。霍尔选取了8个古老的行业，并对这些行业里的领先企业的财务业绩进行了研究。这 8 个行业中有 4 个是消费品行业（汽车、家用大电器、酿酒和烟草），另外 4 个是工业品行业（钢铁、轮胎和橡胶、重型卡车、建筑设备）。他发现，这些行业的领先企业的业绩，在一段相当长的时间内超出了一些成长性行业里的领先企业，例如石油行业的菲利普斯石油公司（Phillips Petroleum）^㊀、高科技行业的施乐、柯达、得克萨斯仪器、数字设备等公司，多元化经营领袖通用电气和联合技术公司（United Technologies）等。它们的业绩甚至比 3M 公司和 IBM 公司都要好。霍尔教授使用的业绩衡量指标，包括平均股东权益回报率、平均资产回报率以及平均收益年增长率。^㊁

在这 8 个平淡无常的基础行业里取得如此出色业绩的 8 家公司，分别是美国国家钢铁（National steel）^㊂、米其林轮胎、帕卡卡车（Paccar）、约翰迪尔农机（John Deere）、戴姆勒－奔驰、美泰格洗衣机（Maytag）、海曼酿酒（Heileman）和菲利普·莫里斯烟草（Phillip Morris）。霍尔对此做出的解释是，它们对自己的产品系统地追求显著的差异化。无论是关于一般产品（参见第 4 章），还是关于整个产品的其他方面，例如售后服务、零部件的供应、咨询服务、交货条件和可靠性等无形因素，它们实行的"差异化"都是客观的、真实的。它们显然很好地掌握了扩充产品这个概念。

霍尔还把这 8 家公司跟它们各自的低成本竞争对手做了对比，发现它们的业绩比后者也更好。简而言之，相比单纯的低成本，显著差异化能够带来更大的竞争优势，并且更加持久。如果哪家公司把这两种战

㊀ 该公司于 2002 年 8 月与美国康纳科石油公司（Conoco）合并，组成了现在的康菲石油公司（Conoco Phillips）。——译者注

㊁ William K. Hall, "Survival Strategies in a Hostile Environment," *Harvard Business Review*, September/October 1980.

㊂ 2003 年被美国第一大联合钢铁公司美国钢铁（United States Steel）收购。——译者注

略结合起来使用，就像卡特彼勒拖拉机公司（Caterpillar Tractor）那样，那么它就会取得惊人的成绩。

所有这些都说明了一个简单而又让人信服的事实：企业要取得成功，就要以持久的相对低价，持久地吸引相当大比例的顾客。特别值得注意的是，这个事实用市场营销的观点定义了企业的目的——吸引和留住顾客。所以，它确立了市场营销在公司战略规划当中的核心地位。

战略规划包括确定未来的任务，并进行相应的资源分配，以取得最大的回报。这个最大回报就是——也必然是——在市场中取得预期的结果。我们知道，成为低成本的生产商固然非常重要，但如果把精力放错了产品、放错了分销渠道，并对目标细分市场更加广泛的欲求漠不关心，那么低成本是远远不够的。为了正确判断未来应该完成哪些任务以及如何去完成这些任务，就必须掌握关于顾客、竞争对手和市场的许多数据。更加重要的是，企业必须富有想象力地把这些数据转化成有意义的、适合使用的信息。所以，你必须找到新的方法来了解你的潜在顾客。这种方法比目前市场研究中使用的纯粹的计量法要更加深刻，更加让人信服。

<u>数据与信息的差别，在于数据是对原始事实的简单罗列，而信息是对那些事实进行选择性的组织和进行富有想象力的解释。</u>要把数据转化为信息，就必须以某种直接和整体的方式了解自己将要面对的那个世界，必须深入自己将要了解的人们的生活和工作。简单罗列的数据不过是按顺序记录了不同的事件或类别，而信息表示对数据进行整理、分类和解读。仅仅借助越来越精细的统计及数学分析和计算，无论这些方法有多大的价值，也会迷失原本希望通过数据分析捕捉到的活生生的现实。这就像你在学习了Masters-Johnson疗法㊀或者读了《海特性学报

㊀ 威廉·马斯特斯（William H. Masters）和弗吉尼亚·约翰逊（Virginia E. Johnson）是美国的性学研究者，他们开创了一种有效的性功能障碍治疗方法，这种方法通常被称为"Masters-Johnson疗法"。——译者注

告》(*The Hite Report*)之后，就认为自己对性已经无所不晓。可是，事实远非如此。

关于顾客的准确数据，在被合理地转化成信息之后，就可以提高战略规划的质量。有时，战略规划被机械地，因而也是被错误地当作决定如何在未来可能要完成的任务之间分配资源。然而，这样定义战略规划是不正确的，因为它认为关于未来任务的各种可能方案是不言而喻的。事实上，那些方案并不是不言而喻的。公司决策面临的最重大、最考验创造力的挑战是什么？如果认为是选择未来的任务，那就错了。最重要、最具挑战性的工作，其实是构想各种可能方案。首先必须把各种可能方案构想出来，然后才能从中做出选择。因此，构想各种供选择的可能方案的过程，就是创造性地发挥想象力的过程。

米尔顿·格林伯格让GCA集中精力研制一种新型半导体生产设备，而不是对原有设备进行改进，他这时其实是在带领公司走上一条完全不同的道路。如果没有他的极力推动，GCA是不可能走上这条路的。米尔顿关于未来应该做什么事情的这个新思路简单而清晰，它完全来源于对那个庞大市场的根本欲求的了解。这种了解简单而又清晰，尽管市场本身那时还不明白自己真正需要的是什么。这个战略意义重大的决策，它的力量在于洞察顾客的需要，并构想出顾客导向的可能方案，然后从中做出正确的选择。

战略规划包括定义未来的任务，它必然要涉及市场营销，必然要对现实情况做出响应，必然要满足市场提出的必不可少的条件。为了落实战略规划决定要做的事情，就必须在竞争的旋涡中制订现实的实施计划。如果实施计划不现实，而且负责把计划转变为行动的那些人不相信计划的可行性，实施的结果就会一塌糊涂。对于那些看来愚蠢或者错误的计划和方案，下属仍然会遵照执行，尽管会带有一些勉强。但是，对于那些他们认为不现实，也就是无法实施的计划和方案，他们是不会认真努力去实施的。

轻骑兵坚决服从命令，向死亡之谷挺进。㊀这时，这支骑兵部队自己对于职责、正确、恰当和效果的理解都无关紧要。但在商业世界里，职责并不像在军事中那样重要，那样有约束力。商业计划和方案最好是正确、恰当、有说服力的，它们还必须在一定程度上符合人们的常识，特别是必须容易理解，否则就会引起误解，遭到抵制，有时甚至碰到公然的蓄意阻挠。对于那些看起来既不明智也不合适的事情，人们是不会欣然去做或者投入热情的，对那些无法理解的事情就更是如此。他们虽然不会公然反对或者阻挠，但他们会拖拖拉拉；他们会通过各种微妙的方式向同人和下属透露自己并没有被说服，内心也没有紧迫感；他们会容忍大家的懒散和迟缓。

一项战略要取得成功，就必须简单明了，只要用几行字就可以表述清楚。如果它过于精细和复杂，并且需要长篇大论或者许多时间才能解释清楚，那就没有多少人能理解它，或者能合上拍。复杂性通常会让人们对企业面临的现实情况的判断变得模糊或者虚幻。给企业带来灭顶之灾的最激烈、最直接的原因，通常是财务上的，例如没有足够的现金来偿还债务、支付利息、结清货款等。这些事件通常会成为头条新闻，因为它们经常导致企业破产，而且非常引人注目。其实，它们常常是人们在纯粹的财务问题上做出了错误决策而造成的。在许多情况下，这些错误决策归根结底都是因为对市场情况做出了错误的计算或者愚蠢的假设——产品会足够畅销，价格会足够高，应收账款会足够少而且回收期足够短。所以说，财务困难起源于市场。

市场营销无疑对企业的业绩起着决定性的作用，因为市场营销决定

㊀ 在 1853—1856 年的克里米亚战争中，一支英军轻骑兵接到上级的命令，明知这个命令是错误的，但仍然坚决执行。后来，尽管战斗失败，但这种服从命令的精神仍然得到许多赞美。——译者注

了企业的收入来源和收入水平，而收入是决定企业命运的重要因素。市场营销意味着吸引和留住相当一部分顾客（相对于竞争对手而言），因为人们只有依靠营销想象力来获得差异化的竞争优势。假设企业的生产成本有足够的竞争力，那么找到吸引和留住顾客的方法这个重担，就全部压在营销想象力的肩上。为了把事情做好，人们必须付出大量长期而又艰辛的努力，而这本身就是一件要有丰富想象力的事情。然而，除非关于未来任务的决策是合适的，换句话说，除非想象力发挥得当，否则就没有什么可以使这个企业免于灭亡。高效地追求错误的目标，比低效地追求正确的目标更具破坏性。在企业里，营销想象力是决定目标的最重要工具。

第 8 章

营销短视症

每一个重要行业曾经都是成长型行业。但是，一些目前被人们普遍认为是成长型的行业正面临着衰退的威胁，一些长期被认为是成长型的行业其实已经停止增长。事实上，成长受到威胁、增速减缓甚至停滞，原因都不是市场已经饱和，而是管理不善。

事实上，我认为根本就不存在什么成长型行业，世间只有可以创造和利用成长机会的公司。

——莱维特

每一个重要行业曾经都是成长型行业。但是，一些目前被人们普遍认为是成长型的行业正面临着衰退的威胁，一些长期被认为是成长型的行业其实已经停止增长。事实上，成长受到威胁、增速减缓甚至停滞，原因都不是市场已经饱和，而是管理不善。

注定失败的企业目的

企业的失败就是最高管理层的失败。归根结底，应该对失败负责的是那些制定长远目标和政策的高管。例如：

- 铁路运输停止增长，并非客运和货运的需要已经萎缩。相反，需要仍在增长。铁路陷入目前的困境，不是因为这些需要已被其他工具（轿车、卡车、飞机甚至电话）满足了，而是因为铁路自己未能满足这些需要。铁路公司任由其他交通工具夺走自己的客户，因为它们认为自己从事的是铁路行业而不是运输行业。它们之所以错误地定义自己的行业，是因为它们以铁路为导向，而不是以运输为导向；以产品为导向，而不是以客户为导向。

- 好莱坞几乎被电视全歼。事实上，所有老牌电影公司都不得不彻底重组，有些甚至消失了。它们陷入困境，并不是因为电视的进犯，而是因为它们自己患了"短视症"。像铁路公司一样，好莱坞也未能正确地定义自己的业务。它认为自己从事的是电影业，而其实它从事的是娱乐业。"电影"指的是具体的、有限制的产品。这种狭隘的观念使好莱坞产生了一种愚蠢的自满感，从而导致电影制片人一开始就把电视看成一种威胁。于是，好莱坞本该欢迎电视的出现，将电视的出现当作一个大好时机，也就是拓展娱乐业的良机，可它反而一味地嘲讽和抵制电视。

- 时至今日，电视业比狭义的电影业在过去任何时候都要大。假如好莱坞以客户为导向（提供娱乐），而不是以产品为导向（制作电影），那么它还会在财政上遭遇寒冬吗？我想它不会。最终挽救了好莱坞并让它走上复兴之路的，是一批来自电视行业的年轻编剧、制片人和导演，就是他们在电视行业的成功曾经摧毁了众多老牌电影公司，掀翻了众多电影大亨。

还有一些与此类似但不那么明显的例子，它们涉及的行业也是因为不恰当地定义自己的目的，因而生存受到威胁，或者即将受到威胁。我在下文中将会加以详述，并对那些带来麻烦的政策进行分析。现在，让我们先来看一看完全以客户为导向的管理，是如何能让成长型行业保持成长的，甚至是在似乎再也找不到什么机会的时候。这里举两个广为人知的例子——尼龙和玻璃——准确地说，就是杜邦公司和康宁公司。

这两家公司的技术实力都很强大。它们以产品为导向是毋庸置疑的，但仅此不足以解释它们的成功。毕竟，已被彻底打垮的新英格兰⊖的纺织公司，过去也非常骄傲地以产品为导向，具有强烈的产品意识，有谁还能比它们在这些方面做得更好呢？杜邦公司和康宁公司取得成功的主要原因，不仅是它们的产品或者研究导向，而且它们同时也非常彻底地以客户为导向。正是因为它们时刻留意适合的机会，运用自己的技术能力创造能满足客户需要的产品用途，才推出了许多成功的新产品。如果对客户没有深入的了解，它们推出的新产品可能大多数就没有销路，采取的销售方法也毫无成效。

⊖ 美国东北的一个地区，这里曾经是纺织公司聚集之地，被广泛认为是美国工业化的起源地。——译者注

铝业也是一个持续成长的行业，这得感谢两家在第二次世界大战期间创办的公司——凯撒铝业化学公司（Kaiser Aluminum & Chemical Corporation）和雷诺兹金属公司（Reynolds Metals Company）。它们很早就着手开发能满足客户需求的新用途。可以说，如果没有这两家公司，今天对铝的总需求会低得多。

错误的分析

有人会说，把铁路行业和铝业相比，或者把电影行业和玻璃行业相比，这是非常愚蠢的，因为铝和玻璃的用途本来就非常广阔，它们比铁路和电影有更多的成长机会，难道不是很自然的一件事情吗？这种观点恰恰犯了我所讲的错误。它对一个行业、一项产品，或者一系列技术的定义过于狭隘，因此必然导致早衰。一提到"铁路"，我们应该保证那指的是"运输"。作为运输者，铁路公司仍有大幅增长的良机，它们也不应拘囿于现今的铁路业务（在我看来，铁路运输的潜力比大部分人所想象的要大得多）。

铁路公司缺少的不是机会，而是管理上的想象力和胆识——当初成就这一伟大行业的想象力和胆识。就连雅克·巴赞（Jacques Barzun）[一]这样的业外人士都看出了它的缺陷所在。他写道：

> 我痛心地看到，19世纪最先进的实体社会组织，因为缺乏当年让其崛起的全面的想象力，而黯然衰落了。（这些公司）缺乏的是继续生存，以及用创新和技能满足公众需要的意愿。

[一] 美国作家、教育家、历史学家。1907年出生于法国，1920年移居美国。——译者注

过时的阴影

任何一个重要行业都有过强劲的增长,并因此被称为"成长型行业"。就每一个行业来说,人们往往认为它的成长在于它的产品具有无法比拟的优越性,似乎找不到什么产品能有效地代替它。对被它成功取代的产品而言,它就是一件非常成功的替代品。可是,这些赫赫有名的行业一个接着一个陷入了衰退的阴影。我们来简略地看几个案例,它们到目前为止很少受到人们的关注:

干洗——它曾是一个前途无量的成长型行业。不妨想象一下,在一个羊毛服装大行其道的时代,它的出现终于让人们有了一种安全、简易地清洁衣物的方法,这样的行业能不持续成长吗?

但现在,在经历了30年的繁荣之后,干洗行业陷入了困境。竞争来自何处?出现了更好的清洁方式吗?不是!竞争来自无须干洗的合成纤维和化学添加剂。但这还只是一个开始。有一个神通广大的魔术师,它正蓄势待发,准备让化学干洗业务完全过时,它就是——超声波。

电力公共事业——这又是一个被认为是有着"无可替代"的产品、成长空间不可限量的行业。白炽灯的出现,终结了煤油灯的存在。接着,灵活、可靠、简单和适用面更加广泛的电动机,淘汰了水车和蒸汽机。家庭慢慢变成了家用电器的展览馆,电力行业也随之蒸蒸日上。谁肯错过投资于电力公司的机会呢?它们可是没有竞争、只会不停地成长的企业啊。

但定睛一看,就会发现事情没有那样让我们心安。许多非电力公司在高效能化学燃料电池的开发上已经取得很大进展,这些电池可以放在每个家庭的隐蔽壁橱内,默默地取代电能。相比之下,传统的电力弊端不少:电线在街区里穿来穿去,密如蛛网;为了铺设和维护地下线缆,老要把街道开膛破肚；暴风雨雪来临，电力供应就有可能中断。燃料电池将使这些现象彻底消失。另外，太阳能也即将登场，同样也是非电力公司引领开发的。

谁说电力公司没有竞争？它们现在可能是自然垄断者，但明天就可能无疾而终。为了避免走上这条路，电力公司也必须开发燃料电池、太阳能和其他的能源。为了生存，它们必须做好准备，让促成它们今日之繁荣的东西退出历史舞台。

杂货店——许多人觉得很难想象，被称为"街角杂货店"的商业设施也有过繁荣昌盛的时候。它们如今已被高效的超市取代。但是，20世纪30年代的大型食品连锁店侥幸逃脱，没有被积极扩张的独立超市彻底消灭。第一家真正意义上的超市诞生于纽约州长岛牙买加，那是1930年。到1933年，超市已在加利福尼亚州、俄亥俄州、宾夕法尼亚州以及其他地方红火起来。但老牌连锁店非常傲慢，对超市的出现很不以为意。它们一谈到超市，用的词语都带着嘲讽，诸如"低劣""老掉牙""乡村里的仓库保管"以及"不道德的投机分子"等。

当时，一家大连锁店的管理者宣称，他认为"很难想象人们会开几英里的车去购买食物，而舍弃连锁店完善的、自己非常习惯的人员服务"。㊀直到1936年，全国批发杂货商会议和新泽西零售杂货商协会仍然宣称自己无所畏惧。它们说，超市狭隘地迎合贪图便宜货的顾客，注定了它们的市场不会有多大。超市必须吸引周围几英里的顾客。当模仿者大量出现时，超市的销量就会下降，从而导致全面破产。它们认为超市当时的销售额高，原因之一是人们对它还感到很新鲜。从根本上讲，人们还是需要方便的社区杂货店。社区杂货店如果能够"与供应商配

㊀ 更详细的情况参见齐默曼的著作《超市：分销的革命》（M. M. Zimmerman, *The Super Market: A Revolution in Distribution*, McGraw-Hill, 1955, p.58）。

合，注意成本，改善服务"，就能够挺过这场竞争，直到竞争消失。㊀

然而，竞争从未消失。连锁店最终认识到，要生存就必须开展超市业务。这意味着它们必须大规模地放弃自己在街角商店店铺、已有分销系统和经营方法等方面的巨大投入。仍然有一些"勇于坚守信仰"的公司顽固地坚持街角商店哲学。没错，它们的确保住了尊严，不过就连穿在身上的衬衫都赔光了。

自欺欺人的循环

可是，人们总是好了伤疤忘了痛。例如，现在信心十足地为电子和化工这两个救世主欢呼的人们，很难想象这些飞速发展的行业可能会遭遇什么危机。他们可能也看不出，一名理智的商人如何会像波士顿那位著名的百万富翁一样目光短浅。在20世纪早期，这名富翁声明他的所有财产永远都只能用于投资电车公司的证券，这无意中让他的继承人身陷贫困之中。他生前做出的"高效的城市运输无论何时都会是一项大需求"的断言，并没有安慰到他的继承人，他们只能靠在汽车加油站操作油泵度日。

我最近对一群聪明的企业管理者做了一次非正式调查，他们当中几乎有一半的人认为：将财产永远地与电子行业挂起钩来，不太可能给自己的继承人造成什么损失。我用波士顿电车的例子反驳他们，他们异口同声地回答："那不一样！"果真不一样吗？基本情况难道不是一模一样吗？

事实上，我认为根本就不存在什么成长型行业，世间只有可以创造和利用成长机会的公司。自诩乘上成长电梯的那些行业，无一例外地会陷入停滞。每一个死去或者垂死的"成长型"行业，它们的历史都展示

㊀ 更详细的情况参见齐默曼的著作《超市：分销的革命》，第45～47页。

出一个自欺欺人的循环，从大规模扩张慢慢演变为不易察觉的衰退。如果满足下列 4 个条件，这个循环通常就一定会出现：

（1）认为人口增长和收入增加能够确保行业成长。

（2）认为没有竞争产品能代替这个行业的主要产品。

（3）过分信任大规模生产，认为产量增加会导致单位成本迅速下降。

（4）专注于一项产品，整个行业都忙于进行严格控制的科学实验、产品改进以及降低制造成本。

接下来，我会比较详细地讨论上述每一个条件。为了增强说服力，我将借助三个行业的例子进行阐述。这三个行业是石油、汽车和电子，尤其是石油，因为它跨越的时间最长，经历的变迁兴衰最多。它不仅在大众中享有卓著的声誉，并受到老练的投资者的青睐，而且拥有锐意进取的管理者——他们以在财务控制、产品研究和管理培训等方面有先进的理念著称。如果这些行业都有过时的一天，那么其他行业就更不用说了。

人口神话

人口的增长和富裕程度的提高能够保证行业的利润，每个行业对此都深信不疑。这种思想减弱了每一个人对未来的担心。如果消费者的数量在增加，并在购买更多的产品和服务，那么相比市场日益萎缩的情况，你对未来的把握会大得多。有了一个不断扩大的市场，制造商就不必再冥思苦想或者发挥想象力。如果说思考是人类在智力上对问题做出的反应，那么没有问题就不会有思考。如果你的产品有一个自动扩大的市场，你自然不会多想应该如何去扩大市场。

在这一点上，最有趣的案例之一来自石油行业。石油行业也许是最古老的成长型行业，有着令人羡慕的成长记录。虽然现在外界对它的成长速度有些担忧，但是该行业自身却颇为乐观。

不过我可以证明它正在经历一场典型的根本性变化。它不仅将不再是成长型行业，而且相对其他行业而言它还有可能走向衰退。尽管这一点尚未得到广泛认同，但我相信石油行业在 25 年内就会与现在的铁路行业一样，只能回想昔日的辉煌。尽管石油行业在开发和应用现值投资评估法、处理员工关系以及与落后国家开展合作等方面做了许多开拓性的工作，但它的自满和执迷不悟总是把良机变成灾难。

许多行业和石油行业一样坚信人口增长会带来好处，而且都拥有看似没有替代品的一般产品。它们与石油行业有一个共同特点，即行业内的每个公司都试图通过改进现有的做法去战胜竞争对手。当然，如果认为销售受限于人口的数量，这样做是有道理的，因为客户只能通过一项一项的特性来对产品进行比较。但是，我认为很重要的一点是，在约翰·洛克菲勒（John D. Rockefeller）在中国免费向老百姓赠送煤油灯之后，石油行业在创造产品需求方面没有任何真正的成就。它甚至在产品的改进上也没有可圈可点之处。四乙基铅的开发是这个行业最伟大的改进之一，但它并不是石油行业的功劳，而是通用汽车公司和杜邦公司共同努力的结果。该行业本身做出的较大贡献，仅限于石油开采、生产和提炼等方面的技术改进。

自找麻烦

换句话说，石油行业的努力都集中在提高获得产品和制造产品的效率上，而不是真正放在改进一般产品或者市场营销上面。另外，它的主打产品的定义也一直非常狭窄——它生产的是汽油，而不是能源、燃料或者运输。正是因为这种态度，才有了下述情况的出现：

- 汽油质量的重大改进通常起源于非石油行业。同时，先进的替代燃料也是非石油行业的公司开发的，这一点稍后我会谈到。

- 汽车燃料营销的重大创新起源于一些新创小石油公司，它们不以石油生产或提炼为主业。这些公司迅速拓展设有多台油泵的加油站，注重宽敞而干净的布局、迅速高效的车道服务和低价优质的汽油，从而取得了成功。

这样，石油行业就从外面找来了麻烦。在这块投资者和创业者如饥似渴的土地上，威胁迟早会到来。下面我们会讲到许多公司的管理层持有的另一种危险思想，这种可能性那时就会更加显而易见。由于第二种思想和第一种思想是密切相关的，为了保持连续性，我还是使用同一个例子来加以论述。

认为自己不可或缺

石油行业深信自己的主要产品汽油是没有竞争替代品的。就算有，那也仍然是原油的衍生物，比如柴油或者航空煤油。

这个假设包含着很多良好的愿望。问题是大多数炼油公司都拥有大量的原油储备，而只有利用原油生产出来的产品有市场，这些原油才有价值——因此石油公司固执地认为，用原油生产出来的汽车燃料一直会保持着它的竞争优势。

尽管所有的历史经验都与此相悖，这种思想却仍然顽固地存在。这些历史经验表明，无论作何用途，石油这种产品的优势从来就不是长期的，并且石油行业也从未真正成为一个成长型行业。整个石油行业是由一些不断更迭的业务组成的，每一种业务都经历了常规的历史周期：成长、成熟和衰退。它能作为一个整体生存下来，是因为它一次又一次奇迹般地逃脱了被彻底淘汰的厄运，就像电影《宝琳历险记》(*Perils of Pauline*) 里的宝琳，总是在最后时刻出人意料地躲过了灭顶之灾。

石油行业历险记

我只提纲挈领地讲几个重要片段。

原油最初主要被当成专利药品。但这种潮流还未消退，人们发现石油可以用来照明，于是需求大增。照亮全世界的前景，为石油行业的成长带来了无限的希望，就像现在这个行业对在世界其他地方使用汽油的憧憬如出一辙——它迫不及待地希望发展中国家的每个车库里都有一辆车。

在煤油灯时代，石油公司彼此竞争，并与煤气灯竞争，竞争的手段是努力改进煤油的照明特性。然后，不可思议的事情突然发生了。爱迪生发明了电灯，它根本就不用油。要不是因为小型取暖器使用的煤油增多，石油行业的成长美梦当时就会被半路杀出的白炽灯打得粉碎。如果真是那样的话，石油现在可能仅仅用来制造轴承润滑剂。

后来，新一轮的灾难与缓解又出现了。燃煤家用中央供暖系统的成功开发，淘汰了小型取暖器。这时，大祸临头的石油行业又盼来了两项重大创新。第一项发明是内燃机，它是石油行业有史以来最伟大的推动力。不过，这个救星也不是来自石油行业内部。到了20世纪20年代，内燃机对汽油的巨大需求开始趋于平稳，中央燃油加热器的出现又使它奇迹般地幸免于难。同样，这个幸运之星也是外界的发明。这个市场刚刚表现出疲态，战争对航空燃料的需求又给它注射了一针强心剂。战后民用航空的扩张、柴油机车头的普及以及人们对汽车和卡车的爆炸性需求，让石油行业保持了高速成长。

与此同时，成长潜力初为人识的中央燃油加热系统，陷入了与天然气的激烈竞争当中。虽然石油公司同时也是天然气的拥有者，但天然气革命不是石油行业发起的，石油行业至今也没有因为拥有天然气而获得很多利润。天然气革命是由新组建的油气输送公司掀起的，它们以极大的热情为产品开拓了市场，开创了一个伟大的新行业，开始是不顾石油公司的建议，后来是突破石油公司的抵制。

从当时所有的逻辑来推断，石油公司都应该自己发起天然气革命。它们不仅拥有天然气，而且是唯一有处理、净化和使用天然气经验的公司，也是唯一在管道技术和输送方面有经验的公司，而且它们对加热问题非常熟悉。但是，它们知道天然气会与自己的加热用油争夺市场，部分地出于这个原因，石油公司对天然气的潜力嗤之以鼻。

这场革命最终是由石油管道的管理者发起的，他们无法说服自己的公司从事天然气业务，因此辞职组建了天然气输送公司，取得了巨大的成功。虽然这些人的成功已经摆在石油公司面前，并让它们痛苦不已，可是石油公司仍然没有涉足天然气输送业务，让这一本应属于自己的、可以创造巨大财富的生意落入他人手中。与过去的情况一样，石油行业一叶障目而不见天下，狭隘地专注于一个具体产品和石油储备的价值，很少甚至根本不重视客户的基本需要和偏好。

石油行业的情形在战后也一直没有任何改变。第二次世界大战刚结束时，市场对传统石油产品的需求迅速增长，于是石油行业对自己的未来充满了信心。1950年，大多数石油公司计划国内业务要取得约6%的年增长速度，并且增长至少要持续到1975年。尽管石油公司的原油储备量与西方各国的需求量之比达到了约20∶1（人们通常认为在美国的合理比率为10∶1），不断高涨的需求还是促使石油公司在没有把前景考虑清楚的情况下，加大了勘探力度。1952年，他们在中东"撞了大运"，使储量需求比剧增至42∶1。如果储备的总增长率保持在过去5年的平均水平（每年增长370亿桶），那么到1970年的储备需求比将高达45∶1。庞大的石油储备大大降低了全球原油和石油产品的价格。

不确定的未来

石油行业的管理者现在也无法从迅速壮大的石化行业中找到多少安

慰，应用石油的这种方法也不是石油行业的大公司提出来的。目前，美国石化产品生产对石油的总需求相当于所有石油产品的2%（按数量）。尽管石化行业的年增长速度有望达到10%左右，但它们终究比不过其他抑制原油消费的力量。另外，尽管石化产品种类很多，而且产量在高速增长，但不要忘记了石油并不是它们唯一的原材料。例如，煤炭也是石化行业的原材料之一。还有，很多塑料产品的原材料中，石油的比例并不高。现在，如果一个化工厂每天能消耗5万桶石油，那么对石油行业来说，它就算得上是一个规模庞大的石化公司。

石油行业从来不是一个持续高速成长的行业。它的成长是一阵一阵的，总是神奇地被其他行业的创新和突破救活。它之所以不能稳定成长，是因为每当它认为自己的产品无可挑剔，不会遇到替代品时，事实总是证明这种产品在新产品面前其实相形见绌，注定会被淘汰。时至今日，汽油没有遭遇被淘汰的命运（不管怎么样，还是用作汽车燃料）。但是，我们将来会看到，它也有可能到了垂暮之年。

所有这一切都说明一个事实，世间没有铁定不过时的产品。某个公司的产品即使没有因为自己的研究落后而过时，也会被其他公司淘汰。一个行业除非特别幸运，就像到目前为止的石油行业一样，否则它很容易陷入连年亏损——就像铁路公司、马鞭制造商、街角杂货连锁店以及大多数大型电影公司等那样。

<u>公司想要特别幸运，最好的办法是自己创造运气。这就要求它必须弄清成功的原因是什么。</u>公司要弄清这一点，对大规模生产的错误认识是一个大敌。

生产压力

大规模生产的行业总会竭尽所能扩大生产。产量提高，单位成本会急剧下降，这种诱惑是大多数公司通常无法抗拒的。大规模生产的利润潜力是如此可观，因此企业把所有的力量都用在生产上，结果忽视了市场营销。

约翰·肯尼思·加尔布雷思（John Kenneth Galbraith）[一]提出的观点正好相反。[二]他说，因为产量很大，所以全部精力都用在了卖掉产品这件事情上面。他提出，正是因为这个原因，才会有不绝于耳的商业广告，才会有把乡村变得乌七八糟的广告牌，才会有其他浪费行为和粗俗的事情发生。加尔布雷思说对了一部分，但他没有站在战略的高度来分析这个问题。大规模生产的确给产品的"消化"带来了巨大的压力，但人们通常强调的是销售（selling），而不是营销（marketing）——他们忽视了营销这个更加精妙和复杂的过程。

营销与销售的区别不仅仅是语义上的，它们之间存在着根本性的区别。销售着眼于卖方的需要，营销着眼于买方的需要；销售注重的是卖方把产品转变为现金的需要，营销注重的是通过产品以及与产品的创造、交付和最终的消费相关的一整套活动满足客户的需要。

在某一些行业中，充分实行大规模生产的诱惑非常大，以至很多年来最高管理层告诉销售部门的实际上是："你们只管把东西卖掉，利润的事情我们来考虑。"与此相对，真正持营销观念的企业会努力创造物有所值的产品和服务，吸引消费者自愿购买。这种企业销售的不仅仅是一般产品或服务，还包括怎样把它们提供给客户，以何种形式、何时、以什么条件以及采取怎样的交易条款提供。最重要的是，它所销售的东西不是由卖方而是由买方决定的。卖方积极捕捉买方给出的暗示，让产品成为营销的结果，而不是让营销成为产品的结果。

[一] 约翰·肯尼思·加尔布雷思（1908—2006），哈佛大学经济学教授，长期担任民主党总统的经济智囊。——译者注

[二] *The Affluent Society* (Boston, Houghton Mifflin, 1958). pp. 152-60.

底特律的滞后

让产品成为营销的结果，这看似一条基础的商业规则，但违反这条规则的事例比比皆是，而且违反的肯定多过遵守的。我们不妨以汽车业为例。

大规模生产在这个行业里最出名，最受推崇，对整个社会的影响力也最大。这个行业取得成功的诀窍，在于无休无止地每年变换车型，这就使得汽车公司特别有必要采取客户导向。结果，汽车公司每年要在客户调查上花费数以百万计的资金。但是，新款小型车在面市的第一年就大为畅销的事实，说明底特律长期以来的广泛调查并没有揭示客户的真正欲求㊀。底特律并不认为消费者想要得到一款不同于以往那些产品的车，直到无数的客户转投其他小型车生产商的怀抱。

底特律的反应为何会滞后于消费者的欲求那么长时间呢？为什么研究没能在消费者的购买决策揭示真相之前，就揭示消费者的偏好呢？难道消费者研究不就是为了揭示事态的发展方向吗？答案是，底特律从未真正研究过消费者究竟想要什么。它所研究的，只是客户对它已经决定提供的各种东西有什么偏好。因为底特律主要以产品为导向，不以客户为导向，所以虽然它在某种程度上认识到自己应该去满足客户的需要，但它通常表现得好像只要对产品做一些改变就可以完成。它偶尔也会帮助顾客解决购车资金的问题，但这样做的目的主要是为了销售，而不是为了让客户有财力购车。

至于满足客户的其他需要方面，底特律的服务更是乏善可陈。最没有得到满足的需要被忽略了，或者说最多得到了"继子"的待遇。这里说的是销售服务以及售后的修理和维护。底特律认为这些问题是次要

㊀ 美国汽车制造商从调查中一再得知，美国的消费者喜欢宽大、豪华、动力强劲的汽车，却不料日本的汽车制造商"逆流而动"，推出以节油为主要卖点的紧凑型小型车。——译者注

的。汽车行业的零售和服务终端不为制造商拥有，经营也不受其控制，这种局面让上述问题雪上加霜。汽车生产出来以后，事情基本上就到了经销商手中，可是经销商的实力并没有强大到把其他事情都做好。还有一个事实颇能说明底特律对市场的冷漠态度：虽然服务中蕴含着刺激销售、增加利润的大好机会，但雪佛兰的7 000家经销商中，仅有57家提供夜间维护服务。

车主不断表达自己对服务的不满，以及在当前的销售制度下买车的担忧。他们今天在买车和维护过程中遇到的疑虑和问题，可能比在30年前更加严重和广泛。然而，汽车公司似乎没有倾听消费者的疾苦，也没有领会他们的意思。如果说它们听了，那也肯定是戴着"生产至上"的耳塞。营销仍旧错误地被视为产品的必然结果，而不是与此相反。这种现象是大规模生产观念的遗产——这种观念让人们认为，利润的根本在于全力进行低成本生产。

亨利·福特的头等大事

由于大规模生产能够带来巨额的利润，它显然可以在企业管理的计划和战略中占有一席之地，但它必须始终服从于客户理念。这是我们从亨利·福特（Henry Ford）的矛盾行为中能得到的最大教训之一。从某种意义上讲，福特是美国历史上最愚蠢也最出色的商人。说他愚蠢，因为他只向客户提供黑色的车；说他出色，因为他针对市场需要建造了一个相应的生产体系。我们习惯于称赞他是一个生产天才，但其实他真正的才干在于营销。我们觉得他之所以能够把汽车售价降到500美元，卖出几百万辆汽车，是因为他发明的流水线降低了成本。可实际上，他之所以发明流水线，是因为他认为只要把价格降到500美元，就可以卖出几百万辆汽车。<u>大规模生产是低价的结果，不是它的原因。</u>

福特自己一再强调这一点，但全美国的经理人都以生产为导向，对福特给出的伟大教诲置若罔闻。福特曾这样简洁地表达他的经营哲学：

> 我们的政策是降价、扩大经营规模和改进产品。请注意，降价是在第一位。我们从不认为任何成本是固定不变的。因此，我们首先把价格降到我们认为可以推动更多销售的那个点，然后努力用那个价格把产品生产出来。我们不担心成本，新的价格会迫使成本下降。大家的普遍做法是，先计算成本，然后决定价格。这种方法在狭义上也许是科学的，但在广义上是不科学的，因为如果算出来的结果是你不能用一个能让产品卖出去的价格把产品生产出来，那么知道成本还有什么实际用处呢？更重要的是，尽管成本是可以计算出来的，当然我们所有的成本都是经过精心计算的，但没有人知道成本应该是多少。探究（成本应该是多少）的方法之一，是定下一个低价格，迫使所有人都达到最高的工作效率。这个低价会推动所有人去努力发掘利润。我们使用这种强制的方法，在生产和销售方面得到的发现，比用任何随意的调查方法得到的都要多。

狭隘的产品观念

相信低的单位生产成本会带来可观的利润，这也许是一种最严重的自欺欺人的思想。它会给公司，尤其是给"成长型"公司带来痛苦，因为这些公司认为需求显然会不断扩大，这本来就会削弱它们对营销和客户的必要的关注。

如此狭隘地专注于所谓的具体事项，通常会导致行业衰退而不是成长。这通常意味着产品不能适应不断变化的消费需求和嗜好，不能适应调整后的营销机构和实践，或者不能适应竞争行业或互补行业的产品开发。如果目光只盯着自己的具体产品，就会看不到自己是怎么被淘汰出局的。

马鞭行业是一个非常恰当的案例。无论对产品做出多大的改进，都不可能避免它被判死刑。但如果这个行业把自己定义为运输业而非马鞭制造业，它也许能生存下来。那样的话，它会做出相应的改变，这通常是生存下来的必要行动。哪怕它只是把业务定义为给某种能源提供刺激物或催化剂，它或许也能生存下来，成为风扇传动皮带或者空气净化器的制造商等。

有朝一日，石油行业会成为一个更加经典的案例。在其他行业夺走了它的绝好机会之后（例如前面提到的天然气，还有导弹燃料、飞机引擎润滑剂等），人们料想它会设法防止类似的事情再次发生。但是，事实并不是这样。现在，我们看到专为汽车设计的燃料系统有了非凡的新进展。不仅取得这些进展的都是石油行业以外的公司，而且石油业几乎完全忽视了它们，对自己与石油的婚姻甚感美满。这是白炽灯淘汰煤油灯那段历史的重演。石油行业正在做的，就是改进它的碳氢化合物燃料，而不是开发任何最适合用户需要的燃料，无论这些燃料是用不同的方式制造，还是用石油以外的原材料制造的。

下面是一些石油行业之外的公司正在做的一些事情：

- 十几家这类公司已经有了先进的动力系统工作模型，这些系统一旦得到完善，就会取代内燃机，不再需要汽油。所有这些系统都有一个显著的优点，也就是不用再频繁地停车加油，因而省时省力。这些系统大多是燃料电池，不需要燃烧过程，就能把化学物质直接转化为电能。它们使用的化学物质大多不是石油的衍生品，通常是氢气和氧气。

- 另有几家公司开发出先进的汽车动力蓄电池模型。其中一家是飞机制造商，正与几家电力公司合作。后者希望能用非高峰时间的发电能力，在夜间给蓄电池充电。还有一家是中等规模的电子公司，它通过助听器业务积累了丰富的小型蓄电池技术。这家公司正与一家汽车制造商合作。火箭上要用到微型高能电力存储装置，这种需要促成了最近的技术改进，使人们制造出体积较小、大负荷或者功率冲击承受力大的电池。锗二极管的应用，以及使用烧结式极板和镍镉技术的电池，有望掀起一场波澜壮阔的能源革命。

- 太阳能转化装置也引起越来越多的关注。一位平时对新鲜事物比较谨慎的底特律汽车业高管曾大胆预言，太阳能汽车可能到1980年就会开始普及。

至于石油公司，正如一位研究人士对我说的，它们或多或少都在"静观其变"。它们只有少数几家在进行一些燃料电池的研究，但这些研究几乎都局限于开发使用碳氢化合物的电池。它们没有一家热衷于研究燃料电池、蓄电池或者太阳能发电设备。相比那些常规项目，例如减少汽油发动机燃烧室积炭，没有哪一家在这些非常重要的领域投入了值得一提的资金。一家大型综合石油公司最近尝试性地涉足燃料电池，然后得出结论说，尽管"积极从事这一研究的公司认为它们最终会成功……但它们离成功还很遥远，而且它们的影响力有多大也很难判断，它们暂时还不会得到我们的重视"。

当然，有人可能会问：石油公司为什么要去做其他事情呢？化学燃料电池、蓄电池或者太阳能不是会消灭石油公司现有的生产线吗？他们说得没错，也正是因为这个原因，石油公司才必须赶在竞争对手之前开发这些能源装置，只有这样它们才不至于成为一些找不到行业的公司。

如果管理者认为自己从事的是能源行业，也许更有可能采取一些维持自己生存的必要措施。但是，如果他们顽固地死守着狭隘的产品导向，那么认为自己从事能源行业也仍然是不够的——他们必须把满足顾客的运输需要，而不是把勘探、提炼或者销售石油作为公司的目的。一旦他们真正认识到自己的业务就是满足人们的运输需要，那么就没有任何东西可以阻止他们创造巨大的增长，并获得丰厚的利润。

创造性破坏

说起来容易做起来难。我们有必要弄清这种思维包括一些什么内容，并会导致什么样的结果。我们要从石油行业的源头，也就是从顾客入手。可以看出，车主非常讨厌加油带来的干扰、耽搁和经历。<u>他们购买的实际上不是汽油</u>，因为他们无法看见、品尝、感觉、欣赏或者真正地检验汽油。<u>他们购买的是继续开车的权利</u>。加油站就像是征税员，人们被迫定期向它们缴费，作为开车的成本。这使得加油站在本质上成为一个不受欢迎的机构，而且无论加油站怎么努力，它们永远不会变得受人欢迎或者令人愉快，最多是降低不受欢迎或者让人不快的程度。

要完全摆脱不受欢迎的一面，就意味着消灭它。没有人喜欢征税员，哪怕那是一个让你感到轻松愉快的人。没有人喜欢半路停车去买一种看不见的产品，哪怕卖主是英俊的阿多尼斯（Adonis）或者诱人的维纳斯（Venus）。由此，研制奇妙的汽车替代品，从而让车主不再需要频繁地加油，这类公司就受到了车主的热烈欢迎。这些公司站在了通向未来的潮头浪尖，这并不是因为它们创造出了技术更优越或者更先进的产品，而是因为它们满足了客户的一种强烈的需要。同时，它们也在消除有害气体和空气污染。

一旦石油公司认识到别的能源系统是怎样满足客户需要的，它们就会明白自己别无选择，只能研制效率更高、使用更加持久的燃料（或者开发不打断驾驶过程而提供现有燃料的方式），就像食品连锁店只能进入超市行业，或者像真空管公司只能去制造半导体一样。为了自身的利益，石油公司必须主动毁灭自己的高利润资产。石油公司要存活下去，就必须实施"创造性破坏"，幻想是救不了它们的。

我如此强调这种必要性，是因为我认为管理层必须努力摆脱传统方式的束缚。在今天这个时代，一个公司或者一个行业的目标感非常容易受到全力生产、获得规模经济这个想法的支配，从而养成危险和偏狭的产品导向。简而言之，管理者如果任由这种思想泛滥，他们必定会认为自己生产的是产品和服务，而不是让顾客获得满足。尽管他们也许还不至于对销售人员说"你们只管把东西卖掉，利润的事情我们来考虑"，但是他们在不知不觉中可能恰恰实践着这一走向衰退的原则。要知道，一个又一个成长型行业的命运，历来都是自毁于这种狭隘的产品观念。

研发的危险

公司持续成长的另一个大威胁，是管理层完全沉湎于技术研发的获利前景。为了说明这一点，我首先以电子这个新兴行业为例，然后回到石油公司的例子上来。我希望通过对新旧案例进行比较，着重指出：这种危险的思维方式正在大行其道，并将祸患无穷。

被忽视的营销

电子行业里风光的新公司面对的最大危险，不是忽视研究和开发，而是过于重视研发。那些成长速度最快的电子公司把成功归结于重视技术研究，是完全错误的。它们很快赚得盆满钵满，是因为公众对新技术理念的认可不同寻常的强烈。同时，它们的成功有赖于军费拨款和军队订单，这是一个实际上稳赚不赔的市场，在很多情况下甚至是军方主动找上门来，要求厂商研发和制造。换句话说，电子公司的业务扩大几乎没有市场营销的功劳。

因此，它们的成长制造了这样一种近乎危险的幻象：酒香不怕巷子深。这些公司通常都是借助某个出色的产品创业成功的，因此它们的管理者继续以该产品为导向，而不是以消费产品的人为导向，这自然也就不足为奇，于是有了这样的经营思想：持续进行产品创新和改进，就能取得持续的成长。

许多其他因素也推波助澜，强化和支持着这种思想。

（1）电子产品非常复杂和精密，因此管理层中工程师和科学家的比例很高。这就导致公司的决策带有选择性偏见，向研究和生产倾斜，而忽视营销。公司认为自己的任务是制造产品，而不是满足客户的需要。营销被视为剩余活动，是在产品研发和制造这些关键工作完成之后必须做的"其他事情"。

（2）除了向产品研究、开发和生产倾斜以外，公司还会向应对可控变量倾斜。工程师和科学家精通于具体的事情，例如机器、试管、生产线甚至资产负债表等。至于抽象事物，他们习惯的是那些可以在实验室测试或者操作的东西，如果不可以测试，那就应该有实际的功用，例如欧几里得的公理。简而言之，这些热门的成长型公司的管理者，喜欢选择能让他们进行精心的研究、实验和控制的商业活动，例如与实验室、商店、书籍这些实实在在的东西相关的活动。

市场的现实状况却被忽视了。消费者行为不可预测，消费者种类众多、喜怒无常、愚蠢、目光短浅、固执并且常常令人厌烦——工程师出身的管理者虽然没有这样讲，但他们在内心里是这样认为的。正因为如此，他们专注于自己了解的或者可以控制的东西，也就是产品研究、工程和生产。如果产品的单位生产成本会下降，强调生产的诱惑力就会特别大。哪种方式比让工厂开足产能生产能赚更多的钱呢？

很多电子公司的管理层中工程师占多数，他们以科学、工程和生产为导向。现在这些公司运行良好，因为在它们进入的领域中，军方的订单实际上让它们的产品有了市场保障。公司的处境非常好：它们只要去填补市场，不用去寻找市场；不用去发掘客户需要或想要什么，自然会有客户带着对新产品的具体需求找上门来。如果请一群顾问专门为哪个公司设计一种商业情境,以便阻碍这家公司形成以客户为导向的营销观点,那么精心设计出来的情形也不一定能好过上面描述的这种情况。

"继子"待遇

为了说明科学、技术和大规模生产怎样使某个行业所有的公司都偏离它们的主要任务,石油行业是一个绝好的案例。石油公司虽然也对消费者做了些许研究,但它们的重点永远是如何取得有助于改进现有业务的信息。它们努力寻找更有说服力的广告主题和更加有效的促销力量,努力了解不同公司的市场份额是多少,人们对加油站和石油公司有哪些喜恶,等等。在试图让客户得到满足这个过程中,这些公司对于探究自己使用的原材料有哪些基本特性的兴趣,无一例外地大过它们对深入研究石油行业应该满足人们哪些基本需要的兴趣。

关于客户和市场的基本问题很少有人问津。市场问题就像一个"继子"。人们认为市场是已经存在的,虽然也认为它们需要照顾,但认为它们无须认真考虑或者特别关心。自家院子里的客户给石油公司带来的兴奋,根本比不上撒哈拉沙漠里的石油带来的兴奋。市场营销在行业新闻中受到的待遇,最能说明这个行业对营销的忽视程度。

1959年是美国在宾夕法尼亚州蒂图斯维尔(Titusville)发现石油的百年庆典年,《美国石油协会季刊》为此出版了一个纪念特刊,以21篇专题文章的篇幅赞美这个行业的伟大。然而,其中只有一篇文章谈到了营销方面的成就,而那一篇也只是用图片记录了加油站建筑的演变历程。这一期杂志还开设了"新视野"专栏,专门用于展望石油在美国的未来会扮演如何重要的角色。专栏中的每一篇文章都洋溢着乐观的情绪,丝毫没有提到石油会遇到强劲的竞争。即使是在提到原子能时,也是愉快地谈论石油可以怎样推动原子能的开发。杂志通篇没有流露出一丝担心，认为石油行业的富裕可能会受到威胁，也没有一个"新视野"提出了一种新办法，以更好地服务于现有的客户。

最能显现营销的"继子"待遇的，是这个特刊里另一个栏目"电子行业的革命性潜力"下面的一系列短文，它们的标题依次是：

- "在石油勘探中的应用"。
- "在生产运营中的应用"。
- "在石油炼制中的应用"。
- "在管道运输中的应用"。

值得注意的是，石油行业的所有重要职能领域都列出来了，唯独没有营销。为什么？要不是觉得电子行业不会对石油的营销起到革命性的推动作用（这显然是错误的），那就是编辑忘记了还应该讨论营销（这种情况更有可能，也恰恰说明了营销的"继子"待遇）。

这四个职能领域的列排顺序，也反映了石油行业对消费者的疏远。它暗示了石油行业的定义是从石油勘探开始的，到产品从炼油厂出来进入分销领域就结束。但在我看来，石油行业事实上是开始于客户对石油产品的需要。这是最重要的一个环节，每向后推一步，重要性就降低一分，直到最后的"石油勘探"。

起点与终点

所有商业人士都必须明白：行业是一个让客户获得满足的过程，而不是一个生产物品的过程。一个行业始于客户及其需要，而不是专利、原材料或者销售技巧。明确客户的需要之后，行业才能以倒推的方式进行准备，首先关心的是通过交付什么东西来让客户满意，然后推到怎样制造物品，让这些物品给客户提供部分的满意。至于这些东西是怎样制造的，客户并不在乎，因此企业不能把制造、加工等具体形式当作行业的关键活动。最后，行业推到寻找制造产品所必需的原材料。

具有讽刺意味的是，在一些以技术研发为导向的行业中，身居高位的科学家在定义公司的总体需要和目标时，一点儿也不科学。他们违反科学方法的两大规则——了解并定义公司的问题，然后提出解决问题所需的可以进行检验的有关假设。他们的科学态度只针对那些方便的事情，比如实验室和产品试验。

客户（及其最深层的需要）没有被当成"问题"，这并不是因为人们认为这种问题不存在，而是因为长期在组织中生活的管理者习惯于看向相反的方向。营销只不过是一个"继子"。

我不是在说"销售"被忽视了，完全不是这样。但是，销售与营销是两码事——我再重复一遍。我前面已经指出，销售关心的是一些让人们用现金换产品的技巧和花招，它根本不关心交换的价值所在。销售与营销所坚持的始终不同，它不会把整个商业流程视为一个发现、创造、激发和满足客户需要的结合紧密的过程。对销售人员来说，客户是"现成"的，自己只要略施小计，就能让他们乖乖地掏腰包。

其实，就算是销售，它也没有得到某些技术公司的重视。因为它们的市场是有保障的，足以保证消化它们源源不断的产出，所以它们不知道什么是真正的市场。它们就像处在计划经济当中，只要把产品从工厂按部就班地送到零售终端就行了。它们对产品的专注似乎带来了成功，这让它们确信自己的做法是正确的，而且蒙住了它们的双眼，看不到乌云正在市场上空聚拢，酝酿着一场风暴。

结论

不到75年前，美国铁路公司一直受到华尔街精明的金融家的追捧。欧洲的皇室也对它投入了巨资。大家都认为，只要凑出几千美元购买美国铁路公司的股票，就能拥有永久的财富，因为没有任何其他运输方式能够在速度、灵活性、耐久力、经济性和成长潜力上和铁路运输相媲美。

正如雅克·巴赞所言："到世纪之交时，铁路已经成为一种制度，一种人类的象征，一种传统，一种荣誉代号，一个诗歌源泉，一个酝酿儿时梦想的温床，一种最美妙的玩具，以及一种庄严程度仅次于灵车的机器，它标志着人类历史的一个新纪元。"⊖

即使是在汽车、卡车和飞机出现后，铁路大亨们依然泰然自若。如果你在60年前对他们说，30年后你们会倒地不起、破产并寻求政府的资助，那么他们肯定认为你神经错乱。这种状况当时被认为是根本不可能发生的，这甚至不是一个可以讨论的话题，一个可以提出的问题，或者一个神志清醒的人认为值得考虑的事情。只有荒唐的人，才会有那种想法。可是，许多荒唐的想法如今已经成为事实。例如，一个100吨重的金属管，在2万英尺的高空平稳地穿梭，里面还坐着100名健全和理智的公民，自在地喝着马蒂尼酒——这就是飞机。正是像飞机这样的"荒唐想法"给铁路行业带来了沉重的打击。

其他公司要怎样才能避免这种命运呢？以客户为导向又包括哪些内容？前文的例子和分析已经对这些问题作了初步的解答。至于它们对各个行业有哪些具体的要求，我将另文讨论。在任何情况下，要建立高效的以客户为导向的公司，仅凭良好的意愿或推广技巧是不够的，它显然还涉及人员组织和领导力等深层次的问题。在本文中，我只谈一些普遍性的要求。

⊖ Jacques Barzun, "Trains and the Mind of Man," *Holiday*, February 1960, p.20.

内心深处的伟大感

显然，公司首先必须设法生存。它们必须适应市场的要求，而且越早越好。但是，生存下去只不过是燕雀之志。任何人都可以以某种方式生存下去，就连贫民窟里的流浪汉也不例外。真正艰难的是体面地活着，感受在商界纵横捭阖的激情；不仅仅是体验成功的甜蜜，而是在内心深处感受到创业的伟大。

没有一个有魄力的、内心充满着强烈成功愿望的领导者，一个公司就不可能变得伟大。这个领导者必须具有宏伟的愿景，用它吸引大量热情的追随者。在商业中，追随者就是客户。

为了吸引这样的客户，企业就必须将自己视为一个创造客户和满足客户需要的有机体。管理层不能认为自己只是制造产品，而是要以提供能让客户满足的价值为己任。管理层必须努力推行这种思想（以及它所包含和要求的一切），让它渗透到公司的每一个角落，而且必须持之以恒，饱含激情并用这种激情来感染公司的员工。否则，公司只是一些分门别类的零部件，没有统一的目标，也没有一致的方向。

简而言之，公司必须学会以打动客户为目的，通过完成某些事情让人们喜欢跟自己做生意，而不是把自己当成一个物品或服务的生产者。创造这种环境、观点、态度和愿望，最高管理者义不容辞。他必须为公司确定风格、方向和目标。这意味着他必须准确地知道自己想要到达的目的地，并让整个公司都了解这个目的，对此满怀憧憬。这是对领导者的首要要求，因为除非他知道自己要去哪里，否则他只可能随遇而安，走到哪儿算哪儿。

假若果真如此，那么这个领导者最好是收起他的公文包，出去钓鱼。一家公司如果既不知道，也不在乎自己的去向，那么它根本不需要用一个有名无实的领袖来宣扬，大家很快就能注意到的。

回顾性评论

艾萨克·巴什维斯·辛格（Isaac Bashevis Singer）[一]对自己的作品取得巨大的成功不免觉得有些诧异，他对一个与作品如影相随的问题深表赞同。他说："我认为，你的书付梓之时，它就不再是你的私人财产……如果它有价值，大家都能从中有所发现，而我不能告诉这个人那并非我的本意。"这正是对《营销短视症》这篇文章15年来的生动写照。这篇文章得到了许多人的忠诚追随，当然还有一些意外地被说服的赞同者。

我认为，此文最普遍、最有影响力的结果，是一些公司破天荒地开始认真思索自己到底属于哪一个行业这个问题。

思考这个问题的战略意义，在许多情况下都是非常巨大的。当然，人们耳熟能详的例子，是许多公司把自己所在行业从"石油行业"转变为"能源行业"。在某些情况下，这种转变所带来的回报是非常可观的（例如煤炭行业），而在另一些情况下，结果却非常糟糕（例如在燃料电池研究上迄今所花费的时间和资金）。另一个成功的事例，是一家大型连锁零售鞋店对自己进行了审视，把自己重新定义成一个专业的消费品零售商，产品价格适中、顾客光顾频繁、商品品种齐全。结果，销售收入、利润和资产回报率都有了大幅提高。

有些公司第一次问自己：是想成为某些技术的专家，然后为这些技术寻找市场，还是成为市场的专家，然后为这些市场寻找能让顾客满意的产品和服务？

一家选择了前一条路的公司声称："我们是玻璃技术的专家。我们要带着创造能够吸引顾客的产品这个目的，继续发展并且扩充这项专业

[一] 艾萨克·巴什维斯·辛格（1904—1991），波兰裔美国作家，犹太人，1978年诺贝尔文学奖得主。——译者注

技能。"这个决策促使这家公司以更加系统化、对顾客需要更加敏感的眼光去研究市场和用户,尽管它明确提出的战略目标是充分利用自己手中的玻璃技术。

另一家决定把精力集中在市场上的公司提出:"我们想要帮助人们(以女性为主)变得更加漂亮,并且增强她们的美感。"于是,这家公司扩充了自己的化妆品产品线,并把业务拓展到专利药和维生素补品领域。

所有这些例子都说明了《营销短视症》一文带来的"政策"影响。我认为,企业在运营层面上对客户和消费者需要的敏感度有了大幅提高:研发部门培养了更加强烈的"外部"导向,关注用途、用户和市场,从而平衡了以前向材料和生产方法一边倒的"内部"导向;企业高管已经意识到,营销和销售部门应该更加乐于相互配合;财务部门比以前更能接受市场研究和营销试验方面的预算;销售人员得到了更好的培训,愿意倾听和理解客户的需要和问题,而不仅仅是"推销"产品。

打碎镜子,推开窗户

我的印象是此文对工业品公司的影响大过对消费品公司的影响,这可能是因为前者在客户导向这个方面最为落后。造成它们这种落后局面的原因至少有两个:第一,工业品公司的资金密集度通常更高;第二,至少在过去,它们不得不非常倚重与客户面对面地沟通产品的技术特性。对这两个原因有必要做一些阐释。

资金密集型公司非常关心产量,这一点是可以理解的,特别是有一些资金,一经投入就无法轻易转移、变换或者经过改造生产其他产品,例如化工厂、钢铁厂、航空公司和铁路公司等。不难理解,这些公司会寻求较大的生产量和运营效率,以便收回设备投资和抵消资产持有成本。

这就会导致至少一个问题:公司运营或财务高管的权力过大。你看一看全国规模最大的公司的章程，你就会发现它们的"最高长官"是财务委员会的主席，而不是公司的首席执行官。财务背景的高管所受的教育让他们很难看到，为了达到"产量"，企业必须了解和服务于许多迥然不同的细分市场，而且这些细分市场的规模有时还很小，而不是像他们所想象的那样，只要服务于一批子虚乌有的大客户或者毫无差异的客户。

这些高管还通常无法理解竞争形势的变化。他们确实看到了这些变化，但是低估了它们的重要性或者它们蚕食公司市场的能力。

资金密集型公司原本不可避免地非常关注"支付货款"或者实现盈亏平衡，但这些公司的管理者一旦明白了细分市场、行业和客户的概念，就会觉得实现这个目标的最好办法是更加重视细分市场、行业和客户，于是他们就会更加觉得有必要在财务和市场之间找到一个平衡点。

工业品公司受此文影响更大的第二个原因是，工业产品或服务的技术含量更高，因此有必要把产品和服务的特性明确无误地传达给潜在客户，从而导致工业品公司必须在"面对面"的销售上付出大量努力。但是，正因为产品如此复杂，所以销售人员对产品的了解多过对客户的了解，他们更加擅长介绍自己的产品及其用途，而不是探究客户的需要和问题是什么。结果，他们形成了狭隘的产品导向，而不是宽阔的客户导向，进而殃及"服务"的质量。销售人员确实说过"我们必须提供服务"，但是他们在定义服务时，是盯着镜子里，而不是看着窗户外。他们以为自己是在看着窗户外面的客户，实际上看的却是一面镜子——镜子照出的是他们自己的产品导向的偏见，而不是客户的实际状况。

提出宣言，而不是开出药方

事情有好也有坏。此文引发了许多怪事：

- 有一些公司患上了"营销狂躁症"(marketing mania)。它们对客户的每一个闪念都做出神经质般的反应,结果大规模生产的工厂变成了手工加工车间,从而使成本和价格远远超过了客户的预期。
- 管理层增加了产品线和业务类型,但没有事先建立充分的控制体系,为经营更加复杂的业务做好准备。
- 营销人员的数量和预算猛然快速增加,但又没有从公司里得到足够多的支持,因此也没取得足够多的成果。
- 按职能制组织的公司被改造成按产品、品牌或市场运行的组织,希望马上见到奇效,结果却换来了责任不清、士气低落、混乱、内讧和损失,最后又只好恢复原来的职能制,但情况更是变本加厉。
- 公司试图通过创造一些复杂和非常高效的产品或服务"服务"好客户,可是买主或者不愿冒太大的风险,或者学不会如何使用它们——就像为没有学会使用铁锹的人开发了蒸汽挖土机。这个问题经常出现在所谓的服务行业中(金融服务、保险、计算机服务等),在美国公司向发展中国家销售产品时也屡见不鲜。

《营销短视症》一文原本就没打算分析,也不是想要开药方,而是希望成为一则宣言。它没有惺惺作态,采取一种四平八稳的立场。它也没有提出什么新观念——彼得·德鲁克、约翰·麦基特里克(John B. McKitterick)、罗·阿尔德森(Wroe Alderson)、约翰·霍华德(John Howard)和尼尔·博登(Neil Borden)都对"营销观念"做过更具独创性、更加周全的论述。但是,我这篇文章把市场营销与公司政策的内部运行机制更加紧密地结合了起来。德鲁克的著作给了我很大的启发,特别是他的《公司的概念》和《管理的实践》这两本书。㊀

㊀ 这两本书的翻译版均已于2006年由机械工业出版社出版。——译者注

所以，我的贡献仅仅在于找到了一种简单明了而又实用的方法，向大家介绍了一种已经存在的思想。我用了一种直截了当但又负责任的叙述方式，因为我知道没有几个读者（他们就是我写文章时的客户），特别是没有几个管理者和领导者，能够容忍我含糊其词或者犹豫不决。我也清楚，轻松有趣的断言比拐弯抹角的推理更有助于传达思想。

可是，一种早就存在而且实际上如此简单的思想，为什么还会如此大受欢迎呢？为什么它会吸引全世界那么多习惯于周全而又深入思考的人，包括不苟言笑的学者、沉着冷静的管理者，还有政府高官等？是不是用一些具体的事例，再稍微带一些文采，就比那些充斥着分析推理，读起来像是德语译文那样拗口的文章更有助于传达思想呢？是不是无论听众是什么人，富有煽动性的断言，总比拘谨而又四平八稳的解释更加让人印象深刻和更具说服力呢？是不是信息的特性与信息的内容同等重要呢？或者说，我这篇文章并不是一支简单的新曲调，而是一篇雄壮的交响曲？我不知道。

当然，出于我的初衷，即使让我再写一次，我还是会采用同样的方式，尽管我对一些事情有了更多的了解——好的和坏的，事实的力量和言辞的局限性。毕竟，如果你的使命是登上月球，你就不会想着用一辆汽车。最后，我也许可以向唐·马奎斯（Don Marquis）笔下的螳螂阿乞（Archy）寻找一丝安慰："思想不对相信它的人负责。"⊖

⊖ 唐·马奎斯（1878—1937），美国著名作家。"阿乞"是他在1916年为纽约《太阳报》撰写专栏文章时创造的一个著名文学形象，它是一只附着诗人的灵魂的螳螂。——译者注

第 9 章

驾驭产品生命周期

　　成功的产品和服务在"一生"中通常会走过开发—成长—成熟—衰退的历程。明白了这一点,就可以制定恰当的策略、采取正确的方法,对产品的一生进行更好的管理。

　　在新产品还没有正式上市之前,就开始考虑如何延长新产品的生命,这样做非常有价值。

——莱维特

对于产品生命周期这个概念，大多数关注新知识和善于思考问题的营销高管如今已经不再陌生，甚至有少数大企业的总裁也已经熟悉它。然而，我最近对这些企业高管进行的一次调查表明，没有一个人战略性地运用了这个概念，就连战术性地运用这个概念的人也寥寥无几。就像许多引人入胜的经济学、物理学和性学理论一样，它仍然是一个非常经得起考验，但几乎完全没有人用，也似乎无法得到使用的职业工具。在有关职业的讨论中，它的出现给"营销管理也是一种职业"这个观点增加了一些证据——虽然人们对它这种支持作用梦寐以求，但这种作用显然无法实现。另外，很多人认为生命周期这个概念，为某些领域里的人提出的"营销近似于一门科学"这个主张㊀提供了支持，提高了这个主张的可信度。

产品生命周期这个概念所处的阶段，大致与哥白尼"日心说"300年前的处境相当：很多人了解它，但是几乎没有什么人有效地或者建设性地使用它。

既然现在有那么多人了解，并在一定程度上理解了产品生命周期，那么现在把它付诸实践似乎正当时。本文的目的就是提出一些方法，帮助人们把这个概念有效地付诸实践，并把这个理论变成一个能够带来竞争优势的管理工具。

由于不同作者在向不同读者介绍产品生命周期时多少有些差别，所以下面先对这个概念做一个简单的回顾，以便让每位读者对后面的讨论都拥有相同的背景知识。

㊀ 关于营销的科学性或营销的潜力的讨论，参见《营销理论的发展历程》（George Schwartz, *Development of Marketing Theory*, South-Western Publishing Co., 1963）以及《营销理论》（Reavis Cox, Wroe Alderson, and Stanley J. Shapiro, eds. *Theory in Marketing*, Richard D. Irwin, Second Series, 1964）。

历史模式

许多大获成功的产品都走过了同样几个明显的阶段,具体情况如图 9-1 所示。这几个阶段的顺序如下:

- 第 1 阶段:市场开发期。新产品面市,尚未有明确的市场需求,通常在技术上也还没有得到完全的检验。销量小,且缓慢上升。
- 第 2 阶段:市场成长期。需求开始加速上升,市场总体规模快速扩大。也称"腾飞阶段"。
- 第 3 阶段:市场成熟期。需求趋于平稳,增长的速度在大部分时间内等于产品新老更替和新家庭组建两者的速度之和。
- 第 4 阶段:市场衰退期。产品开始失去对顾客的吸引力,销量下滑,就像进入汽车时代的马鞭或尼龙问世后的丝绸。

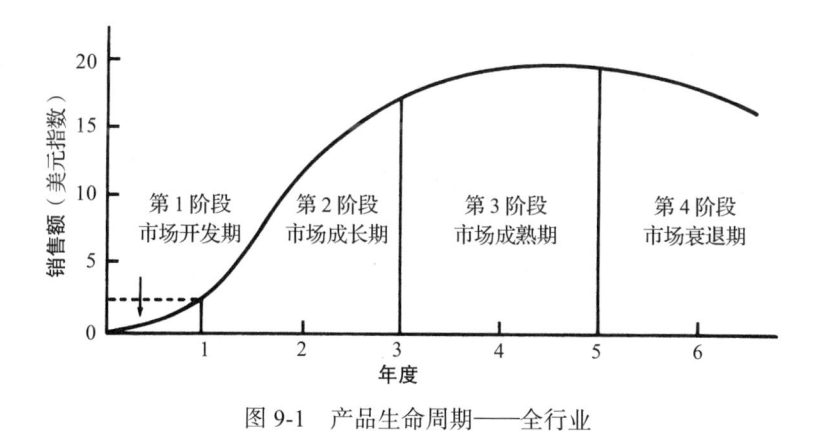

图 9-1 产品生命周期——全行业

思维敏捷的营销管理人员的脑海里立即就会产生三个有关运营的疑问:

- 对于某个产品或服务,怎样预测以及能够在多大程度上预测每个阶段的情况和持续时间?

- 对于一个现有的产品，怎样判断它处在哪个阶段？
- 在明确上述问题之后，怎样有效地使用这些知识？

在详细解答这些问题之前，我们不妨先对这几个阶段加以比较详细的探讨。

市场开发期

把一个新产品推向市场这个过程，充满了未知和不确定性，经常会碰到未知的风险。通常来说，在产品最初的开发期必须"创造"需求。至于这个创造需求的过程会有多长，取决于产品的复杂性、新颖程度、满足顾客需要的程度，以及是否存在这样或那样的替代产品。疗效确凿的癌症特效药可能无须市场开发，立刻就被市场所接受。一种据称有改进的熔模铸造工艺，要花费的时间可能就要长得多。

事实反复证明，新产品开发过程中采取适当的顾客导向是取得良好销量和利润的一个重要条件，但更加确凿无疑的是，推出新产品常常需要高额的投入，并且失败率很高。虽然不少新产品开发计划都经过深思熟虑，但似乎没有什么事情比它更费时间，更费金钱，面临更多的陷阱，给人们带来更多的焦虑，或者让更多的人遭遇职业滑铁卢。事实上，大多数新产品根本就没有典型的生命周期曲线，而是从一开始就不断下跌，不仅没有腾飞，反而很快命赴黄泉。

所以，无怪乎一些幻想破灭、伤痕累累的公司最近采取了更加保守的策略——我称之为"咬第二口苹果的策略"。它们不再努力成为第一个看到并想抓住一个机会的公司，而是有计划地避免做"第一个吃螃蟹的"。苹果虽然诱人，但它们让别人去咬第一口。它们让别人打头阵，如果看到这个想法可行，就立即跟进。它们的实际想法是："做一个拓荒者会碰到的麻烦，就是拓荒者经常会被印第安人杀掉。"因此，把它们的话总结起来就是:"我们没有必要第一个咬苹果,能吃到第二口就行了。"它们愿意吃第二口,但是它们会保持高度警觉,以便确保自己下口时这个苹果只被咬掉一小口。换句话说,就是自己至少要吃到第二大口,而不是第十小口。

市场成长期

成功的新产品有一个典型的特征,那就是它的销量曲线在市场开发期会缓慢上升。到了某个点之后,随着顾客的需求显著增加,销量开始腾飞,迎来一个热销期。这就是第二阶段——市场成长期的开始。一直在观望事态发展的潜在竞争对手,这时纷纷加入进来。第一批进来的通常就是那些非常有效地奉行"第二口策略"的企业。一些企业推出的产品几乎就是始创产品的翻版,另一些企业推出的则在功能和款式上有所改进。在这个时点上,产品和品牌的差异化开始出现。

引发的顾客争夺战给始创生产者带来一系列全新的问题。它不再是要设法让顾客试用自己的产品,而是要解决一个更加紧迫的问题——让顾客偏爱自己的品牌。它通常必须在营销战略和方法上做出重大的改变。但是,它现在不能再随意采取各种策略和战术,或者像在第1阶段那样做试验。竞争对手的存在,不仅决定了,也限制了始创者不能随意进行尝试。例如,它就不能再随意测试哪个价格最合理,哪条分销渠道最适当。

随着顾客的接受度提高的速度越来越快,开辟新的分销渠道和零售终端通常会变得越来越容易。随之而来的向分销渠道铺货的行为,通常会导致整个行业的工厂的销量,比所有门店的销量增长更快。这会夸大盈利的机会,进而吸引更多竞争对手加入生产这个产品的行列。一些竞争对手开始降价,因为它们的技术有后发优势,生产找到了捷径,或者必须降低利润率才卖得动,等等。所有这些因素,最终不可避免地把整个行业推向竞争的新阶段。

市场成熟期

这个新阶段就是市场成熟期。市场进入成熟期的第一个征兆，就是市场饱和。这意味着大多数可以成为潜在顾客的公司或家庭，都已经拥有或正在使用这个产品。这时，产品销量仅以人口增长的速度增加，也无须给更多的分销渠道铺货，竞争开始白热化。为了取得和保持顾客的品牌偏好，大家在产品本身、客户服务、促销手法和产品诉求点等方面的差异化越来越精细。

通常来说，成熟期会迫使生产商专注于保住自己的分销渠道和货架位置，最后努力加大分销的力度。在市场开发期，始创生产商非常倚重零售商和分销商的努力来帮助自己销售产品，而此时零售商和分销商通常会退化成商品展示者和订单接受者。特别是对于品牌产品，始创者现在比以往任何时候都更有必要与顾客直接沟通。

为了更加有效地竞争，生产商在市场成熟期通常不得不改变努力的重点。始创者使用价格、细微的产品差别，或同时使用这两种手段来吸引顾客的压力越来越大。与产品相关的服务和交易，通常是最明确、最有效的差异化形式。更进一步，生产商还会尝试通过包装和广告来建立和推广细微的产品区别，以及吸引某些特殊的细分市场。市场成熟期的持续时间有可能很短，大多数女性时尚用品就是如此，也有可能历经几代人而人均消费额没有显著变化，就像普通的男式皮鞋和工业扣件。市场成熟期也可能长期存在，但是人均消费额缓慢而稳定地下降，例如啤酒和钢铁。

市场衰退期

随着市场成熟期逐渐发展并最终结束，产品也就迎来了第4阶段——市场衰退期。无论是哪种产品，在经历市场成熟期和市场衰退期之后，整个行业都会发生改观。很少有企业能够经受住竞争的考验。随着市场需求的下降，在市场成熟期已经显露无遗的产能过剩，现在让所有企业都有了切实的感受。一些生产商已经非常清楚地看到了整个行业的明天，但仍然认为只要管理得当，并且施展智慧，自己就能挨过这场滔天洪水。为了直接加速竞争对手的衰落，或者把它们吓得早日自愿退出这个行业，它们采取各种各样极富压迫性的手段，提出收购要约，通常开展一些让所有企业非常难受的活动，并且让灭亡成为大部分企业的必然命运。少数企业确实挨过了这场风雨，在这个显然不断滑坡的行业里存活了下来。这时，生产集中到了少数几个生产商手中，价格和利润率双双低迷，顾客也已对这种产品感到厌倦。能够避免落入这种让人生厌的安乐死的，只有那些经常能够依靠花样和流行起死回生的行业。

预先规划的重要性

成功的产品和服务在"一生"中通常会走过图 9-1 中那样一个模式。明白了这一点，就可以制定恰当的策略，采取正确的方法，对产品的一生进行更好的管理。生命周期这个概念的最大价值之一，在于它可以为新产品开发过程提供指导。人们在推出新产品时，第一步就是努力预见这个产品的生命周期曲线的形状。

在商业的许多领域，尤其是在市场营销中，几乎不可能有什么普遍适用的建议。对于怎样预见或预测某个产品的生命周期曲线的倾斜度和长度，要提出普遍适用的建议尤其困难。事实上，正是因为无论对于哪一件事，都很少能得到从头到尾的具体指导，也没有什么措施能够长期有效，所以商业管理可能永远不会成为一门科学。相反，它会始终是一门艺术，只对那些才智过人、精力旺盛、意志坚强并能担当重大责任的管理者给予丰厚的奖赏。

但是，这并不意味着不能或者不应努力去预见新产品的生命周期曲线的倾斜度和长度。花时间来思考这一问题，不仅有助于提高产品规划和商品规划的合理性，而且有助于为产品上市之后采取重大的战略和战术行动赢得宝贵的准备时间。具体而言，它有助于采取一系列环环相扣的竞争行动、延长产品的生命周期、合理调节产品线，以及有目的地淘汰那些垂死的、成本过于高昂的产品。⊖

失败的可能性

上文已经提出，市场开发期的曲线倾斜度和长度取决于产品的复杂性、新颖程度、满足顾客需要的程度，以及是否存在竞争性产品。

产品越独特，或者越新颖，腾飞之前所需的时间通常就越长。这个世界不会为一个更好的捕鼠夹自动开辟一条康庄大道。⊜你必须告诉这个世界，溺爱这个世界，诱惑这个世界，追求这个世界，有时甚至还要贿赂这个世界（例如折扣券、试用品、免费使用支持等）。即使产品新颖，而且产品的功能是独特的，大众通常也不会那么快就认为这个产品是自己必需的或者想要得到的。

这会让始创者的日子变得十分艰难。为了找出那些能向顾客传递价值的产品特性、沟通主题和工具，它面临着非同寻常的困难。结果，产品越新颖独特，惨遭失败的风险就越大——吸引有支付能力并且愿意出这个价钱的顾客进展缓慢，流动资金不足以维持那么长的时间，或者无法说服投资者和银行家投入更多资金。

无论是一种什么样的新产品，参与购买决策的人越多，那么这个第

⊖ 参见 Philip Kotler, "Phasing Out Weak Product", *Harvard Business Review*, March/April 1965, p.107.

⊜ 关于这方面的一个极端的事例，参见 John B. Matthews, Jr., R.D. Buzzell, Theodore Levitt, and Ronald E. Frank, *Marketing: An Introductory Analysis*, (New York: McGraw-Hill, 1964), p.4.

一阶段就会拉得越长。所以，在行业集中度非常低的建材行业（仅以此为例），新产品要成功站稳脚跟所花的时间就特别长，但它一旦站稳脚跟，就会长时间牢牢地占据着市场，而且经常是长得有些过分。另外，时尚用品流行得最快，但是持续时间也最短。但是，时尚的力量是如此强大，所以在一些通常认为受时尚影响很小的行业（例如机床），厂商最近也开始在产品款式和包装等方面导入一些时尚的成分，以期缩短市场开发期。

那么，哪些因素会拉长市场开发期，从而增加新产品失败的风险？产品越复杂，越新颖独特，受时尚的影响越小，必须参与购买决策的人越多，对顾客通常的行为方式改变越大，市场的发展过程就越有可能受到延缓。换言之，这些因素最有可能延缓市场发展，并且制造麻烦。

成功的机会

但是，麻烦之中也有机会。比方说，产品越新颖，顾客率先体验这个产品就越有意义。新颖性能让产品特别吸引人们的目光，从而集聚一定数量的人旁观第一批顾客的体验过程。如果这批顾客对某些关键的方面并不满意，那么它带来的负面影响将会远远超过它在满足顾客需要方面的实际欠缺。同样，如果首次体验或应用让人满意，那么产品获得成功的概率肯定就会很大。

首次体验不满意可能放大顾客的失望情绪，这就给如何正确选择分销渠道提出了攸关生死的问题。一方面，产品成功上市可能要求（就像洗衣机面市不久时）找到大量的零售商，让它们大力协助顾客正确使用产品，从而保证这些买主能获得正面的首次体验。另一方面，当进行广泛分销逐渐变得比帮助创造顾客并让顾客安心更加重要的时候，在市场开发期能够提供这种帮助的渠道，例如社区电器店之于洗衣机，可能就不再是销售产品的最佳渠道。在选择渠道时，如果为了顾全后面几个阶段的需求，而牺牲市场开发期的某些需求，那么在开始时顾客接受这个产品的速度就会被延缓。

进入市场开发期之后，如何定价常常让生产商感到特别头疼。是应该一开始定高价，以便尽快收回投资，也就是采取撇脂定价法[一]，还是应该定一个比较低的价格，吓阻竞争对手进入，也就是渗透定价法？答案取决于许多因素，例如始创者对产品生命周期长度的估计、产品享受专利保护的力度、让产品销量腾飞所需的资金数额、产品早期需求的价格弹性等。最终做出的这个决策不仅会影响产品销量增长的速度，而且会影响产品的整个生命周期。因此，一些最初定价较低的产品（特别是时尚用品，例如前些年的无袖女式衬衫和宽松袍装），流行速度很快，但只会风行一时，很快就会销声匿迹。顾客接受产品的速度比较缓慢，反倒经常可以让产品的生命周期得以延长，并且带来更大的总利润。

曲线的实际倾斜度或者产品成长期的增长速度，同样取决于在第一阶段决定成败的某些因素。但是，专利保护所起的关键作用有时竟会令人费解地被遗忘。很多持有重要专利的厂商，常常没有认识到向竞争对手收取专利费的价值，也没有认识到不加控制地让竞争对手使用专利将会带来的破坏性后果。

通常来说，生产某个新产品的厂商越多，它们为这个产品开发市场付出的集体努力就越大，从而很可能导致整个市场快速增长。这时，始创者的市场份额可能会有所下跌，但是它的销售总额和利润可能增长很快。彩电市场近年来的情况就是如此，而美国无线电公司（RCA）极力把它的彩色显像管卖给竞争对手，反映了该公司已经认识到群体的力量比它独家垄断市场更能加快对市场的开发。

[一] 简单地说，就是定高价，在最早购买产品的顾客身上赚得较高的利润率，由于这部分顾客人数比较少，采取这种策略就像从牛奶中撇取浮在最上面的薄薄一层油脂那样。撇脂定价法也因此而得名。——译者注

另外，聚苯乙烯和聚乙烯饮水杯面世之初，没有制定并实施合适的质量标准，导致大量劣质产品流入市场，后来花费了数年的时间才赢回顾客的信任，重新激活市场的增长。

但是，如果不能区别整个行业的成长模式与自己公司的某个品牌的成长模式，那么即使预见到这个产品的成长模式也可能无济于事。整个行业的周期几乎必然不同于单个企业的周期。另外，某个产品的生命周期在同一个时点所处的阶段，对同一个行业内的不同企业来说，也可能存在差别，因此它对同一个行业内的不同企业的影响自然会存在差别。

始创者的重负

承担风险最大的厂商是产品的始创者，也就是推出一个全新产品的那家公司。这家公司通常担负着开发产品和开发市场的大部分成本和磨难，当然还有风险。

竞争的压力

一旦始创者在市场开发期证明了大规模市场需求的存在，模仿者就会蜂拥而至。众人拾柴火焰高，市场就会在诸多厂商的共同推动下，走向成长期（或称腾飞期）。结果，虽然产品的总体需求在飞速增长，可对始创者来说，市场成长期却不合理地被截短。它不得不跟那些新来的竞争对手分享繁荣，因此始创者在市场成长期本来可以享有的增长速度放缓，其持续时间甚至还不如整个行业的增长时间那么长。这不仅是因为竞争对手数量多，而且是因为这些竞争对手通常会带来更好的产品和更低的价格。虽然这些进步通常有助于保持市场的扩大，但是它们大大限制了始创者的增长速度，缩短了它的腾飞期。

所有这些都可以在图9-2与图9-1的对照中看出来。尽管图9-1表示的是整个行业的情况，但在第1阶段市场上通常只有一个公司，即始创者。换句话说，在第1阶段，始创者就是整个行业。但是，到了第2阶段，它不得不跟许多竞争对手分享整个市场。因此，虽然图9-1是整个行业的曲线，但是第1阶段只代表了始创者这一家公司的销售额。

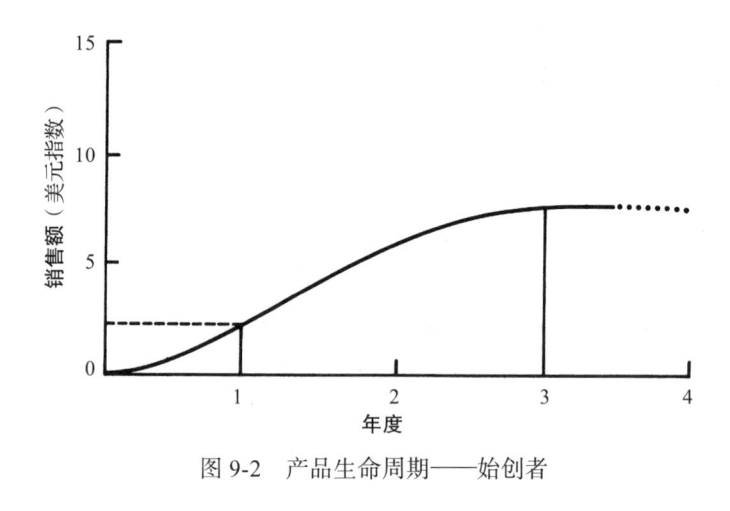

图 9-2 产品生命周期——始创者

图9-2描述的是始创者的品牌的生命周期，也就是始创者自己的，而不是整个行业的销售曲线。从图中可以看出，在第一年和第二年，它的销售额增长速度等于整个行业的增长速度。但自第二年以后，虽然图9-1中表示的整个行业的销售额在强劲扩张，可是图9-2中表示的始创者的销售额增速却在减缓。它要跟许多竞争对手分享这一繁荣，而某些竞争对手的竞争形势比它更加有利。

利润缩减

在此过程中，始创者的利润率可能开始严重缩减。图9-3中表示的是始创者每销售一件产品所取得的利润，我们从中就可以看出这一点。

在市场开发期，该公司的单位产品利润是负值，这时的销量也很低。然而，到了市场成长期，随着产量增加、单位生产成本下降，单位产品利润开始猛增，利润总额也迅猛增加。正是由于如此丰厚的利润的存在，吸引了也最终毁灭了竞争对手。

结果，虽然行业总销售额仍在以可观的速度增长（如图 9-1 中的第 3 年那个时点），但始创者销售额的增长在这个点显然开始减速（如图 9-2 所示）。始创者的利润总额在这个点上仍然因为销量巨大甚至还在缓慢增长而继续上升，但是它的单位产品利润通常已经开始大幅滑坡。事实上，利润滑坡早在销售额曲线变得平坦以前很久就已经开始。大约在第 2 年这个点上（见图 9-3），单位产品利润就可能已到顶峰，并开始下降。到始创者的销售额停止增长之时（图 9-2 中的第 3 年这个时点），单位产品利润实际上可能已经接近于零（见图 9-3）。

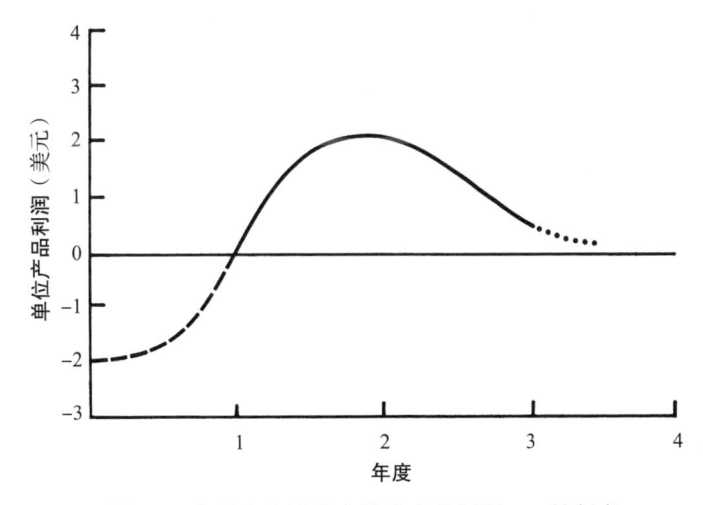

图 9-3　产品生命周期中单位产品利润——始创者

这时，行业中的竞争对手比以前更多了，但市场总需求的增长已经有所减缓，而竞争对手开始削价。有些竞争对手削价是为了赢得生意，另外一些竞争对手则是因为它们的成本更低——因为它们的生产设备更加先进、生产率更高。

如果没有出现重要的替代产品（例如，在"锡罐"制造中用铝材代替钢材），价值体系没有发生剧烈改变（例如，过于保守的女性着装风格在20世纪20年代走向终结，面纱市场也就随之崩溃），流行的时尚没有发生重大变化（例如，女性的细腰装束过时，束腰带市场也就走向了灭亡），市场对以这种产品为零部件的主要产品的需求没有发生变化（就像新建铁路的减少对枕木所产生的影响），产品过时的速度或者产品改进的性质和速度没有发生改变，那么整个行业的第三阶段（即市场成熟期）通常就会一直延续下去。

市场成熟期既有可能持续很长时间，也有可能根本就达不到。时尚用品的销量有时突然猛增，达到顶峰之后仅能短暂保持，之后就迅速掉头向下，很快销声匿迹。

阶段识别

上述各个阶段的各种特性，可以在任何时候用来判断某个产品处在哪个阶段。但是，"身在此山中"看到的总是远不如"事后诸葛亮"那样清楚。判断当前阶段的最好方法，可能是努力预见下一个阶段，然后倒推当前阶段是什么。这种方法有下面几个优点。

- 它迫使你向前看，不断努力预见未来和竞争环境的变化。这样做又自有它的好处。美国汽车行业最后一个真正的发明家，可能也是最伟大的发明家查尔斯·凯特林（Charles Kettering）㊀最喜欢说："我们都应该关心未来，因为那是我们度过余生的地方。"眼

㊀ 汽车行业的著名发明家，位至通用汽车公司副总裁，代表性的发明有内燃机自动点火装置、对柴油发动机的重大改进、含铅防爆汽油等。——译者注

睛盯着未来，有助于我们更好地评价现况。
- 向前看比只看眼前更能让你看清现状。大多数人对现状了解得太多，这其实既不正常，也无济于事，因为我们对现状的理解总会受到日常事务中一些紧迫问题的极大扭曲。为了弄清当前处在竞争时间和事件这条长河中的哪个位置，努力弄清未来将会带来什么，它将在什么时候带来这些东西，通常比弄清当前的实际情况更有意义。
- 最后，弄清产品在某个时间处于生命周期的哪个阶段，其价值仅仅在于这个事实的用途，而它的用途总是在于未来。因此，对未来利用这个信息的环境做出预测，通常比仅仅知道现况本身能够起到更大的作用。

后续行动

无论是对于现有产品还是对于新产品，都可以有效地运用生命周期这个概念。为了保持内容的连续性和清晰度，本文剩下的部分将介绍这个概念的一些用途——从早期的新产品规划阶段，直到后期维持产品的生存并赢利的阶段。讨论的重点是我所称的"生命延伸"或"市场延伸"的策略。⊖

图9-2和图9-3所描述的是成功的新产品的生命周期。就这些典型的模式而言，始创生产商一个永恒的目的就是要避免在市场成长期过早地遭遇利润缩减，并在市场成熟期避免经常出现的损耗和浪费。因此，下面这个命题就是合理的：一家公司在开发一个新产品或者一项新服务

⊖ 关于如何识别使产品复苏的机会，参见：Lee Adler, "A New Orientation for Plotting a Marketing Strategy," *Business Horizons*, Winter 1964, p.37.

时，应该在一开始就制定一系列的行动，并将它们用在产品整个生命周期的不同阶段，以便始终维持自己的销售和利润曲线上升或平稳，避免像通常的情况那样走下坡路。

换句话说，预先规划应该瞄准延长产品的生命。对新产品实际发布之前，预先规划在这个产品的生命周期当中将要采取的具体行动，也就是用来维持产品增长和利润率的行动，这才是一个潜力巨大的长期产品战略管理工具。

尼龙的生命周期

那么，怎样把这个策略付诸实践呢？我们可以从尼龙的历史中窥见一斑。尼龙的销量在系统的延伸策略的反复推动下节节攀升，堪称其他产品学习的榜样。尼龙所经历的事情并不是事先规划的，但从结果来看就好像是事先得到了规划似的。

尼龙最初的用途主要是在军事领域，例如制作降落伞、绳索等。随后，尼龙被用来制作圆筒形针织物，随后主宰了女袜业务。这时，它的销量和利润曲线开始稳步上升，这可是所有的经理人梦寐以求的状况。数年之后，这两条曲线开始趋于平坦。但就在平坦的势头还不那么显著之时，杜邦公司找到了激活销量和利润的方法。该公司相继推出了好几项举措，产生的效果如图9-4所示。这张图以及紧跟其后的解释与事实有些出入，我这样做是为了突出我想要阐述的论点，但是，这些出入丝毫没有改变产品战略的各项关键前提。

图9-4中的A点表示的是尼龙的销售曲线从这一点（主要用途是女袜）开始变平。如果不采取措施，销售曲线就会沿A点向右的虚线继续保持平坦。A点也是第一项系统性措施付诸实施的点。事实上，杜邦公司采取了某些措施，推动女袜销售曲线上升，而不是沿着虚线方向发展。在A点采取的1号措施拉高了本来趋于平坦的曲线。

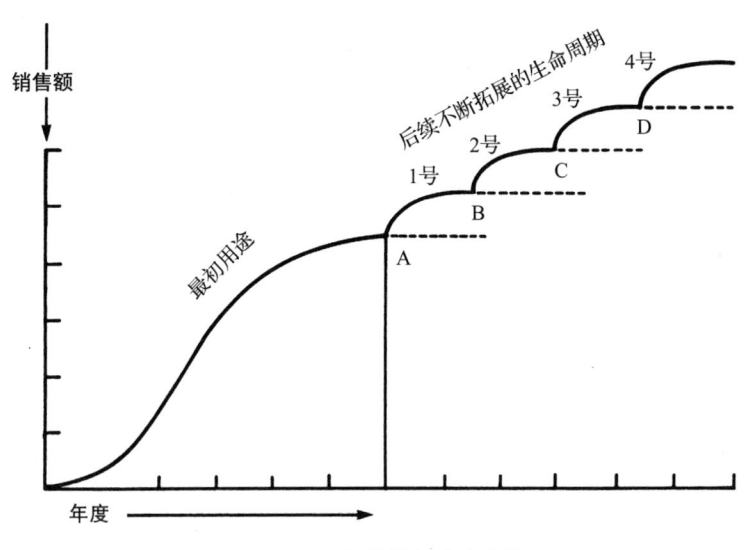

图 9-4 尼龙的假想生命周期

在 B 点、C 点和 D 点，杜邦公司采取了其他旨在拉高销量和利润的延伸措施（即 2 号、3 号、4 号措施）。它们是一些什么样的措施？或者，更加重要的是，它们的战略性内容是什么？它们的目的何在？事实上，它们包括一些扩大尼龙销售的策略。这 4 项措施具体如下：

（1）推动现有用户更加频繁地使用产品。

（2）在现有用户中开发更多不同用途。

（3）通过扩大市场吸引新用户。

（4）为基本材料寻找新用途。

频繁使用——杜邦公司的研究表明，女性不穿袜子的"光腿"现象日益普遍。这是因为，人们的生活方式更加休闲，另外十多岁的少女越来越不把穿长袜当成"社会规范"。基于这些发现，拉高趋于平坦的销售曲线的方法之一，可以是重新树立在公开场合下穿长袜的规范。这本来也是一项促进销售的措施，虽然实施起来非常艰难也非常昂贵，但是，它显然推动了现有用户更加频繁地使用产品，从而达到延长产品生命周期的目的。

不同用途——杜邦公司实施这项策略的方式，是努力推行"紧跟时尚"的观念，推出彩色长筒袜，后来又推出了带图案和织纹的女袜。这个想法的目的在于改变人们对袜子的认识，让她们不再认为那是一种时尚饰品，但只有棕色和粉红色少数几种颜色，从而增加她们购买袜子的种类。杜邦公司有意把袜子变成某种主要时尚元素的"中性"饰品，有"合适"的色彩和图案来搭配女士衣柜里的任何一件外衣。

此举不仅能增加女性衣柜里袜子的数量和门店里的存货数量，从而促进销量增长，同时也打开了淘汰颜色和图案的大门，就像我们的外衣那样每年淘汰一种颜色。此外，使用色彩和图案把注意力吸引到大腿，还有助于阻止大腿对异性吸引力下降的这个趋势——之前一些研究人员发现了这个趋势，并声称它危害袜子的销售。

新用户——为尼龙袜创造新用户的方式，自然可以是设法让年轻女性认为穿袜子是遵守社会规范的需要。至于具体手段，可以是广告、公共关系以及利用年轻的社会和时尚领袖来促销。

新用途——对尼龙而言，使用这条策略取得了很多的成功，从不同类型的袜子（例如弹力长袜和短袜）到其他新用途（例如小毯子、轮胎、轴承等）。事实上，如果在最初的军用、杂项和圆筒形针织物这几种用途之外，没有发明出一些新的产品来为尼龙找到新用途，那么尼龙的消费在 1962 年就可能已经达到饱和水平，也就是年消耗量约 5 000 万磅。

然而，1962 年尼龙的实际消耗量超过了 5 亿磅。图 9-5 展示了各种新用途是怎样推动它的销售一波又一波持续高涨的。从图中可以看出，虽然女式长袜市场在增长，但是军用、圆筒形针织物和杂项三种用途的用量到 1958 年就已停止增长（尼龙 1944 年进入宽幅织物市场，使得销量大大提高，但即使是这样，宽幅织物、圆筒形针织物以及军用和杂项等用途的销量，也在 1957 年达到了顶峰。）

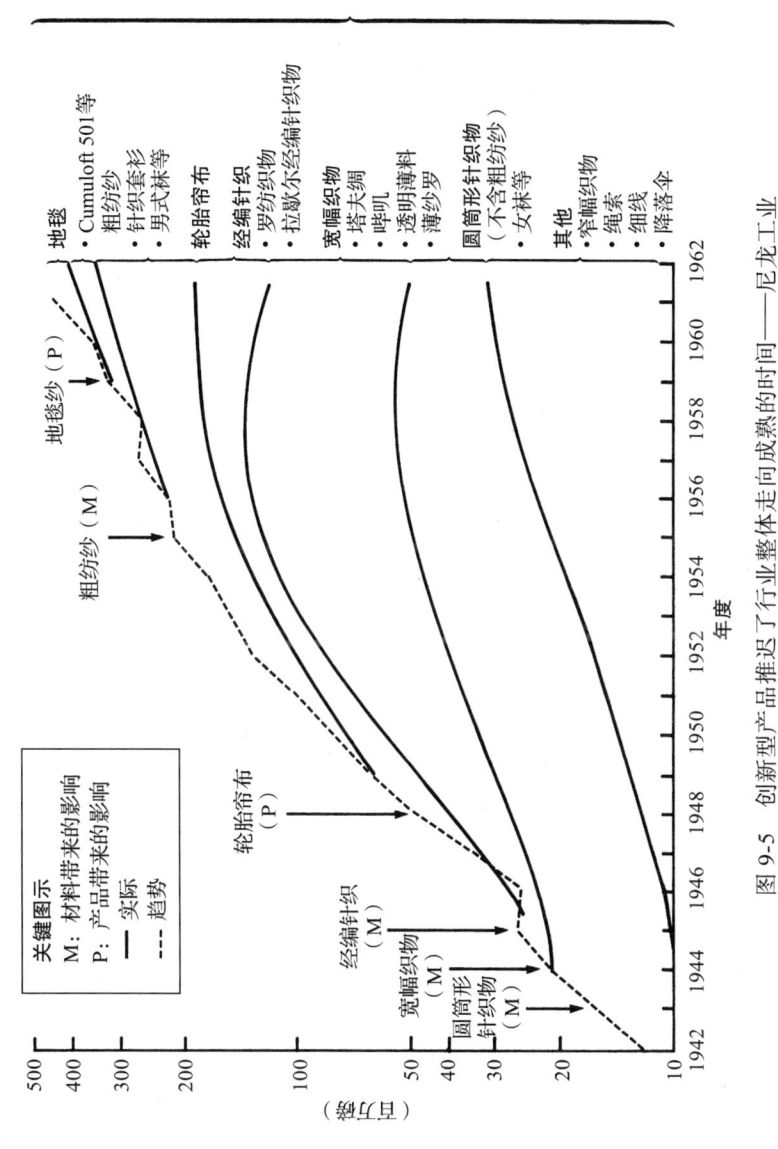

图 9-5 创新型产品推迟了行业整体走向成熟的时间——尼龙工业

资料来源：现代纺织杂志（*Modern Textiles Magazine*），1964 年 2 月号，第 33 页，© Jordan P. Yale, 1962。

如果没有为这种基本材料找到新的用途，例如 1945 年的经编针织、1948 年的轮胎帘布、1955 年的粗纺纱、1959 年的地毯纱等，尼龙的销售额就不可能呈现如此显著上升的曲线。在多个不同的阶段，它都快要把原有的市场开发殆尽，或者销量受到竞争性材料的打压，但它的生命周期在杜邦公司系统地寻找基本材料（及其改良材料）的新用途的努力下得以延长。

其他事例

成体系地或者有计划地使用上述 4 项措施来延长产品生命周期的企业似乎很少。然而，一些有口皆碑的成功产品，例如通用食品公司的"杰乐"（Jell-O）果冻和 3M 公司的"思高"（Scotch）胶带，它们都成功地使用了这种延长策略。[一]

杰乐是即食明胶甜点领域的始创者。这个产品概念很完美，该公司早期的营销活动又非常出色，因此它的销售额和利润双双告捷，这两条曲线几乎是从一开始就非常漂亮地上升。但是，几年之后，这两条曲线像预料之中的那样开始趋于平坦。思高胶带也是它这个领域的拓荒产品，在完美的产品概念和强大的销售队伍的推动下，产品刚刚得到完善就很快被市场接受了。但是，它的销售和利润曲线后来都开始趋于平坦。然而，在这个趋势还不是非常显著的时候，3M 公司就像通用食品公司那样，找到了把销售额和利润维持在早期那个增速的法子。

这两家公司成功地延长了各自产品的生命周期，而方法实际上就是杜邦公司对尼龙所采取的那 4 项措施——推动现有用户更加频繁地使用产品、在现有用户中开发更多不同用途、通过扩大市场吸引新用户和为基本材料寻找新用途。

[一] 感谢我的同事德里克·牛顿（Derek A. Newton）博士，他向我提供了这些案例材料，并提出了一些很好的建议。

（1）为了提高现有用户食用杰乐果冻的频率，通用食品公司采用的方法主要是增加口味的种类。杰乐的口味从唐·威尔逊（Don Wilson）那著名的"6种美味"[1]增加到十好几种。3M公司为了促进思高胶带在现有用户中的销量，发明了许多不同的胶带切割台，让胶带更加容易被撕开和切断。

（2）通用食品公司在现在的用户中为杰乐创造更多食用方法，则是把它作为一种沙拉底料推广，并开发了一系列的蔬菜味产品。类似地，3M公司开发了彩色、带图案、防水、隐形以及可以在上面书写的胶带等多种思高产品，在假日产品和礼品包装市场取得了相当大的成功。

（3）针对那些不把杰乐当成主要甜点或沙拉产品的人群，通用食品公司努力让他们成为自己的顾客。因此，通用食品公司设计了一个广告主题，成功地让杰乐作为一种时髦的减肥食品。同样，3M公司推出了"火箭"（Rocket）胶带，这种产品与思高非常相似，但是价格比思高要低。另外，它还开发出商用玻璃纸胶带，并提供多种宽度、长度和强度的产品供用户选择。这些措施大大拓宽了3M胶带在商用和工业市场中的应用。

（4）通用食品公司和3M公司都曾努力为基本材料寻找新用途。例如，女性消费者会购买明胶粉，把它们用某些溶剂溶解后用来做指甲护理；无论是男性还是女性消费者，都以同样的方式把明胶作为壮骨剂。因此，杰乐专门为这些用途推出了一种"没有任何味道"的产品。3M公司在这方面的努力，则包括开发与普通胶水争夺市场的双面胶，用来装饰汽车保险杠的反射式胶带，以及与颜料展开竞争的记号带。

---

[1] 20世纪三四十年代，无线电广播是美国市场上重要的广告媒体，通用食品公司那时赞助了一档节目。"6种美味"是这个节目的播音员在节目的开头和结尾都会重复的杰乐果冻的广告词。——译者注

延长产品生命周期的策略

产品生命周期（见图 9-1 和图 9-2）以及单位产品利润周期（见图 9-3）的存在表明，<u>在新产品还没有正式上市之前，就开始考虑如何延长新产品的生命</u>，这样做非常有价值。在这个前期阶段筹划新行动（见图 9-4），在以下三个方面具有深远的意义。

（1）这样可以制定一个积极主动的产品策略，而不是被动的反应式策略。

这种做法可以让企业系统地对营销和产品开发行动制定长期的规划，而不是在面临竞争日趋激烈、利润开始下降等急迫的压力时，仅仅把每一项行动或者活动作为权宜之计。着眼于延长产品生命周期的产品策略，会驱使企业预先思考和规划——以系统化的方式考虑竞争对手可能采取哪些行动，消费者对产品的反应可能发生哪些变化，以及需要什么样的销售活动才能最好地利用这些可能发生的情况。

（2）这样可以制订一个长期的计划，适时、适度并用适量的精力为产品注入新的活力。

许多旨在提高已有产品或材料销售额和利润额的活动，在付诸实施时都没有考虑到这些产品之间的关系，也没有考虑到实施的时机，也就是找到能够对消费者产生最大影响的那个点，或者能够把竞争效力发挥到最大的那个点。在真正需要实施这些活动很久以前就精心进行筹划，有助于确保时机、注意力和努力都恰到好处，切合实际的需要。

譬如，如果在发胶等化学定型产品盛行之前推出女性染发产品，哪怕营销的力度再大，这些染发产品也极有可能无法取得历史上那么大的成功。定型产品让女性比较容易梳理和保持时髦的发型，从而在消费者当中培养了对美发的高度认知。一旦女性消费者发现自己可以轻松地拥有时髦的发型，她们对美发的认知度就会上升，从而为染发产品打开了大门。这两件事情的顺序不可能倒过来，也就是先有染发剂提高消费者对美发的认知，然后促进发胶等定型产品的销售。理解这些事项的先后顺序，对于理解在产品上市之前计划如何延长产品的生命周期有着重要的意义，因此我们有必要做一些深入的了解。

对女性来说，数百年以来打理头发就是一个终年必须面对的问题。首先，头发的长度和形状是她们区别于男性的最显著的特征。因此，让头发变得有吸引力意义重大。其次，女性的头发包围着面部，并有突出面部的功效，就好像是一个精致的木框可以突出一幅精美的画。因此，发型是突出女性面部特征的重要因素之一。再次，由于女性的头发又长又软，因此难以长时间保持一个动人的形状。例如，在睡觉的时候，或大风、潮湿的天气里，在运动当中，头发都很容易被弄乱。

所以，不难理解，有效地保持头发的形状就是女性护理头发的第一要务。留着一头蓬乱黑发的女性，就算把自己的头发染成金色，头发照样蓬乱不堪，所以她染发是得不到什么好处的。实际上，在一个金发并不多见的国家里，把黑发染成金发只会让人更加注意自己的邋遢。但是，一旦有了发胶等定型剂，保持头发形状这个问题就可以轻松得到"解决"，染发剂也就有可能成为一桩大生意；对那些头发已经开始花白的女性来说尤其如此。

工业品当中也同样存在这个优先次序的问题。例如，如果你想让很多工厂直接用计算机控制的多轴车床代替老式的人工操作的单轴车床，那几乎是不可能成功的。在这两种产品当中必须有一代过渡产品，也就是机械操作的多轴车床，哪怕就是出于下面这两个原因：中间产品只要求对工作流程进行较小的改变；当然它对企业以及车床操作工人的思维的冲击也比较小。

就杰乐果冻而言，如果明胶作为沙拉底料这种观念还未被人们广泛接受，那么蔬菜味的产品就不太可能非常成功。同样，如果不是百货店迫于竞争形势必须提供更多的顾客服务，那么彩色的和带图案的思高胶带就不可能如此成功。

（3）在产品还未上市之前就预先考虑后期怎样拓展销售、延长市场寿命，这样做的最大好处是它会迫使公司以更加宽广的视野来看待这个产品的性质。

事实上，这种做法还会迫使企业用更加宽广的视野来看待公司的业务。以杰乐为例，它提供的产品是什么？杰乐这些年来已经成为一个覆盖众多甜点产品的"伞品牌"（umbrella brand），这些产品的成分和风味大相径庭。基于这些产品，我们可以说通用食品公司的杰乐从事的是"甜点制造技术"业务。

就胶带而言，3M公司走得更远，甚至超越了这种技术思维。它确实拥有某种专长（技术），并在此基础上建立了持续扩张的业务。（对于思高胶带）这种专长就是黏结其他事物，特别是薄片状材料的能力。因此我们看到，3M公司开发了好几十种盈利能力很强的产品，其中包括电子记录带（把电子敏感材料黏结到基带上）、"Thermo-Fax"传真机和耗材（把热敏材料黏结到纸上）。

结论

为了持续推动销售和利润的增长，企业必须把目光放长远，把新产品作为一个整体提前数年进行规划，这样才能制定出成功的新产品战略。这个战略必须努力预测竞争态势和市场情况发生的可能性、性质和时间。虽然预测总是一件不无运气成分的事件，而且很少能做到非常准确，但有一点是毫无疑义的，那就是预测总是聊胜于无。事实上，所有的产品战略和商业决策都必然涉及预测——对未来、对市场情况和竞争态势的预测。用更加系统化的方式做出预测，从而采取积极的攻势，而不是采取消极的防御，或者做出被动的反应，这是预先规划怎样延长产品生命周期的真正价值所在。预先规划的结果就是制定出产品战略，其中包括一个有顺序地采取那些有条件的行动的计划。

甚至还在产品进入市场开发期之前，始创公司就应当对产品的正常生命周期做出判断，把扩展其用途和用户的可能性考虑在内。这个判断还将有助于判断许多其他事项，例如采取撇脂定价法还是渗透定价法，又如公司应该与经销商建立怎样的关系。

把这些事项考虑清楚有重大的意义，因为在产品生命周期的每一个阶段的每一个管理决策，都必须考虑到下一个阶段的竞争要求。例如，在市场成长期采取建立强势品牌的策略，会有助于避免让这个品牌在后续阶段陷入激烈的价格竞争；在市场开发期采取"保护"经销商的策略，会有助于在市场成长期采取售点促销。简而言之，把握产品和市场发展可能出现的情况，将会降低身陷无效行动当中的可能性。

对新产品战略采取未雨绸缪的方式，还有助于管理层避免落入其他陷阱。例如，从目前来看比较成功的广告计划，有可能在生命周期的下一个阶段产生负面影响。因此，美赞臣公司的"美力可"（Metrecal）广告从一开始就使用了一个强大的医疗主题——保持流行的苗条身材。产品从推出之后就非常畅销。该公司一直维持这个广告策略，直至竞争对手也成功地树立起同样的产品形象。美赞臣公司最初向人们传达的信息是，美力可是一种供肥胖消费者食用的减肥食品。但是，那种形象远不如下面这种形象有吸引力：供希望紧跟苗条时尚的人士食用的定量食品。但是，美力可最初的诉求是如此强势，并且如此深入人心，所以后来根本无法改变人们对它的印象。显然，如果从一开始就精心进行长远的规划，产品形象的定位就会更加合理，广告也可以不止有一个清晰的目标。

认识到有条不紊地推出一系列促进销售的措施的重要性，是对新产品进行长期规划的一个核心组成部分。一个预先精心规划的市场扩展计划，甚至是在新产品面市之前也有着重大的意义。为未来制订一个合理的计划，有助于为新产品开发所需的技术研究设定方向和速度。毫无疑义，有时必须采取一些偏离这个计划的行动，以便适应那些意外的事件和修正后的判断。但即使是这样，这个计划也让这家公司能够主动去实现一些事情，而不是被动地对不断发生的事情做出反应。

对始创者来说，很重要的一点是不能把这个长期规划推迟到新产品上市之后再着手制订。在新产品上市之前，企业就应该仔细考虑产品的卖点和用途的最佳顺序，然后才决定如何推出这个产品，以及在一开始推出多少种用途。这时要考虑的不仅仅包括哪些事情是最值得做的，而且必须考虑好这些事情的最优顺序——例如，按怎样的顺序启用不同的卖点和用途。例如，如果杰乐最初提出的用途是减肥食品，后来再进入明胶甜点市场，那么它在这个市场上轻轻松松取得重大成功的概率就会小得多。类似地，如果杜邦公司从一开始就把尼龙袜作为一种白天穿的实用服饰，那么它取代丝绸成为一种高档袜子的概率就会小得多。

为了说明产品上市前规划对产品上市后各个阶段的价值，我们不妨来看一个假想的例子。假设一家公司开发了一种不受专利保护的新产品——比方说，一种顶盖带有细孔的厨房用普通食盐瓶。另外，我们还假设目前市场上还没有任何一种盐瓶。那么，我们在产品面市之前可以说：①它有一个由数以百万计的家庭、机构和商业用户构成的潜在市场；②市场会在两年之内进入成熟期；③利润率会在一年后由于竞争的出现而下降。于是，我们可以制订如下规划。

（1）第一年年末：拓展在现有用户中的市场。

方法——新款式，例如用于正式场合的银制盐瓶、用于烧烤的豪放型盐瓶、针对喜欢古典风格的家庭的复古型盐瓶、放在每张餐桌上的微型盐瓶，以及用于海滩野餐的防潮盐瓶，等等。

（2）第二年年末，把市场拓展到新用户。

方法——儿童型盐瓶、酒吧用盐瓶等。

（3）第三年年末：寻找新用途。

方法——把同样的产品用作胡椒瓶、餐桌上带装饰功能的大蒜盐瓶、家庭用洗涤粉瓶，以及加工车间用来撒硅粉的硅粉瓶，等等。

远在销售曲线趋缓之前就思考如何让销量再次上扬，这将使产品规划者系统地确定各项任务的先后顺序，并为将来扩大生产、响应在资金和市场方面的需求做好准备。这种方式将让人们避免同时推进太多的事项。它能让人们合理地确定有关事项的先后顺序，而不是想到什么主意就做什么事情。它还能让人们更好地进行产品开发，推动产品的成长，以及更好地进行市场营销，取得持续的成功。

第 10 章

创新模仿

我们置身其中的这个商业世界越来越崇拜一个主神,并且狂热地称它是企业生存和成长的必要前提,而不是一个锦上添花的条件。这个受人顶礼膜拜的神就是创新。

怀疑和试探的态度应该转化成合理的商业行为。

——莱维特

我们置身其中的这个商业世界越来越崇拜一个主神，并且狂热地称它是企业生存和成长的必要前提，而不是一个锦上添花的条件。这个受人顶礼膜拜的神就是创新。人们无限相信创新的作用，这在某些地方已经成为一种信仰，堪比纳齐兹印第安人对太阳神的崇拜[一]。人类总是按照自己的需要来创造诸神。特别值得注意的是，无论是商业人士近来树立的神，还是纳齐兹人信奉的那个更加神圣、更加古老的神，它们给信徒带来的希望都是一样的——复活与新生。

然而，在把所有的研发精力和想象力投入创新之前，我们不妨来看一看商业生活中的一些事实。创新的前景真有那么好吗？它的作用真的有那么大吗？更重要的是，创新策略与其他一些中规中矩的想法相比，谁带来的希望更大？

我们每天能看到大量的新鲜事物不断涌现，例如新产品和新方法，其实它们大部分根本就不是什么创新，而是**模仿**的产物。我想，只要稍加留心，我们就不难发现模仿不仅比创新更加多见，而且实际上是一条更加普遍的通往成长和利润的道路。例如，IBM 进入计算机行业，得克萨斯仪器进入半导体行业，假日酒店进入汽车旅馆行业，美国无线电公司进入电视机行业，利顿[二]进入存贷业务，《花花公子》进入出版和娱乐这两项主业，无一不是以模仿者的身份出现的。另外，我们每天都可以看到一些零售商的自有品牌总是在模仿那些全国性品牌，大部分玩具和包装食品也不例外。事实上，模仿无处不在，创新却是稀罕之物。

<u>模仿比创新更加常见，这是完全可以理解的。</u>每一个创新者都会吸引无数热切的模仿者。一个所谓的新产品，通常需要一段时间才能扩

[一] 纳齐兹印第安人崇拜太阳，认为它是万能的神。他们祭祀太阳神的庙里设有祭坛，坛上圣火终年不灭。——译者注

[二] Lytton Savings & Loan Association，美国一个房屋贷款机构，在 20 世纪七八十年代曾盛极一时，后被加州 Heritage 商业银行收购。——译者注

散到一个较大的范围，而这种扩散更多的是因为有大量亦步亦趋的模仿者，而不是因为这个产品真正或者暂时具有新颖性。消费者所接触到的新颖性，通常是模仿的、迟到的新颖性，而非创新的、即时的新颖性。

重大区别

通常来说，创新可以分成两种：一种是这件事以前从来没有人做过，从而具有新颖性；另一种是正在做这件事的行业或者企业之前从来没有做过，从而具有新颖性。

严格地讲，一件事情必须是全新的，以前从来没有人做过，才称得上是创新。把这个定义稍微放宽一些，我们也可以把某个行业里首次出现的事情称为创新，虽然这件事可能在其他行业已经出现。另一方面，如果行业里已经有了先例，而其他竞争者复制了创新者的做法，那么虽然对这些竞争者来说这是新东西，但这不是一种创新，而只是一种模仿。

所以，采用气泡衬垫或者紧缩膜包装小件物品，对硬件产业来说可能是"新的"，但这种包装在其他行业可能已经用了好几年。那么，我们也可以称之为"创新"。

另外，这种包装对某一家公司来说可能是新的，但是它们在同一个行业里已经有应用的先例。因此，我们只能称之为"模仿"。

我对创新和模仿做出这样的区分，并不是在学术上吹毛求疵，而是因为这些区别对于一家公司怎样制定研发预算、组织研发活动和制定产品战略有着极其重大的意义。在文章开始的这个部分对此做个简短的解释，将不仅有助于澄清这种区别的意义，也将为后面将要阐述的观点打下基础。

研发不仅成本高昂、极耗时间，而且很容易让人灰心丧气。如果研发是为了创造一些全新的事物，那么就必须投入大量的人力和财力，而且不能保证得到合理的回报。但如果研发只是为了适应这个行业里已经存在的一些东西，那么这种投入的性质和成本就会截然不同。后一种情况是非常特殊的，因为这意味着研发所耗费的时间通常会比创新者短得多。这时，你不仅想要尽快赶上已经成功的创新者，而且希望比其他同样争分夺秒进行模仿的潜在竞争对手的动作更快。

把后一种活动称为"创新"，无异于把蒸汽挖土机当成铁锹。蒸汽挖土机并不是一个大型的铁锹，因为它在本质上完全不同于铁锹：铁锹的成本微乎其微；使用铁锹几乎不需要接受什么培训；铁锹也没有什么维护成本。如果要用铁锹在同样的时间内完成一台蒸汽挖土机的工作量，那么需要组织很多人手，因此需要建立一个管理机构，用来控制和命令很多人员，而不是用来充分利用一台昂贵的、没有生命的资产设备。

同样，旨在创造"突破性新颖性"的研发，与模仿性的研发有天壤之别。后者几乎就等于设计和开发，或者最多可以看作"逆向研发"——从别人的成果出发，设法自己做出同样的东西。

这些活动所需的努力和投入（有时还伴随着对研发和创新抱有的盲目信心），在性质上有着重大的差别，因此许多企业有必要对自己的竞争战略和成长战略进行更加深刻的反省。

需要的是均衡的战略

创新是通向成功的一条非常有效但也非常冒险的道路。在当今的许多行业里，任何一家不对创新保持高度敏感的公司，其实都是在冒险，它们不仅会丧失竞争优势，而且更加严重的是，它们的员工会养成一种非常危险的氛围和风格,也就是对外界的事情不闻不问。不断追求创新,特别是在新产品、新产品特性和客户服务等方面追求创新,是企业采取营销导向的一个不可或缺的组成部分。

因此,一家公司努力寻找创新机会是有重大意义的,无论它们是一些重大创新——例如美孚石油公司发明的汽车诊断维修中心,还是一些可以延长成熟产品的生命周期或拓展市场的普通创新——例如美赞臣公司把安婴儿(Enfamil)配方奶粉装在带刻度的奶瓶里。

创新的意义还在于,它是建立富有进取精神和行业领袖的公司形象的一个最有效手段——约翰·斯图尔特(John B. Stewart)在他那篇关于竞争模仿模式的文章中对此有过全面的阐述。①他这篇文章见地深刻,但是关注这篇文章的人很少。

当然,支持创新如今就像是拥护母性,而反对创新似乎比反对母性更让人担忧。在一个医学发达、物质充足和心理早熟的时代,如果哪个母亲说自己的孩子是"无意中得来"的,那么这个母亲不是无可宽恕地粗心大意,就是无法控制自己的情感。同样,在一个科技、工程技术和市场研究突飞猛进,消费者很快就能接受新鲜事物的时代,如果有人反对创新,那么这个人要不就是无可救药地幼稚,要不就是病入膏肓地愚昧。

但是,人们真正需要的是一个合理平衡的世界观。创新已经被大家接受,它是必不可少的,它有着非常重大的意义。但是,创新并不是这个世界的全部。所有的企业都必须认识到,自己不可能在行业内一直保持着创新的领导地位,过分地强调成为行业的创新者只会给自己招来危险。事实上,无论一家公司的决心有多坚决,它的力量有多强大,它的想象力有多丰富,它的资源有多雄厚,它的规模有多庞大,它的财力有

---

① "Functional Features in Product Strategy," *Harvard Business Review*, March/April 1959, p.65.

多强盛，都不可能支持它包揽整个行业内所有的创造性活动，也不可能支持它在所有的创新活动上打败竞争对手。

更加重要的是，哪怕只是试图在本行业内做到事事领先，也没有哪一家公司能堪此重负。这一方面是因为这样做的成本实在太高昂，另一方面是因为想象力、精力和管理技能通常在行业内的分布会比较均匀。当然，这几乎是尽人皆知的道理，可我自己的调查却让我坚定地相信，不是所有的人都是这样行事的。

逆向研发

一旦我们意识到任何一家公司的创新都会面临一些严重的制约，我们立即就会明白每一家公司都不得不把模仿作为自己的生存和发展战略。哪怕是规模最庞大、管理最完善、资源最丰富的公司，都会出于竞争压力不得不进行模仿。但事情还不是这么简单——模仿必须按照一个精心制定的战略来行事。

就产品和流程来说，这意味着这家公司必须积极进行逆向研发——针对竞争对手开发出来的创新性产品，努力通过模仿来创造可以与之匹敌的产品。另外，行业中推出全新产品的速度越快，这个行业里每一家公司制定明确的模仿战略的需要也就会越迫切。这个战略不仅要用来指导公司制定商业决策，还要用来指导公司寻找开展逆向研发的合适方式。

在许多行业里，企业要维持生存和取得发展，它们至少必须做到能够快速仿制创新者推出的新产品。而模仿会让所有厂商的利润率下降很快。因此，模仿者进入市场的速度对于自己成功与否是至关重要的。

我近来以非正式的方式调查了一批新产品导向非常强烈的公司，它们都拥有强大的研发部门，它们的产品从最初的概念到产品最终上市通常需要 1~3 年。从这次调查的结果来看，没有哪一家公司针对竞争对手的创新，制定了任何应对策略，甚至连非正式的、不成文的策略都没有。这些公司当中也没有哪一家系统地或者持续地考虑过，它们可能需要为逆向研发的投入设立一些标准。

这一点显然尤其让人惊讶，如果把我在这一次调查当中获得的下面这些发现结合在一起考虑的话：

- 这些公司每一家都制定了正式的新产品规划流程。
- 这些公司每一家近来都因为仿制产品推出太慢，丧失过一些大好的盈利机会。

换句话说，这些公司虽然为新产品的创新制订了精心的规划，但是没有为新产品的模仿这项更庞大、更关键的工作设立任何标准。它们的逆向研发工作既没有预先进行规划，也没有精心设计的流程，而是散乱无章，漫无目的，有时甚至就是对其他公司的新产品做出近乎盲目的反应。另外，我对这些公司最近又做了一次调查，发现每一个模仿者都因为模仿的时机不当而付出了高昂的代价——它们有些模仿得太早，但大部分是模仿得太迟。

在这些模仿行动中，如果再提前一年进行，那么模仿者大都能获得巨额的利润。倘若果真是那样，它们不仅可以获得更高的销售额，而且可以享受前一年更高的价格和更高的利润率。

风险最小化

所有的人都知道开发新产品的风险很大，它们的失败率比成功率更高。这个让人不安的事实，有助于解释为什么人们在进行竞争性模仿时行动是如此的迟缓。潜在模仿者小心翼翼地坐在界线外，观察着创新者那个新产品的命运，直到它看似已经起飞，他们才迈开自己的步子，走进这个竞技场。

保持警醒、耐心等待，这是一个非常正确的商业策略。我在其他地方曾经把它称为"咬第二口苹果的策略"。㊀采取这种策略的公司，有意从不进行开创性的新产品开发。事实上，这个策略的宗旨就是："你没有必要咬第一口，能吃到苹果的第二大口、第三大口就行了。但是要小心，不要等到成为第十个下口的，那样就只能咬到很小一口。"因此，它们让其他公司做开创性的工作。如果创新者推出的产品是一个烂苹果，那么潜在模仿者什么损失都不会遭受。如果那是一个好苹果，味道甜美，那么模仿者就会迅速行动，力争尽早分到一块，从中赚到丰厚的利润。

这样做的诀窍在于，在竞争对手还寥寥无几、利润率还比较有吸引力的时候，尽早咬上一口。在某些行业里，模仿的速度相对较快，因为准备工作少、资金需求量小，而且产品比较容易复制。服装可能是最切合这种情况的一个行业。但是，在准备工作艰巨、资金需求量大，而且模仿需要漫长的逆向研发时，如果想咬到第二大口或者第三大口，可能需要花上几年的时间，风险也会大得多。

模仿已经成功的产品也不一定能降低风险，只不过这种模仿的性质会不一样。创新者面临着产品找不到市场的风险，而模仿者显然也面临着风险——等它们赶到市场上时，市面上的竞争对手已经摩肩接踵，而且大多是毫不手软的竞争对手。显然，能够大幅缩短开发孕育期的模仿者，就能获得巨大的竞争优势。在领先于其他模仿者的那段时间内，它将遇到更少的竞争对手，享受更高和更加稳定的价格。

有目的的模仿

大多数规模更大、管理比较出色的公司，通常会非常关注自己的

㊀ 参见本书第9章。

研发流程——至少是产品开发流程。许多公司能够推出真正的创新型产品，就是精心制定创新战略的直接结果。它们的产品创新是有目的、有规划的，而不是散漫无序或者偶然发生的。但是，这些公司的产品模仿几乎完全是散乱的、偶然的和被动的。它们的模仿不是自己进行规划的结果，而是它们的对手（创新者）进行规划的结果。

然而，某些公司在规划并且推出创新型产品之后，在同一个大领域里的竞争对手通常会带着一点怀疑来观察这个产品。例如：

> 电动牙刷在数年前面世后，便携式电器和个人护理用品领域的许多公司做出的反应，都完全在我的意料之中。因为它"不是自己发明的"，因此这些公司找到了一大堆听起来非常有道理的原因，用来证明这个产品为什么必然会失败。但是，电动牙刷很快就流行开来，成为最畅销的小电器产品之一。
>
> 当然，便携式电器领域的所有公司，都在密切关注着电动牙刷这种新产品的进展。有一些公司马上行动起来，走访了一些用户和潜在购买者。但是，它们在开展这些活动时，通常抱着极端的怀疑态度，公司管理层在对待这个问题时态度不免有些随意，如果不是完全不以为然的话。最好的情况，也就是一些小电器公司带着一丝淡然的好奇心对它进行了一些研究。在这些公司来看，其他一些"自己发明"的项目，也就是那些被包含在一个精心构思、来之不易的公司计划当中的创新，看起来更加紧迫，也更加激动人心。
>
> 然而，如果这些小电器公司有一个更加正式的计划、方案或者程序，用来管理自己应对竞争对手推出的创新的方法，我认为它们完全可以更快进入电动牙刷领域，获得更加丰厚的利润。

正确的模仿战略

下面的内容将介绍一种方法，用来帮助企业规划和创造仿制产品。我把它称为正式的创新模仿战略。

为了简单，我们不妨假设有一个创新者，他推出的那种全新的产品最终会获得成功，这个产品的生命周期曲线非常典型，如图 10-1 所示。这个产品在"0"时点面市。产品一经推出，竞争对手很快就得到了有关这个产品的消息。我们再假设，竞争对手 X 公司的计划是：这个产品在这个价位下的总销量至少达到 2 万件/月，否则自己就不会进入市场。如果销量达到 3 万件/月，那么它就会认为这个市场非常有吸引力。

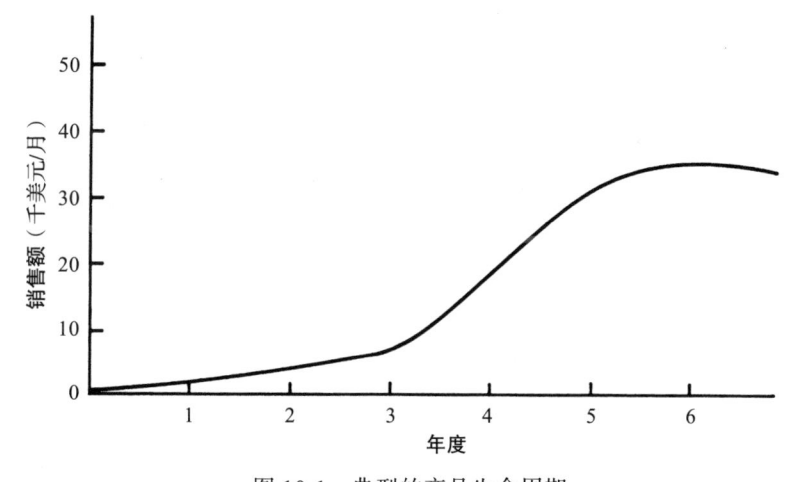

图 10-1　典型的产品生命周期

如果产品的开发需要投入巨额的资本、大量的逆向研发费用，并且非常耗费时间，那么 X 公司对创新产品的反应通常会是这样：

第 0 年，决策层会说："我怀疑它能不能卖出去。我们看看再说。"除此之外就没有什么行动。

第 1 年（根据行业等情况不同，这个时间也会存在差异），

X公司发现这个产品仍然在货架上摆着，可能会感到有些吃惊。对于这一点，它们的典型评价是："嗯，它还活着，但是销路不怎么好。我说过的。"

第2年，事情可能就会变成这样："它们的生意好起来了，但是我听说Y公司准备进入。市场容不下它们两家公司，它们会因此而破产的。"

第3年，X公司开始紧张起来，因为这个产品的销售曲线在明显爬升。决策层这时的反应是："乔治，看来我们应该认真考察一下。你立即安排一些人去做这件事情。"

在第3～4年间，X公司发起了一场紧急行动。

第5年，X公司进入市场，同时切入市场的还有另外6家公司。

我们回过来看看，就会发现X公司在第0年认为，这个产品成功的机会为零。这时，该公司的判断就是不采取任何模仿行动，也不为推出一种仿制产品做任何准备。如果该公司认为成功的机会大于零，它就会采取一些模仿行动，哪怕是一些试探性的行动。但是，该公司并没有做出这样的判断，因此也没有采取任何模仿行动，直到第1年和第2年过去，局势仍然如此。直到这时，X公司都认为这个产品成功的概率为零。然而，值得注意的是，尽管X公司的决策者在第3年变得非常紧张，但是他们这时实际上仍然认为成功的机会等于零。

我们之所以认为X公司在第3年仍然认为这个产品取得成功的概率等于零，是因为虽然它的管理层在那时非常焦虑，并且做出了"看来我们应该认真考察一下"的反应，但是仍然没有采取行动，并着手进行逆向研发——这是与模仿有关的最复杂和最费时间的一项工作。它也没有下注，因为它一直认为创新者取得成功的概率为零。

成功概率估计

但显而易见的是，一个全新的产品面市之后，人们对它的商业命运在内心深处很少会有十足的把握。不用说是在一开始，哪怕就是在第 1 年或第 2 年，也没有人会百分之百地确信，竞争对手的这个创新就会失败。人们在内心里，通常都会对它的成败有比较现实的估量。

我认为，这种怀疑和试探的态度应该转化成合理的商业行为。我们不妨假设，X 公司所在领域每出现一个全新的产品，该公司的营销副总裁都必须估计这个产品取得成功（以某些指标衡量，例如销量）的概率，并且定期做出判断。那么，他针对上文提到的这个产品，在各个时间做出如下估计：

第 0 年	5%
第 1 年	10%
第 2 年	15%
第 3 年	50%

我们把这些数字称为"成功概率估计值"。我们还假设，X 公司为了高效地开发一个仿制产品，它要求营销副总裁在第 0 年对必须投入逆向研发当中的费用进行估算。为了简单起见，我们假设该公司的总预算是 10 万美元（当然这个例子也可以推广到涉及金额巨大的其他项目）。那么，这位副总裁的策略，最好是在每个时点对成功概率做出估计，并且根据这个估计值相应地划拨逆向研发费用（见表 10-1）。

表 10-1 逆向研发费用分配

年度	成功概率（%）	年度逆向研发费用（美元）（以总额 10 万美元计）	累计投入费用
0	5	5 000	5 000
1	10	5 000	10 000
2	15	5 000	15 000
3	50	35 000	50 000

这样，到第 3 年，逆向研发费用就已划拨一半，并已用完一部分。虽然研发所需的费用会因行业和项目而有所差异（例如有时启动资金大大超过 5 000 美元，因此哪怕第 0 年估计的成功概率只有 5%，也必须划拨 10 000 美元），另外还可能存在一些其他的问题，但是这里体现的策略是非常清晰的。那就是，从一开始就针对竞争对手的新行动购买一份保险，这份保险的保费就是投入逆向研发的费用，而这种逆向研发的目的就是更快地推出自己的仿制产品。随着时间的推移，保费会逐年调整，以便反映在两个方面的估计值的变化：创新者取得成功的概率，以及进行模仿所需的研发费用。

模仿者的套期

我们不妨把这个"保险计划"称为"模仿套期"（imitation hedge）。如果 X 公司制定了这样一个策略，简而言之，也就是它的竞争战略中包括模仿套期，那么它就不会姗姗来迟，等到第 5 年（这时市场增长率已经放缓，竞争已经非常激烈，利润已经比较微薄）才进入这个市场，而是可能在第 4 年就已经切入，从而得以更快地收回成本。事实上，如果制定了这样一个清晰而明确的策略，那么评估新产品的整个过程就会更加细致和成熟，从而能更敏锐地捕捉到产品成败的迹象。这样做的结果就是，X 公司很可能在第 3 年中的某个时间就已切入市场。

显然，模仿一个复杂的，或者至少是一个科技含量较高的新产品，仅有逆向研发是不够的。例如，你必须准备好模具、建好工厂，还要在其他许多事情上投入时间、注意力和资金。但是，设计和开发过程通常是最耗时间的。有一些行业，可以对现有生产线加以改造，用来生产与老产品有某些共同特性的新产品，那么这些行业的设计和开发就尤其耗时间。例如，一家生产电动剃须刀的工厂，通过一定程度的改造就可以生产电动牙刷。又如，一家生产气动控制设备的工厂，也可以经过改造用来生产实验室用的运行泵。但无论是哪一种情况，除了逆向研发之外，还需要解决许多其他问题，并且花费大量的时间。实施模仿套期策略不是一件简单的事情，光有良好的意愿是不够的，没有钱也是做不成事情的。

正是由于模仿套期通常涉及如此多的问题，也涉及如此关键的时间决策，因此有模仿意愿的企业应当想尽一切办法，尽可能减少可能碰到的问题和所需投入的时间。这并不是在纸上谈兵，或者谈论什么神秘的东西。近年来，有越来越多技术比较先进的国家，它们的军方就制订了这样的武器规划和开发计划。在它们看来，模仿的时间长短可能就意味着国防巩固与否。

有些新产品没有被市场接受，甚至还没等仿制产品面市就已失败，那些很早就启动逆向研发的模仿者会因此遭受经济损失，这样的损失与公司在其他保险上的"损失"一样不能创造价值。要知道，每一个谨慎的公司都会非常明智地买一些保险。

某些行业推出全新产品的速度非常快。这种行业里的企业，显然不可能无论什么新产品都去下注。另一方面，也不是所有的企业都会有开发所有产品的雄心壮志。一家公司还有可能因为买保险而变穷——模仿套期做得太多。所以，模仿者必须确立购买保险的标准，也就是制定一些标准，对竞争对手推出的新产品进行甄选，决定把逆向研发费用投入哪些产品的仿制工作。这些标准可以有很多形式，例如竞争性新产品与你们公司的各种能力的相关程度、对你们公司的重要产品的替代程度、市场潜力的大小、开发成本的高低以及市场接受这个新产品的快慢等。

当然，比较合理的标准是把上述因素综合加以考虑。这有可能导致你们公司制定这样一个策略，除非竞争性新产品可能直接威胁到你们的核心产品，否则你们公司在接下来 5 年中的任意一年内，在新启动的模仿项目上的投资总额不会超过某个值——假设为 Y 美元。虽然你们公司用于模仿套期的总额可能大大超过 Y 美元，但是投在所有新启动的，也就是处于第 1 年的项目上面的总资金不超过 Y 美元。

这样一个策略会迫使你们公司将这笔钱（Y 美元）分配给在第 0 年成功概率估计值最高的项目。按照这个进行分析，假若你发现某些现在正需要大量投入的模仿套期项目被排除在外，那么这意味着你有必要审查最初的筛选标准，或者审查公司模仿套期的预算总额，或者双管齐下。

结论

创新，新产品开发，以及通过增加产品特性、款式、包装和价位来拓展现有产品的市场——这些无疑都是现代企业可以使用的竞争手段。很多人认为，创新在我们这个社会是非常丰富的。可事实上，它并没有我们很多人所想象的那样丰富。我们认为的很多创新，实际上只不过是一种模仿。人们看到的那种有如潮水般涌入市场的产品，其实只是一种仿制品，某个创新者数年以前推出的那一种才真正是全新的产品。

我们只要简单地算一算，就会发现模仿比创新要多得多。一种全新的产品、工艺或服务，最初的创新者通常只有一个，后来的模仿者却会是一大群。大家都认为创新的风险很大，很少意识到模仿的风险其实也不小。例如，倘若某个公司推出仿制品时，另外还有一大群模仿者也各自推出了仿制品，那么这家公司的风险就会非常大。

我们这个时代对创新的价值深信不疑，而且这种信任通常也是非常有道理的。于是，企业的奖励制度就会向创新倾斜，博得喝彩、赞许和提拔的，显然都是从事创新的人。这也没有什么不对，但是我们应该意识到这种做法所造成的负面影响。其中最糟糕的负面影响就是形成一种不良氛围，人们看不起那些经常提出模仿行动的人。在公司奖励制度的影响下，人们就会有意识地避免拥护模仿策略，而事实上，他们公司的持续生存往往就取决于早日实施模仿策略。

因此，有组织地支持模仿策略，不仅能尽早启动那些必要的模仿行动，而且向整个公司传递了这样一个信息：公司看重创新者，同时也看重有创造力的模仿者。这样，公司就会像对待更有魅力的创新思维一样，为系统的模仿思维划出一席之地。

所以，公司有必要像规划创新那样，为创新模仿精心制订一种明确的规划方法。采取这样一种策略，公司就必须建立模仿套期制度。这是一个全新的建议，因此它听起来会有些奇怪，可能还隐约带着一些学术气，但我们只要对照人们在相关领域的实践，就不难发现它的价值。我们以保险为例。模仿套期策略的原理和作用，其实并不比责任保险的原理更加不同寻常，也不比为了取得成功和控制而留出预算这个概念更加新奇。

如果我们说创新是一个假救世主，这可能有些言过其实；如果我们说模仿是一个新救世主，这可能更是一个错误。但是，如果我们的行动有失偏颇，把创新当成救世主，而且否定系统化模仿能够带来丰硕的成果，那么我们就会犯下更加严重的错误。

第 11 章

市场营销及其引发的不满情绪

  营销部门越来越努力地改变产品、沟通、分销渠道、价格以及营销组合的其他因素，希望满足那些精心定义的细分市场的特殊需要，从而让企业提供的产品或服务更加接近顾客的需要。另外，选择目标市场的活动也越来越专业。然而，这种改变仍然不可避免地让顾客更加恼怒、沮丧和心不在焉。

  最好的意愿，再加上最大的努力，换来的却是摩擦和敌意。

——莱维特

从事市场营销的人士，现在无论在哪里碰面，如果不谈到他们与大众之间发生的龃龉，谈话恐怕是不会结束的。人们指责市场营销热心过头、聒噪不安，对人们的生活横加干涉；它让人们心生贪念、只顾享受；它无休无止地追逐消费者口袋里的钱，除了卖主的利润，再无别的考虑。

极具讽刺意味的是，贯彻营销观念的企业越多，这种怨言似乎就越多。换句话说，人们真正想要什么、重视什么，只要在财务上是划算的，企业就要尽力做出响应，这样做成功才最有保证。但是，把这种思想付诸实践的企业越多，这种怨言就越多。这也就是为什么市场研究这个行当会如此欣欣向荣。

<u>20多年来，营销观念已经成为许多企业的指导思想，但这个转变</u>的最大特征，莫过于它招致越来越多的批评，认为它们阴毒地奉行的恰恰是这种思想的反面。因而，企业越是用心"向人们提供他们想要的东西"，它们就越会确凿无疑地背上这个骂名——它们会怂恿人们购买自己不想要的、不需要的和买不起的东西，而且使用的方式极度浪费、聒噪不安、生硬粗暴、庸俗不堪。

亨利·福特有一句名言："人们可以得到自己想要的任何颜色的汽车，只要它们是黑色的。"人们也许会想，通用汽车公司那时如果意识到应该强化顾客导向，同时弱化产品导向，那么就会向人们提供他们想要的任何颜色。人们同样会想，现在企业的响应度已经更高，这会带来更高的顾客满意度，当然也会减少人们对企业的批评。

不幸的是，现实并不是这样。从某种程度上讲，这跟核裂变的发现并没有让物理学变得更受欢迎是一个道理。营销观念促生了市场研究，也就是企业对人们进行的专业化研究。心理学家对人们的了解，甚至多过了人们对自己的了解，更加清楚人们的商业行为是受哪些东西的激励和驱使。在这些心理学家的帮助下，企业中制定战略的人士就成了批评人士所说的"隐形劝诱者"和"意识的统帅"。他们利用这些知识狡猾地为自己谋求利益，而我们经常天真地认为他们掌握这些知识必然会为我们创造一个更加美好的世界。这也是物理学当中发生的事情。核裂变的发现就像商业中的心理学家一样，在实际使用中被人们妖魔化：物理学家被大众视为阴险的奇爱博士（Dr. Strangelove）[⊖]，手握控制整个世界的能力；心理学家成了邪恶的"隐形劝诱者"，拥有控制消费者的能力。

如果有人对我们的了解远多过我们对自己的了解，而这又有可能破坏我们的生活、掠夺我们的钱包，那么我们自然会有所防备，认为他们的意图是邪恶的，至少是值得怀疑的。就企业及其市场营销而言，消费者感到不安是完全可以理解的，甚至是合情合理的。

我们再来看一看营销观念的基本前提：企业应当判断消费者的需求和愿望，而且只要满足下面两个条件，就要努力满足这些需求和愿望。这两个条件是：

（1）这样做符合企业的战略。

（2）预期回报率达到企业的目标。

这里还隐含着另外两个考虑：

（1）定义一项消费者需求的最佳方式，通常是一个整体的营销计划（包括产品、信息、保证、分销、承诺服务、价格和促销），而不仅仅是一个产品。

（2）不同消费者想要或需要的是不同的东西。

第二个考虑我们在"细分市场"这个概念中有更加充分的阐述：市场上存在着某些拥有共同愿望或需求的潜在顾客群，而且这些群体是可以客观地进行辨别的。

[⊖] 黑色幽默电影 *Dr. Strangelove* 的主人公，这个前纳粹科学家设计了一个可以毁灭整个世界的核装置。电影的导演是斯坦利·库布里克（Stanley Kubrick）。——译者注

细分市场的发现已经成为现代企业的一条强大的组织原则。这倒不是说，古巴比伦的商人对细分市场就一无所知，其实他们是知道这一点的，例如他们会以不同的价格，把不同的东西卖给贵族和贫民。但是，细分市场从来没有像现在一样，被如此广泛和自觉地用作一条商业组织原则。

贵族与贫民之间的客观差别，在于他们的富裕程度不同。这只是若干人口统计学细分方法之中的一种，也就是把消费者分成富人和穷人。它还可以用来区分社会阶层和心理特征：精英与大众，强势群体与弱势群体，自信的与自我怀疑的，心理独立型与心理依赖型。

如果把上述特征转化成可以观察到的购买行为，就可以按人们对不同产品特征的偏好对他们进行细分。以汽车为例。有人想要一辆大型车，因为他们有一个大家庭；有人想要一辆小型车，因为他们的家庭成员少，预算也有限；有人更加喜欢风驰电掣，而不是平衡带来的舒适；有人为了获得更低的油耗和维修费用，愿意牺牲一些舒适度；有人想要客货两用车，既可以用来装货，也可以用来带小孩出行；一些青少年心中的两种用途，则有可能稀奇古怪。

第二类细分市场涉及人们的社会心理需求及其表达——汽车能够体现或证实车主的阶层、职位、成就，甚至还包括抱负，而不仅仅是反映了车主的实际需要（例如劳斯莱斯、凯迪拉克）；汽车能够坚定车主的权力感或者统御感，体现车主的超群品位，或者反映车主在思想上的自由，能够不受商业推销的影响。

这些产品和社会心理细分市场，每一个都可以再次进行更加精细的划分。

营销观念认为，细致地判断并迎合不同人群的愿望和需求，会让企业更加成功。很多看似浪费的行为，就能因此得到解释。比方说，即使不援引任何其他原因，它也能解释为什么我们会有如此多不同类型的汽车，有如此多不同化学配方的洗衣粉，而且它们会有如此多品牌，以及如此多广告主题。其实，这些洗衣粉各自瞄准一群与众不同的消费者，就算是那些意在吸引抱着"我不在乎，它们没有什么差别"态度的消费者的"全效"洗衣粉，也不例外。

但是，在许多人看来，洗衣粉是有差别的。有些主妇想要去污能力强的洗衣粉，用来清除油脂，因为她们的丈夫是汽修技师。另外一些人，虽然丈夫同样是汽修技师，但是她们不想要高效洗衣粉，因为它们会损伤衣物。还有一些人，她们想要的是安全性高的洗衣粉，用来洗涤内衣。也有一些人，想要的是能够保持或恢复衣物原色的洗衣粉。当然，洗衣粉跟汽车一样，社会心理因素也会影响消费者的选择。例如，功效温和的洗衣粉，其诉求可以印证某些消费者的自我感知，让她们觉得自己是一个只有漂亮、高档衣物的上层人士，而不是一个拥有俗气、没有品位的粗布破衣的下层人士。去污能力强的洗衣粉，其"无比洁净"的诉求也会印证另外一些消费者的自我感知，让她们觉得自己是一名非常关心家人健康的女性，而不是一朵弱不禁风、举止轻佻的交际花，或者一名心无旁骛的女性解放论者。就算是那些买"全效"洗衣粉的人，在某种程度上也是这样想："我可不信那些白痴广告。它们骗不了我。肥皂就只是肥皂。"

假设有 5 家大的洗衣粉制造商，它们都发现整个市场可以分为 7 个细分市场，其中每个细分市场各有 3 个偏好不同包装的产品。这样，我们立刻就能明白为什么超市里会有那么多种品牌、那么多种包装。例如，按上面这种假设，就会有 105 种包装的产品（5 家制造商 ×7 个细分市场 ×3 种包装）。另外，由于零售店不会每隔几个小时就补一次货（而且，那样做也会给顾客带来不便），所以我们不仅会看到很多不同包装，也会看到它们占据了很宽的货架面积。所有这一切，再加上各种广告，让人们觉得现在浪费非常严重。

但是，如果我们换一个角度来看问题，就会发现这一切都不难理解——它们只不过是相互竞争的生产商和销售商对不同细分市场的欲求、愿望和行为做出响应的结果。产品彼此之间的差别通常很小（如果它们在功能上不是完全相同的话），却演化出如此多的品牌、包装和广告主题。那么，这是不是在"真正"满足消费者的需要？还是在需要并不"真正"存在的情况下创造了愿望？消费者并没有察觉自己有什么需要，但是研究发现了这种需要并且加以利用，这在社会上和经济上是不是适当的？这些都是规范性的问题，关系到市场营销的是非曲直。

有些人觉得这些问题很容易回答，也有些人觉得它们很难回答。但不管是哪一种情况，这都只是在一些比较琐碎的事情上争辩对错、比较程度高低。

事实上，很少有人真正需要我们已经拥有或者想要拥有的所有东西。但是，是不是只要食足以果腹、衣足以蔽体，我们就可以认为其他的一切，特别是音乐、艺术，还有耗费巨资建造的辉煌教堂，都是不必要的，甚至认为那是自我放纵呢？在一些比较"发达"的国家里，很少有人会像上帝耶稣那样，满足于粗衣麻鞋。无论是什么人，只要有更好的选择，似乎都不会满足。T.S.艾略特（Thomas Stearns Eliot）[⊖]说："人类忍受不了太多的现实。"他说这句话，其实是想解释为什么我们会想出如此多的办法，逃避自然的原始状态，例如建造的房屋、人造的物品、娱乐、艺术和幻想——我们称之为"文明"。

回到那个让人疑惑不解的问题上来——恰恰就是在营销观念日益普及的这些年里，人们对营销的恼怒也与日俱增，就连从事营销的人士也不例外。每年花在消费者研究和产品开发上的资金不计其数，目的都是

[⊖] 出生于美国的英国诗人、剧作家、文艺评论家，1948年诺贝尔文学奖得主。——译者注

准确地响应消费者的欲求。但是，并不是那些看似最舍得、最认真、最高效地花钱的企业，就是持续遭受批评最多的企业。

毫不奇怪，企业近年来也投入了大量的资金，用于研究人们为什么会对营销持批评态度。有趣的是，人们对产品功能不足或者有意囊括太多的功能等情况，例如劣质产品、虚假保修条款、欺骗性广告、使人误解的包装或者值得怀疑的销售方法等，抱怨出奇的少。这是因为，虽然这些现象的确存在，但是那些引人注目的大公司很少有这样的行为，而恰恰是这些公司在销售和消费者研究方面所下的功夫最大。其实，最让人们心烦的是普遍存在于营销活动当中的浪费、冒犯和骚扰，它们远不如上面那些现象那样明显，但问题要严重得多。换句话说，就是对我们生活的扰乱。当然，人们通常不会直截了当地这样讲。

据《广告研究杂志》（*Journal of Advertising Research*）报道，哈佛商学院的教授斯蒂芬·格雷泽（Stephen Greyser）教授对 2 500 名成年美国人做过调查，发现 72% 的人认为广告比 10 年前更加让人感到不愉快。特别是，他们认为肥皂和洗衣粉广告尤其令人不快。这项研究最让人诧异的是，受访者是清一色的经理人。他们尚且如此，其他人的感受也就可想而知。

但是，这项研究也发现了一些颇能说明问题的东西：<u>受访者对广告反感与否，跟广告所宣传的产品有关</u>——如果宣传的是他们不使用的产品，他们对 37% 的广告觉得反感；如果是他们使用的产品，这个比例是 27%。换句话说，不快与恼怒不仅是广告本身的产物，而且会受到消费者的影响。其实这也不是什么出人意料的发现，因为这归根到底是消费者的主观感受。事实上，真正给人启示的还是这项研究关于品牌的结论：对于自己最喜欢的品牌，受访者只对 7% 的广告感到厌烦；对于这个品牌的竞争对手，受访者对 76% 的广告感到厌烦。虽说如此悬殊的差距到底是原因还是结果仍有待进一步研究，但是有许多证据和逻辑都说明一个事实：人们爱其所爱，恶其所恶；人们对跟自己相关的东西最感兴趣；人们在自己喜欢的品牌的广告中，能够找到安慰、信心，有时甚至是奉承。

如果你家里就只有你们夫妇俩，你们的办公室都装有空调，而你们的体力劳动也不外乎签署文书，那么碰到有洗衣粉广告，宣称自己去污力强，可以洗掉汽修技师外衣上的油斑、儿童外衣上的污渍，你很可能就会心生厌恶，甚至感到心烦意乱。如果你不够富有，那么看到有关亚得里亚海上的豪华游艇和奔驰汽车的广告，就有可能难以抑制自己内心的沮丧。如果你身体健康，没有任何疾病，那么关于痔疮的广告就有可能让你心生不快，甚至觉得受到了冒犯。可是，如果你的假牙老是容易掉落，那么你有可能觉得新型胶水广告提供的信息对你很有帮助，尽管这些广告让其他不用假牙的消费者觉得难受。如果你刚刚买下一辆威宁培格（Winnebago）汽车，那么看到它的广告，你就会觉得内心非常踏实，认为自己的选择是正确的，从而消除购买后内心的忐忑不安。（研究表明，这种情绪常与大笔开销如影相随。对汽车广告最渴盼、最留心的人，是那些刚刚购买了广告中那种品牌汽车的消费者。因此，为了让你的顾客开心，并且再次光顾，你应该向那些刚刚购买了产品的人做广告，而不仅仅是向那些可能购买的人做广告。）如果你想买某个品牌的速食麦片，结果要在一个 60 英尺长的三层货架上细细搜索，货架上面还放着很多儿童麦片品牌，那么你不仅会心生不快，而且会觉得疲惫不堪。

因此，就消费品而言（消费品是大部分不快、抱怨和谴责的来源），哈佛商学院营销学教授史蒂文·斯达（Steven Star）指出，<u>广告的目标受众与实际受众不同</u>，是造成很多麻烦的原因。例如，痔疮广告在痔疮患者眼里，就不会特别让人不快。但问题是，大多数受众并没有罹患痔疮，他们对广告要不是漠不关心，就是觉得内心不快。成年人的麦片味道再好，但是广告出现在儿童节目当中，就会冒犯电视机前的小观众。不过，如果是儿童喜欢的麦片品牌，就会让小观众觉得广告不仅带来了信息，而且让人满心愉悦。禁烟广告可能会惹怒一大批青少年，因为在他们看来那不过是大人们唠叨不休的又一个话题而已。除了那些车子油箱快见底或者已经见底的人，人们总是觉得加油站建得太多。所以，肥皂和洗衣粉广告让那 2 500 名经理人觉得最恼火，丝毫也不奇怪。你想一想，他们中有几人会亲自做家务呢？

　　营销行动的目标受众与实际受众不一致，体现了营销观念的深入应用与营销沟通和营销机构之间的关系存有瑕疵。为了透彻理解这种瑕疵给人带来的难题和挫折，我们有必要对营销行动与细分市场这两个概念作更加深入的了解。

　　营销行动包括产品在内，涉及产品的包装、价格、促销、交付、销售地点等各方面的内容。营销行动是针对各个细分市场进行的。事实上，营销观念在定义上就差不多已经把顾客分成了许多具体的细分市场，无论产品的等级高低，也不管是消费品还是工业品，是耐用商品、资本货物还是消耗品。一个细分市场就是一个人群，这个人群的某种需要可以用某个产品和营销行动来予以满足。但是，这个细分市场中总会有那么一些人，他们与这个营销行动的任何一个部分都不是非常"匹配"。例如，有些人虽然需要这个产品，可却买不起。有一些人，既有需要，也有钱，但是住得太偏远，给他们提供产品或服务不划算。还有一些人，既有需要，也有钱，住得也不远，但就是没有兴趣。然而，所有这些人都有可能接触到营销行动——产品的广告。产品陈列在购物场所，或者他们参观、工作或休闲的地方正在使用这种产品。接触到这个行动但没有购买能力的人，就会感到沮丧。接触到这个行动，有购买能力但没有兴趣的人，就会觉得心烦意乱。这两种人都会感到恼怒。有些人昨天还觉得这个营销沟通或行动非常有趣，但由于已经完成购买，现在接触到多余的信息，就会觉得这种营销简直跟死缠烂打没有什么差别。

无怪乎，恼怒、沮丧和烦乱等情绪大多与消费品营销有关。在消费品领域，营销行动覆盖的人群，与它在目标细分市场上"最匹配"的那一部分人之间的错位，幅度最大，发生的概率也最高。比方说，总共有 100 万人接触了某个营销行动（广告和店铺陈列等），但这个行动的目标细分市场只有 40 万人，其中"最匹配"的只有 10 万人。这 10 万人就是实际上的"行动目标"——能从这个营销行动中得到满足的唯一一个群体。得到信息的另外那 90% 的人，就会感到厌烦、恼怒、心不在焉、沮丧，或者各种情绪混杂在一起。在最匹配的那 10% 的人当中，如果有人已经购买了广告中的产品，也会觉得厌烦或者恼怒。

这种错位与摩擦在工业品当中不太会出现。工业品的潜在客户通常较少，而每一家的购买量很大。有着某种共同需要的客户（细分市场）通常会聚合在一起，成为易于辨认的目标（例如，对金属进行阳极氧化处理的所有公司）。最后，企业在接触客户时，可以借助非常专业的行业媒介，例如杂志、行业大会、分销渠道等。所以，细分市场、营销行动和行动目标三者，与营销行动受众的一致性程度会比较高。工业品企业也采取了相应的组织方式。譬如，IBM 把它的数据处理业务分为 16 个大的细分市场（如银行、零售、航空、教育、医疗以及政府等），并且分别制订营销计划，销售人员和营业部也是按细分市场进行专业化。这样，客户所接触到的沟通方式和营销行动，就符合自己独特的需要，尽可能避免了重叠和错位。

但是，消费品的情况不一样。所有消费品企业都清楚这个问题，虽然通常连它们自己也并没有意识到这一点。使用大众媒体，尤其是使用电视的广告大户，认为这些媒体是影响大众市场的有效手段，而且是最便宜的手段。但是，它们通常也会想方设法减少已经认识到的错位现象。例如，少儿节目不会在晚上10点播出；由男性用品广告赞助的电台新闻集中在上下班高峰时段。在一些幅员辽阔的国家，大多数大众杂志都有区域性版本，并且有针对性地调整广告方案；有些大众杂志，甚至还针对某些读者群，例如医生和教师等，调整广告方案。类似地，专卖店只销售某些专门的产品，例如药品、体育用品等。所有这些努力，都减少了错位和摩擦。然而，成效并不显著。

营销部门越发努力改变产品、沟通、分销渠道、价格，以及营销组合的其他因素，希望满足那些精心定义的细分市场的特殊需要，从而让企业提供的东西更加接近顾客的需要。另外，选择目标市场的活动也越来越专业。然而，这种改变仍然无可避免地让顾客更加恼怒、沮丧和心不在焉。最好的意愿，再加上最大的努力，换来的却是摩擦和敌意。

通过邮件、电话和电报进行的直复营销（direct marketing），可在一定程度上改善这种不利局面。进行直复营销时，企业可以根据目标受众对产品、信息乃至媒体进行定制，甚至让它们只传达给目标受众。这样，就能更好地把营销行动的目标受众与实际受众匹配起来。匹配的程度越高，直复营销的效果就会越好，它的相对成本也就会越低——成本总额可能更高，但是实际上更加便宜。

当然，实际效果在很大程度上取决于匹配的程度，但无论如何，直复营销在这个方面总比大众媒体更加有效。所以，直复营销有望减少社会上的不和谐音，同时又提高营销的有效性。然而，事情再好，也不会因为它的普及而必然得到改进。譬如，无论我对集邮是多么感兴趣，或者对提高性能力的心情有多么迫切，如果每天收到大量不请自来的直销邮件，也会觉得厌烦。有人打电话来邀请你去滑雪，可哪怕滑雪场再好，票价再低，机会再好，如果来电太多，它们也会让你觉得受了打扰。更不用说，还有一些情况会让你怒不可遏，例如打电话来的是个笨拙的新手，邮件中有欺诈性的内容，或者措辞粗鲁，甚至可以称得上厚颜无耻。

营销观念如果真正发挥了作用，它就会帮助企业发现某些特定的需要和欲求，并且瞄准那些最匹配的消费群体，从而提供合适的产品、服务和沟通方式。因此，每一个细分市场都会比过去更有可能得到自己真正想要或需要的东西——而在过去，亨利·福特告诉同时代的人说，人们可以得到自己想要的任何颜色的汽车，只要它们是黑色的。

但是，做到这一点是要付出代价的。首先，生产换型更加频繁，分销渠道更多、负荷更大，价格可能更高。其次，更多的人买到的产品更加切合自己在产品功能或心理满足方面的特殊需要，因此满意度会更高，但与此同时，也会有更多的人对这个营销行动感到沮丧、恼怒或心不在焉，因为这种产品并不是他们想要的，或者虽然想要但又买不起。另外，还有一些因素在推波助澜——随着产品日益丰富，商业沟通的绝对规模在增加，而竞争对手的相互模仿也提高了沟通的密集程度。综上所述，我们就会明白，为什么一项旨在让公众更加满意的营销行动，在大获成功的同时，会让公众更加不满。

或者说，至少看起来是这样。我在上文提到的错位、摩擦和恼怒，无疑是存在的。但是，同样存在的还有下面这个事实：人们总是欲壑难填，无论他们的境况比从前好多少。无论是在哪里，也无论是哪一代，人们总是想要得到一些他们的先人只能祈求上天赐予的东西。现在的特殊情况是，我们突然发现自己置身于一个信息非常丰富的世界，并因此明确无误地知道，肮脏、贪婪、竞争、欺诈、虚无和占有欲，其实是人类自古以来就有的特征。翻开《旧约》或者《伊利亚特》，我们立即就会看到，人类这些不光彩的特征在那个时代已经随处可见。我们要费很大的力气，才能从这两本书中找到证据，用来证明人类拥有公民道德、正直、礼貌、仁慈、克己、正派等优良品质。而且，这些品质还是出现在反例中，用来说明事情本该是什么样，并非描述当时的状况是怎么样。

过去，人类展示得最淋漓尽致的品质不是公民道德或高风亮节，而是对与此完全相反的阴暗行为的泛滥予以忽视、隐瞒、掩饰和否认。

现在，人们不像以前那样容易隐藏或者忽视这些阴暗行为的存在，这部分是因为我们就像受虐狂一样，无时无刻不把自己的缺陷摆在公众的目光下——至少在目前是乐此不疲。另外，由于我们现在的形势一片大好，因此只要有任何的不如意，它们都会特别抢眼，特别令人恼怒。在让人绝望的20世纪30年代，高达25%的失业率持续了10年之久，失业赔偿金、社会保障、医疗保险、住房保险等制度尚未成型，那时人们的最大愿望就是保住饭碗，不管那是一只什么样的饭碗，万一饭碗丢了，最大的愿望就是能得到公共事业振兴署的救济。到了富足的20世纪80年代，失业率很低，人们可以买房买车、接受教育、享受医疗服务和音乐会，可"我们可以做得更好"的声音仍不绝于耳，这未免颇有些自虐的意味。

在让人绝望的20世纪30年代，美国人感受到了前所未有的智慧和幽默，涌现了一大批红极一时的作家和喜剧演员。相比之下，在富庶的20世纪80年代，我们却一直深陷消沉和愁苦之中，一半人在抱怨腐朽和颓废摧毁了我们的热情和能力，另一半人像我上面讲到的那样，在高喊着"我们可以做得更好"。

我们早就明白，成功的最大特征就是有痛苦相伴相生。我们现在也已明白，市场营销也无悖于这个浅显的道理。我们的注意力放在那些错误的、败坏的、堕落的以及尚未完结的事情上面，而不是放在那些已经完结的、正确的、高尚的、进步的以及让人欣慰的事情上面——在生活中如此，在公共事务中亦是如此。英国历史学家爱德华·吉布（Edward Gibbon）在两百多年前写道："人类的本性中有一种贬低当下的有利因素、夸大当下的弊病的强烈倾向。"世易时移，但这一点依然如故，也将永无尽头。

我们也不能抱有幻想，认为解决了当前已知的所有问题，排除了导致不满的所有因素，就至少能够心情愉悦。真正的问题在于，每一个解决方案，都会带来新的问题。

版权说明

"市场营销与企业的目的"一章，根据莱维特的同名文章改编而成。原文发表于 Changing Marketing Strategies in A New Economy（Jules Backman 与 John Czepiel 编著，1977 年，Bobbs-Merrill Company 出版公司）。

"市场全球化"一章，经《哈佛商业评论》许可重印。原文发表于该刊 1983 年 5/6 月号；版权归属哈佛大学。本文在原文的基础上略有修改。

"服务的工业化"一章，经《哈佛商业评论》许可重印。原文发表于该刊 1976 年 9/10 月号；版权归属哈佛大学。

"差异化：万物皆可行"一章，经《哈佛商业评论》许可重印。原文标题是" Marketing Success Through Differentiation—of Anything"，发表于该刊 1980 年 1/2 月号；版权归属哈佛大学。

"无形产品和产品无形特性的营销"一章，经《哈佛商业评论》许可重印。原文发表于该刊 1981 年 5/6 月号；版权归属哈佛大学。

"客户关系管理"一章，经《哈佛商业评论》许可重印。原文标题是" After the Sale Is Over"，发表于该刊 1983 年 9/10 月号；版权归属哈佛大学。

"营销短视症"一章，经《哈佛商业评论》许可重印。原文发表于该刊 1960 年 7/8 月号、1975 年 9/10 月号重载；版权归属哈佛大学。

"驾驭产品生命周期"一章，经《哈佛商业评论》许可重印。原文发表于该刊 1965 年 9/10 月号；版权归属哈佛大学。

"创新模仿"一章，经《哈佛商业评论》许可重印。同名原文发表于该刊 1966 年 9/10 月号；版权归属哈佛大学。

推荐阅读

关键跃升：新任管理者成事的底层逻辑

从"自己完成任务"跃升到"通过别人完成任务"，你不可不知的道理、方法和工具，一次性全部给到你

底层逻辑：看清这个世界的底牌

为你准备一整套思维框架，助你启动"开挂人生"

底层逻辑2：理解商业世界的本质

带你升维思考，看透商业的本质

进化的力量

提炼个人和企业发展的8个新机遇，帮助你疯狂进化！

进化的力量2：寻找不确定性中的确定性

抵御寒气，把确定性传递给每一个人

进化的力量3

有策略地行动，无止境地进化

进化的力量4

直击老龄化、AI、出海等六大领域的难题
在挑战中发现机遇，在逆境中实现突破

关键时刻掌握关键技能

人际沟通宝典
《纽约时报》畅销书，全球畅销500万册
书中所述方法和技巧被《福布斯》"全球企业2000强"中近一半的企业采用

部分推荐人

史蒂芬·柯维	《高效能人士的七个习惯》作者	刘润	润米咨询创始人
菲利普·津巴多	斯坦福大学心理学教授	樊登	帆书（原樊登读书）创始人

关键对话：如何高效能沟通（原书第3版）

应对观点冲突、情绪激烈的高风险对话，得体而有尊严地表达自己，达成目标。
说得切中要点，让对方清楚地知道你的看法，是一种能力；
说得圆满得体，让对方自我反省，是一种智慧。

关键冲突：如何化人际关系危机为合作共赢（原书第2版）

化解冲突危机，不仅使对方为自己的行为负责，还能强化彼此的关系，成为可信赖的人。

关键影响力：创造持久行为变革的领导技能（原书第3版）

轻松影响他人的行为，从单打独斗到齐心协力，实现工作和生活的巨大改变。

关键改变：如何实现自我蜕变

快速、彻底、持续地改变自己的行为，甚至是某些根深蒂固的恶习，这无论是对工作还是生活都大有裨益。